U0695901

铁路机车
能耗定额方法研究

TIELU JICHE

NENGHAO DING'E
FANGFA YANJIU

丁茂廷 著

河北科学技术出版社

·石家庄·

图书在版编目（ＣＩＰ）数据

铁路机车能耗定额方法研究 / 丁茂廷著. -- 石家庄：
河北科学技术出版社，2022.1
ISBN 978-7-5717-1043-9

Ⅰ．①铁… Ⅱ．①丁… Ⅲ．①电力机车－能量消耗－
消耗定额－研究 Ⅳ．①U264

中国版本图书馆CIP数据核字(2022)第009077号

铁路机车能耗定额方法研究

丁茂廷　著

出版发行	河北科学技术出版社	
地　　址	石家庄市友谊北大街330号（邮编：050061）	
印　　刷	定州启航印刷有限公司	
经　　销	新华书店	
开　　本	787×1092　1/16	
印　　张	14.5	
字　　数	200千字	
版　　次	2022年1月第1版	
印　　次	2022年1月第1次印刷	
定　　价	95.00元	

前　言

随着我国运输业市场化程度越来越高和铁路改革的不断深化，铁路运输由于其高产出、低污染的生产特点，逐渐成为市场运作的主体。在节能低碳环保的新形势下，世界各国日益重视铁路的建设与发展，进一步凸显了铁路的低碳环保节能优势。而铁路运输在为世界各国经济发展提供强有力保障的同时，其能源消耗问题也是世界各国关注的焦点和研究的重点。作为一个运输服务提供商，铁路运输企业同其他市场行为主体一样具有不断降低成本、争取获得最大经济利润的使命和责任。受国际能源短缺、石油价格上涨的影响，国内油价普遍提高，使铁路运营费用增长过快，而铁路运费单价受国家控制，不能将成本上涨因素向下游传导。因此，铁路运输企业要获得良好的经济效益，就必须在管理上下功夫，不断降低运营成本。由于铁路运输企业是资产密集型企业，产品是货物和客流的位移，因此成本开支的两个主要项目就是固定资产的折旧和机车的能耗。而折旧是按照国家有关规定计提，管理工作对其影响甚微，要降低铁路运营成本就只能在能耗管理上做文章。要加强能耗管理，就必须有一个科学合理的消耗定额，而由于铁路是一个庞大的联动机，对能耗的影响因素复杂多变，国家没有统一的标准，目前国内对其深入研究的很少。

1

　　机车能耗是铁路行业最主要的实物耗费，如其在朔黄铁路运输费用支出中占有很大比重，约占公司运营成本的 10% 以上，对朔黄铁路公司整体能源消耗及其运输成本有重要影响。因此，能耗管理是控制机车运用成本和全公司运营成本的关键点，并且与环境保护有直接关系。但是，由于机车技术条件不同、列车运行状况千差万别，目前无论是管理实践还是理论研究对机车能耗水平的确定均比较薄弱，基本停留在依据经验确定的层次，受人为因素影响，确定机车能耗存在较大的盲目性，针对新的运行环境预测机车能耗缺乏科学、统一的方法。由于无法科学地测定能耗定额，能耗管理就失去了管理的目标和基础。加强管理只能是泛泛而谈，没有定量化的管理目标和考核标准。因此，如何科学地设定一套测定能耗定额的方法，对影响能耗的各种因素予以量化，然后通过管理施加影响并可以计算出影响值以反映管理成果是目前铁路管理部门的一道难题。本书试图通过理论分析、实地调研、统计分析等研究手段，借助所学数理统计和经济学分析等方法，解析影响铁路机车能耗的自然因素、技术因素、管理因素，测定各因素对铁路机车能耗的影响程度，确定公司的机车理论能耗定额，然后对非自然的、可以通过加强管理改善的技术因素和管理因素的现状进行分析，找出问题，提出改善其影响的管理措施，制定能耗管理制度以提高公司能耗管理的科学性。这对公司控制成本以提高盈利能力是非常重要和迫切的。

　　由于国内各铁路单位列车运行工况和组织管理水平的差异，各条铁路的实际能耗情况相当复杂，并因线路条件、列车编组、司机操纵水平而异，因此全路没有统一的能耗标准，也缺乏统一的简易计算方法。对于能耗定额的测定和如何通过加强管理以控制能耗、降低成本也只有一些简单的方法探讨性研究，没有具体的可操作性的研究结论（参见附录各文献）。目前国内对铁路能耗管理的研究结论简单综述如下。

　　综观目前发表的各种有关机车能耗管理研究的论文，其计算能耗的基本技术依据都是铁道部颁布的《列车牵引计算规程》中提出的能耗计算方法，该方法存在以下问题。

（1）每次计算均基于列车的详细运行图，对于内燃机车牵引，必须分段输入各时间段的单位时间油耗量和各种修正系数；对于电力机车牵引的情况，则必须分段输入各时间段的受电弓网压（V）、负荷有功电流（A）、自用有功电流（A），然后进行累计。即使应用《列车牵引计算规程》电算程序也必须在模拟的基础上进行计算，计算条件涉及机车类型、列车编组、运行区段和运行速度变化等，司机操纵更是因人而异，没有统一的标准。因此，只能对具体对象进行个别计算，缺乏统一计算和预先确定能耗水平的方法。

（2）按时间或里程分段计算，要求以秒为单位才能有较高的精度，而计算十分烦琐，要花费相当大的人力和时间，否则无法计算随时变化的各种参数（内燃机车的负荷、电力机车的网压和电流等）。如果采用简化方法（例如按分钟计算），将产生更大的误差。

（3）目前的能耗确定或计算主要是依据不同运行环境和条件的经验值，不能量化各种客观因素和考虑变化的情况，因此没有通用性，不能适应实际情况（如提速、重载化等）的发展要求。由于上述问题，该计算方法难以在管理实践中广泛应用。

根据目前掌握的国内的文献资料，各运输生产单位大多使用开发软件或根据经验计算能耗，但目前既有的开发软件，其主要功能大都在于牵引计算和分析列车运行过程中的受力、制动等运行状态，能耗计算仅是附带功能，对调度指挥、司机操纵等管理因素的影响基本没有设定分析，所以适用范围较窄。而且基本是以机务部门为使用对象，财务部门核算机车能耗成本则缺乏有效的、专用的电算软件。而各单位采用的经验能耗指标则受到不同机车、运用条件、地域及管理模式的限制，缺乏通用性和预测性。由于不能科学地通过预测测定能耗定额并对各因素进行定量分析，各种管理研究也就只能根据历史数据进行泛泛的定性分析，提出的各种管理措施也就缺乏定量的依据，绩效考核也就无法定量化。

因此，如何通过分析影响机车运行的各种技术和管理因素，并予以量化建立数学模型，测算理论能耗值，再通过大量的实测数据对比，分析其差异背后的自然、技术和管理原因，提出有利于节约能源消耗的管理改进方法，以进一步控制成本，提高经济效益是目前能耗管理研究的方向。

丁茂廷

2021 年 6 月

目　　录

第1章 朔黄铁路公司机车能耗采集及分析现状

1.1 朔黄铁路公司总体介绍

1.1.1 企业概况

朔黄铁路发展有限责任公司（简称朔黄铁路公司）成立于 1998 年 2 月 18 日，注册资本金 152.31 亿元人民币。由中国神华能源股份有限公司、大秦铁路股份有限公司、河北建投交通投资有限责任公司出资持股（中国神华股比为 52.72%，大秦铁路股比为 41.16%，河北建投股比为 6.12%）。公司下设 15 个职能部室、8 个直属机构、8 个分公司。

朔黄铁路公司依靠创新，秉承"源于国铁、优于国铁"发展理念，在吸收国内外铁路运营管理经验的基础上，对公司制度、经营方式、组织机构、运营模式和管理体制等方面进行了全面创新，形成了以"规范运作、自主经营，网运分离、联合运输，统分贯融、保障综合"为主要内涵的"朔黄模式"。公司股东会、董事会、监事会和总经理班子各司其职、各负其责，有效制衡、协调配合，形成了和谐有序的运作机制。统一技术标准、统一作业标准，统一行车管理办法，形成了联合运输模式，以及"竞争上线、择优上网，利益共享、优胜劣汰"的运营机制，形成了安全有序、协调高效的良性竞争局面。"资源共享，设备共用，条块结合，机构精干"的原则下设置的公司、分公司职能部门、专业化作业工队，改变了专业分工过细、结合部扯皮的问题。党政职务交叉、部门综合，后勤服务资源共享，避免了重复投资。

目前，公司主要负责运营朔黄、黄万、黄大铁路。其中，朔黄铁路西起山西省神池县神池南站，东至河北省沧州市渤海新区黄骅港站，横跨山西、河北两省5区（市）、22个县（市），全线设有33个车站。正线全长594 km，为国家Ⅰ级、双线、电气化重载铁路，于1997年11月25日开工建设，2000年5月18日开通运营，现年运输能力已达3.5亿吨。朔黄铁路与北同蒲、京广、京九等重大干线接轨，与神朔铁路一起组成了全长860 km的我国西煤东运第二大通道，承担着保障国家能源供应的重要任务。黄万铁路在沧州境内黄骅南站与朔黄铁路接轨，经黄骅市到天津市万家码头车站后，经天津地方铁路线路到达神港站，全线共设7个车站。全长76.05 km，为国家Ⅰ级、单线、非电气化铁路，2004年11月16日开工建设，2006年10月8日开通运营，年运输能力为4500万吨。黄大铁路起自朔黄铁路黄骅南站，经河北省沧州市，山东省滨州市、东营市、潍坊市，接入益（都）羊（口）铁路大家洼车站。设计全长216.8 km，为国家Ⅰ级、单线、电气化铁路，年运输能力4200万吨，2013年8月批准立项，2014年9月开工建设。

1.1.2 设备情况

工务专业：朔黄铁路正线最小曲线半径400 m，上行最大限制坡度4‰、下行12‰，上行线为75 kg/m跨区间无缝线路，下行线为60 kg/m标准轨。全线共有隧道77座、桥梁381座。黄万铁路为单线非电气化铁路，全线为60 kg/m标准轨，共有桥梁31座。朔黄、黄万全线共设18个工务工队、1个桥隧工队、1个线桥工队担负日常设备养护任务。

供电专业：管内共有15个牵引变配电所、14个分区所、1个开闭所、1个配电所，接触网3000条换算千米。沿线共设15个供电工队、两个移动检修工队，担负全线供电设备维护检修任务。2006年10月黄万铁路开通后，肃宁分公司成立北港、神港电力电务工队，担负黄万铁路电力设备的维护检修任务。

电务专业：公司管内信号设备共计 43 个站场，其中朔黄线 34 个站场，1个机务段，1 个机务折返段，黄万线 7 个站场。通信设备共计 45 站，其中通信站 3 站，中间站通信机械室 42 站。长途光缆线路 783.135 皮长公里，长途电缆线路 771.755 皮长公里。公司管内共设有 15 个电务工队、2 个电务电力工队、1 个机车业务综合工队、1 个网管工队、2 个修试工队信号检修作业组，负责全线通信、信号、电力设备施工配合、检修维护以及故障处理、值班等工作。

机务专业：有联合运输单位六家，包括中铁一局、三局、四局、十五局，京铁公司，天津南环铁路公司。各单位配属的电力机车运营管理均由公司统一指挥；在设备检修方面：中铁一局、三局、四局小修、辅修自主完成，中修委托机辆分公司完成；京铁公司小修、辅修、中修均委托石家庄电力机务段完成；机辆分公司、中铁十五局、天津南环铁路公司小修、辅修、中修均由机辆分公司完成。所有机车大修均委托生产厂家完成。

各单位配属的内燃机车按图定区域作业，由公司统一指挥；在设备检修方面：中铁一局、三局、四局、十五局，天津南环铁路公司小修、辅修均各自完成，中修委外；机辆分公司小修、辅修、中修均委外。所有机车大修均委托厂家完成。公司配备有 160 吨救援列车、综合检测车。

1.1.3　管理模式

朔黄铁路公司自成立以来，突出企业办铁路、建营一体化的特点，在充分吸取国内外铁路运营管理经验的基础上，结合朔黄铁路公司实际，进行大胆改革创新，形成了"规范运作、自主经营，网运分离、联合运输，统分贯融、保障综合"为特色的"朔黄模式"。在"朔黄模式"的框架之内，公司探索形成了具有自身特色的经营管理思路，主要表现在：

在经营体制上：朔黄铁路公司严格按照《中华人民共和国公司法》组建，实行独立法人治理结构。

在发展战略上：公司坚持以建设"五型企业"为目标，以"依靠科技、依靠管理、依靠高素质人才"为主要发展支撑;以"专注于做强做大运输主业"为基本发展模式;以"打造绿色、高效、数字化铁路"为发展愿景。确立起"多路对一路,一路对多港"的发展格局,着力建设"上有源、下有疏、中间有能力的大运输通道",稳步推进"北上南下"发展战略。

在管理体系架构上:实行"公司—分公司"两级管理、"公司—分公司—工队"三级核算的管理架构。具体划分为:公司是利润中心,履行监督、检查、指导、服务的职能;分公司为成本中心,负责安全生产、设备维护保养和确保任务指标的完成;工队为专业技术生产或维修单位,负责某一个专业、某一个区段的设备维修养护。

在生产组织上:将线路、"四电"等固定设备与机车、车辆等移动设备分离,并在此基础上引入市场竞争机制,通过招标形式,择优选择了6家铁路运输企业,组成运输联合体,共同完成朔黄铁路运输生产任务。

在安全管理上:坚持"安全第一,预防为主"的方针;倡导"违章就是事故,细节决定安全;安全在自己,安全为自己"两个安全理念;以落实安全质量标准化为抓手,突出抓好安全基础建设,季节性病害整治,施工管理,阶段性安全检查、督查,各种抢险演练等;公司成立了安全生产委员会,自备了抢险救援列车和起复救援设备,明确了公司安全生产控制目标,建立健全了公司安全生产监督检查制度、重大事故防控制度、事故调查处理制度、应急救援制度、事故统计分析制度和风险预控体系。截至2018年年底,朔黄铁路保持了安全生产的十八年持续稳定,实现了年运量十年保持千万吨级增长。

在经营管理上:公司把转变经济增长方式,提升企业品质,增强可持续发展能力作为奋斗目标。一是高度重视运能储备和运输能力的提升。二是全面加强企业管理,着力提升核心竞争能力。下大力气狠抓以"基层、基础、基本功"为主要内容的三基建设;于2006年启动贯标工作,于2007年顺利通过ISO 9001质量管理体系认证;于2008年启动"流程再造"工作,于同年完成新的人力资源管理体系改革;于2009年启动对标管理工作。三是全力推进科技创新，不断增强企业可持续发展能力。组织开展了列入国家高技术研究发展"863 计划"的"重载铁路桥梁和路基检测与强化技术研究"课题研究。

在综合保障上：实行党政职务交叉、部门综合，后勤服务资源共享、职能综合，对通用性生产辅助设施、设备实行综合管理，避免重复投资，节约运营成本，提高了综合保障能力。

1.1.4　运输条件

（1）线路条件复杂、重车方向连续长大下坡道众多。

朔黄铁路线路纵断面呈西高东低走势，海拔落差近 2000 m，重车方向上最大上坡道为 4‰、最大下坡道为 –12‰，最小曲线半径为 400 m。全线共有桥梁 212 座（58.148 km）隧道 77 座（66.368 km），下坡区段几乎占整个线路的47%。特别是线路西段山区地形复杂，桥隧相连，有很多包含了陡下坡道的连续下坡区段。以龙宫站至北大牛站区间 11 346 m 的线路为例，该区段的平均坡度值超过了 –10‰，最大坡道坡度达到了 12‰。

（2）运行交路和载重相对固定、行车密度大。

朔黄铁路是煤炭运输专线铁路，列车的运行交路相对固定。一般情况下，列车从神池南站或黄骅港站发车后除了在肃宁北站停车进行司机换班作业外，中途很少停车。在载重上，朔黄铁路上运行的列车包括了五千吨、万吨、两万吨三种不同的目标载重。实际运营过程中，调度员一般会根据运输计划以及机车和车辆的型号不同在编组数量上进行一定的微调。随着国家经济发展对于煤炭需求的不断加大，朔黄铁路上重载列车的开行密度也不断加大，运行密度呈饱和状态。因此迫切需要对重载列车的操纵方式进行优化，在保证行车安全的前提下提升运行速度，缩小追踪运行的间隔。

（3）司机人工驾驶列车困难大、劳动强度高。

在轨道交通技术飞速发展的今天，虽然城市轨道交通中有越来越多的线路装备了列车自动驾驶设备，但重载列车的驾驶目前还主要依靠司机来人工完成。

随着列车牵引重量的增加，列车长度的延长以及编组方式的日趋灵活，使得对于重载列车司机的驾驶水平要求越来越高，司机只有经过系统培训并通过长时间实际操作才能熟练掌握驾驶技能。而朔黄重载铁路线路较长，且一般只在固定的技术站（肃宁北站）进行换班作业，司机的工作强度很大。即使优秀司机也受身体状况和外部环境等影响，而导致失误率升高。不当的牵引、制动或者缓解操作也会使得列车断钩或脱轨事故发生的机率大大增加。

综上分析，将全线划分为长大下坡、大下坡、平坡起伏坡道三大区间。分别为第 0 站到第 12 站约 240 km，以 0.7‰以上长大下坡为主，该段区间需要施加空气制动，第 12 站到第 18 站约 80 km，以小于 0.7‰，大于 0.4‰的大下坡为主，该段区间以电制动为主。第 18 站之后约 260 km，以 <0.4‰的平坡起伏坡道为主。该区间以牵引为主。根据不同路况情况设计相应节能策略。

1.1.5 线路信息

（1）技术标准。

朔黄铁路主要技术标准见表 1.1。

表 1.1 朔黄铁路主要技术标准

线别	区段	线路等级	正线数目	限制坡度 /‰	牵引种类	机车类型	牵引质量 /t	到发线有效长	最小曲线半径	闭塞方式
朔黄线	神池南—西柏	1 级	双线	4/12	电力	SS4 HXD	20000	2800	400	自动
							10000	1800		
							5500	1050		
	西柏坡—黄骅港	1 级	双线	4	电力	SS4 HXD	20000	2800	400	自动
							10000	1800		
							5500	1050		

（2）最小曲线半径。

曲线及线路情况见表 1.2。

表 1.2　既有线路平面特征一览表

项目		单位	神池南—西柏坡 K0+000-241+353	西柏坡—肃宁北 K241+353-K406+038	肃宁北—黄骅港 K406+038-K585+431
线路长度		km	241.353	164.685	179.393
直线长度		km	149.862	145.795	153.258
曲线长度		km	91.491	18.89	26.135
曲线分	R ≤	km/	63.207/109	1.795/2	0.617/1
类统计	R>	km/	28.284/64	17.095/36	25.518/49
合计		km/	91.491/173	18.89/38	26.135/50
最小曲线半径		m	400	800	800

（3）限制坡道。

限制坡度：神池南—西柏坡上行 4‰、下行 12‰；西柏坡—黄桦港上下行均为 4‰，全线无超限坡或动能闯坡地段。站坪坡均不大于 1.5‰，线路纵断面统计见表 1.3。

表 1.3　线路纵断面统计表

项目	单位	神池南—西柏坡 K0+000-241+353	西柏坡—肃宁北 K241+353-K406+038	肃宁北—黄骅港 K406+038-K585+431
线路长度	km	241.353	164.685	179.393
紧坡地段长度	km	102.263	17.597	64.006
紧坡地段长大坡段长度（$L \geq 1000$ m）	km	58.91	3.65	12.98
短坡地段长度（L-400 m）	m	10.802	550	300

（4）到发线有效长。

表 1.4　朔黄线既有车站设备概况表

顺序	站名	中心里程	站间距离（km）	站房走右侧	车站性质	站型	站内既有股道数量							客货运设备			到发线有效长度范围（m）
							正线	到发线	牵出线	专用线	货物线	隔车线	机务段线	基本站台	中间站台	货物站台	
1	神池南	朔黄 K0+000	15.931	左	区段站	横列式一级二场直线	3	上 3+18 下行	1	1	2	3	1处	300×6×0.3	—	950×40×1.1 2座	1050 及 2800
2	宁武西	K15-922	25.935	左	中间站	横列式曲线站	2	2	—	—	—	—	—	250×6×0.5	—	—	1040—1060
3	龙宫	K41+865.5	23.592	右	中间站	横列式直线站	2	3+3	—	1	—	—	—	110×6×0.5	—	—	1050 及 1800
4	北大牛	K65+458	18.848	左	中间站	横列式曲线站	2	2	—	—	—	—	—	70×6×0.5	—	—	1050—1118
5	原平南	K84+306	24.137	左	中间站	横列式曲线站	3	2+8	—	—	—	—	—	292×6×0.5	—	—	1050 及 2800
6	回风	K108+443	22.589	左	中间站	横列式直线站	2	2	—	—	—	—	—	70×6×0.5	—	—	1050—1108
7	东冶	K131+075.63	7.840	左	中间站	横列式直线站	2	4	河东联络线接入	1	2	—	—	300×6×0.3	300×5×0.3	200×22.5×1.1	2800

续表

顺序	站名	中心里程	站间距离（km）	站房走行侧	车站性质	站型	站内既有股道数量						机务段线	客货运设备			
							正线	到发线	牵出线	专用线	货物线	调车线		基本站台	中间站台	货物站台	到发线有效长度范围（m）
8	南湾	K138+872	26.170	左	中间站	横列式曲线站	2	2	—	—	—	—	—	230×6×0.3	230×5×0.3	—	1050~1054
9	滴流磴	K165+056.45	20.126	右	中间站	横列式曲线站	2	2	—	装煤线2	—	—	—	200×6×0.5	200×5×0.3	462×20×1.1	1053~1194
10	猴刎	K185+168	15.499	左	中间站	横列式直线站	2	2	—	—	—	—	—	55×6×0.3	—	—	1050~1114
11	小觉	K200+667	18.630	左	中间站	横列式曲线站	2	2	—	—	—	—	—	240×6×0.5	230×5×0.5	—	2800
12	古月	K219+297	22.056	右	中间站	横列式曲线站	2	2	—	—	—	—	—	250×6×0.5	250×5×0.5	—	1050~1102
13	西柏坡	K241+299.51	15.295	左	中间站	直线站	2	3+3+1	1	—	2	—	1处	250×5×0.3	250×5×0.3	—	2800、1800、1050
14	三汲	K256+648	17.353	左	中间站	横列式直线站	2	6	1	—	2	—	5	300×6×0.5	300×9×0.3	135×22.5×1.1	1051~1081
15	灵寿	K274+001	18.170	右	中间站	横列式直线站	2	2	1	—	1	—	—	250×6×0.5	250×5×0.5	—	1050~1050
16	行唐	K292+171	14.184	右	中间站	横列式直线站	2	4	1	—	1	—	—	300×5×0.3	300×5×0.3	170×19.5×1.1	1050~1146

续表

顺序	站名	中心里程	站间距离（km）	站房走右侧	车站性质	站型	站内既有股道数量							客货运设备			到发线有效长度范围（m）
							正线	到发线	牵出线	专用线	货物线	调车线	机务段线	基本站台	中间站台	货物站台	
17	新曲	K306+355	12.683	右	中间站	横列式直线站	2	3	1	–	1	–	–	300×6×0.3	300×5×0.3	220×19.5×1.1	1050–1144
18	定州西		23.950	右	中间站	横列式直线站	3	2+2	–	1	–	–	–	70×6×0.5	–	–	1800及2800
19	定州东		16.900	左	中间站	横列式直线站	2	2	–	–	–	–	–	250×6×0.5	250×5×0.5	–	1050–1050
20	安国		12.559	右	中间站	横列式直线站	2	3	1	–	2	–	–	300×6×0.3	300×5×0.3	170×22.5×1.1	1054–1144
21	博野		11.010	左	中间站	横列式直线站	2	3	–	–	–	–	–	300×6×0.5	300×5×0.5	–	1055–1136
22	蠡县		22.581	左	中间站	横列式直线站	2	3	1	–	2	–	–	300×6×0.3	300×5×0.3	150×22.5×1.1	1050–1119
23	肃宁北		11.350	右	区段站	横列式一级二场直线	上2 下2	上6+7 下11+4	–	–	1	3	1处	300×6×0.3	300×8×0.3	–	2800及1050
24	大师庄		9.089	左	中间站	横列式直线站	2	4	–	–	2	–	–	109×5×0.5	–	–	1050–1091
25	河间		20.050	右	中间站	横列式直线站	2	3	1	–	2	–	–	300×6×0.5	–	150×22.5×1.1	1050–1050

续表

顺序	站名	中心里程	站间距离(km)	站房走行侧	车站性质	站型	站内既有股道数量							客货运设备			
							正线	到发线	牵出线	专用线	货物线	调车线	机务段线	基本站台	中间站台	货物站台	到发线有效长度范围(m)
26	行别营		17.501	右	中间站	横列式直线站	2	2	–	–	1	–	–	250×5×0.3	–	–	1050–1088
27	黎民居		10.620	左	中间站	横列式直线站	2	2	–	–	–	–	–	250×5×0.5	–	–	1050–1051
28	杜生		21.250	右	中间站	横列式直线站	2	2	–	–	–	–	–	250×5×0.5	–	–	1056–1081
29	沧州西		20.164	右	中间站	横列式直线站	2	4+1+1	1	–	2	–	–	300×6×0.5	–	150×22.5×1.1	1050、1800及2800
30	李天木		23.700	左	中间站	横列式直线站	2	2	–	–	–	–	–	250×5×0.5	250×5×0.3	–	1050–1142
31	黄骅南		20.300	左	中间站	横列式直线站	2	9+9+1	–	–	–	–	–	300×6×0.5	–	150×22.5×1.1	1050–1112
32	段庄站		22.659	右	中间站	横列式直线站	2	22+1	1	–	–	–	–	64×4×0.5	–	–	1050–1081
33	黄骅港		6.641	右	区段站	横列式直线站	2	一期	1	1	–	–	1处	300×6×0.5	–	–	2800
34	黄骅港口		0	右	港口车场	纵列式	二期	二期	二期扩容为1050、1800m	三期及在建四期为				–			1800及1050

1.1.6 车辆信息

（1）机力配备。

朔黄铁路共配备电力机车 225 台，其中神华号（和谐）75 台，SS4 型机车 150 台。

（2）电力机车参数。

神华号机车主要技术参数见表 1.5。

表 1.5 神华号八轴交流机车主要技术参数

类别	参数
供电制式	AC 25 kV/50 Hz
车辆限界	满足 GB/T146.1–81
轴距	1435 mm
轴式	2（Bg–Ba）
轴荷里	25 t
整备质量	2X100 t
前后车钩中心距	35304 mm
机车车体宽度	3100 mm
转向架中心距（单节车）	9000 mm
转向架固定轴距	2800 mm
轮周牵引功率	9600 kW
启动牵引力	760 kN
持续牵引力	532 kN
轮周电制动功率	9600 kW
最大电制动力	461 kN
持续速度	65 km/h
牵引恒功率速度范围	65～120 km/h
制动恒功率速度范围	75～120 km/h
机车最高运营速度	120 km/h
功幸因数（大于20%额定功率，网压 22.5~27.5 kV）	0.99

（3）SS4 型机车技术参数。

表 1.6　SS4 机车主要技术参数

类别	参数
最高速度	100 km/h
持续功率	2×3200 kW
牵引时恒功率速度范围	51.8~82 km/h
轴式	2×(B。—B。)
机车整备重量	2×92 t
车钩中心线距轨面高	880 mm
前后车钩中心距	2×164616 mm
车体底架长度	2×15200 mm
车体宽度	3100 mm
机车车顶部距轨面高度	4080 mm
单节机车全轴距	11100 mm
转向架固定轴距	2900 mm
车钩型号	13 号
缓冲器型号	MT-2/QKX100 胶泥缓冲器
起动率引力	650 kN
电阻制动	460 kN（45 km/h）
机车制动机	DK-1G 型制动机
同步操纵系统	TEC-TROMS-I 型同步操纵系统

（4）车辆参数。

①段修（厂修）、站修规模情况。

表 1.7　段修（厂修）、站修规模表

类别	厂修（台位）	段修（台位）	站修（台位）	备注
神木北	12	15	21	—
神池南	—	—	21	—
肃宁北	—	30	18	—
黄骅港	—	—	14	—
黄骅港	厂段修检修基地	—	—	修年生产能力 6000 辆（在）

列检作业场：神池南设列检作业场两处，肃宁北、黄骅港各设列检作业场一处。

② C80 技术参数。

C80 双浴盆式铝合金运煤专用敞车，两辆一组，两车之间采用牵引拉杆连接，两端分别为 16 号旋转车钩和 17 号固定车钩，主要技术参数见表 1.8 所示。

表 1.8　铝合金 C80 车辆主要技术参数

类别	参数
构造速度	120 km/h
载重	80 t
自重	20 t
轴里	25 t
转向架型号	K6/K5
固定轴距	1800 mm
车辆定距	8200 mm
车辆长度	12000 mm
车辆宽度	3184 mm
车辆高度	3765 mm
车钩中心线距轨面高	880 mm
车钩型号	两辆一组，两端为 16 号旋转车钩和 17 号固定车
级冲器型号	HM-1
制动机型号	120-1 阀（配 14 英寸制动缸）
闸调器型号	ST2-250 闸瓦间隙自动吗整器
制动缸型号	203×254 旋压密封式制动缸（2 个）
闸瓦型号	HGM 新型高摩合成闸瓦
制动倍率	8.5（一个转向架）

1.2　机车能耗采集分析现状

1.2.1　采集流程

随着现代铁路运输的进一步提速和高速列车的发展，对电力机车的用电管理提出了更高的要求。然而朔黄铁路公司一直采用的电能计量的管理体制是通过人工抄表来实现的，即乘务员退乘后，记录电表的读数，将数据连同司机报单上交到统计室（图 1.1）。抄表的数据仅作为参考以及下一年度单耗估计的依据。这种手工抄表方式存在很多弊端。人力资源的浪费，表现在机辆公司要配备专门的抄表工人和统计人员，还存在抄表不到位、估抄、漏抄、错抄、错算问题。

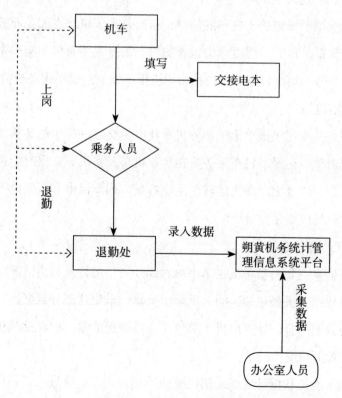

图 1.1　机车能耗采集流程图

1.2.2 采集形式

机车能源消耗原始数据来源于机车乘务员出勤时填记的"司机报单"。"司机报单"机统是统计机车、车辆运用成绩和机车能源消耗情况，考核机车乘务员工作的原始单据，是编制各种机车统计报表的主要依据。它统一编号并分发给机辆公司使用，机车乘务员在出勤值乘机车时随身携带，机辆公司机车派班室调度员在机车出、入段时负责发放和回收司机报单。在现有的机车统计规则所规定的各种统计原始记录单据中，是用它来记录机车在运行过程中消耗的能源数据。

司机报单中与机车能源消耗原始数据相关的有以下三部分内容。

（1）机车信息。

在司机报单中采集关于机车的信息，目的是为了机车支配企业能按配属企业汇总统计数据。现有司机报单中包含的机车信息主要有机车配属企业段、机车型号和机车号，均由机车调度员在将司机报单发放给机车乘务员前填记。

（2）能耗信息。

能耗信息是指司机报单第三部分机车耗电量交接一栏中的各项数据。其中接收量、交出量—记录了机车乘务员在接收机车及将机车交出时能耗计量器具上显示的读数，两者之差即为运转使用燃料量。列车供电和再生电等其余各项均由机车乘务员按实际数量填记。

（3）工作量信息。

工作量信息主要是指司机报单中第六部分列车运行及编组情况中所记录的机车工作量数据，主要包括区间公里牵引重量。采集这部分数据目的在于通过将其与能耗数据结合，计算出机车单位工作量的耗能量，以此反映机车完成一定工作量的耗能情况。

目前机车能耗数据计量仍采用传统的计量方式，是通过人工司机读取采集状态数据并记录，而不是由机器自动、连续采集和记录，因此在一个乘务交路中司机最多只能读取采集出乘、退乘这两个起、止状态的读数机车电表的读数代表某时某地该电表累计电量计量的状态，这两个状态读数之差就是某地到某地之间计量产生的机车总的能耗实物量的数据。这样的计量方式并没有将能耗数据与列车运行的实时空间信息进行关联，因此不能实时计量并记录机车在运行过程中通过重要地点的能耗数据，造成机车原始能耗数据内容无法满足各种统计口径准确统计能耗。

1.2.3　分析现状

（1）分析数据存在误差。

由于分析数据主要来源于司机报单的汇总，司机报单是机车乘务员采取手动抄写完成，本身就存在一定的误差。因此，分析的源头数据存在不准确和不精确的情况。

（2）分析数据不精确。

分析数据主要是根据汇总的数据，如时间上最小的统计单位为月度，线路最小单位为区段，没有根据实际线路进行分析，机车分析方面不能进行单个机车或者乘务员等的分析，造成乘务员考核和管理缺乏相应的依据，在能耗方面也只能分析月度或者年度的平均值作为统计依据，存在分析不精确的问题。

（3）能耗信息化建设滞后。

信息化是铁路现代化的重要标志之一，而铁路机车统计的信息化又是铁路信息化的重要组成部分，是确保统计的质量，提高数据运用效率，提升统计服务水平，促进统计制度创新的重要手段。随着信息技术的快速发展，与铁路经营管理的实际需要相比，与铁路其他主要信息系统的建设相比，铁路机车统计信息化特别是有关能耗建设要相对落后。其主要问题有：缺乏整体规划，各应用系统大多自成体系，其信息难于共享，整体作用的发挥受到限制；数据资源建设滞后，原始信息采集自动化程度低，信息不完整，时效性差；将报表作为原始数据，手工作业多，数据深加工困难；统计信息的综合利用和决策支持尚未很好地开展。

（4）采集不精确。

源头数据主要来源于司机报单统计过程中的各项工作，工作人员通过对原始数据的记录来完成后续统计工作的铺垫。现阶段机车部门的体制还未完善，很多人员还在沿用传统的记录和统计方式，所以导致了源头数据质量低劣，这为统计工作设置了极大的障碍，在统计的第一步数据采集上就出现了巨大的纰漏。

目前的统计信息采集，主要是手工录入司机报单和从机车运行记录监控装置采集两方面获取。随着铁路的飞速发展，现在手工录入司机报单的统计信息方式已不能满足铁路发展改革的需要。存在问题如下。

①外点每日产生的出退勤的机班，纸质司机报单不能及时回收，机车运用数据滞后，统计出的各项指标是几天前的，不能实时反映机车运用效率情况。

②纸质司机报单不能及时录入，对机车实际走行公里统计不准确，特别是机车实行跨局轮乘制、长距离的整备方式，机车司机报单统计不及时，机车修程计划不准确，不能及时扣车维修，有可能造成一些易损件磨耗超限，给安全生产带来隐患。

③由于统计数据来自司机报单和机车监控装置，数据不能形成点对点的匹配，造成手工录入的数据平均到运器数据上，每条线又划分为若干个统计区段（每个统计区段一个区段码），将机车能耗平均分配在几个区段上，数据的准确性无法保证。

第2章 朔黄铁路公司机车牵引能耗分析

2.1 机车能耗的影响因素

铁路机车能耗影响因素众多，从设备、环境、管理和人员等要素可以分为移动设备、运营环境、运输组织、列车操纵四大类。其中，移动设备主要是指机车车辆属性，包括机车牵引特征、基本阻力特征、制动特征等；运输组织主要包括速度特性、临时限速、停站方案、运行时分等因素；运营环境主要为坡道、曲线、桥隧等线路属性，自然环境如气候和海拔等也是影响机车能耗的重要因素。而机车乘务员不同的操纵方式对列车的能耗也有着重要影响。

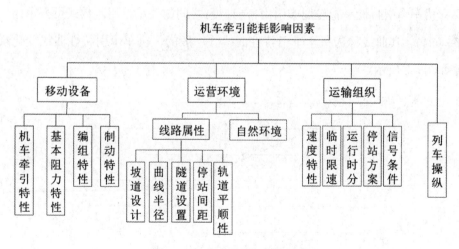

图 2.1 机车牵引能耗影响因素

2.1.1　移动设备

铁路运输设备是铁路完成运输任务的基础设施。目前，我国铁路的运输设备和技术水平与以往相比已经有了很大的进步，主要技术装备也达到或接近国际先进水平。移动设备是运输设备的重要组成部分，包括机车和车辆，机车是列车牵引的基本动力，各种类型的车辆是运送旅客或货物的基本工具。从定性的角度分析移动设备对能耗的影响程度，包括机车牵引特性、列车基本阻力特性、编组特性及制动特性等四个方面。

（1）机车牵引特性。

机车牵引力 F 指由动力传动装置引起的与列车运行方向相同的外力。根据不同的机车类型，可分为电力机车牵引力和内燃机车牵引力，是司机操纵驾驶时根据实际情况使列车发生运动或加速的力。机车牵引力的大小是由列车的牵引特性及牵引功率决定的，其取值除了与列车操纵手柄位及当前运行速度有关外，还要考虑粘着力的限制。不同的机车由于牵引方式的不同，运行过程中所消耗的能源也不一样。

机车牵引特性是指轮周牵引力 F 与速度 v 之间的关系，用函数式可表示为：$F = f(v)$。其曲线称为机车牵引特性曲线。一般的，机车牵引特性曲线变化规律如图 4.2 所示。

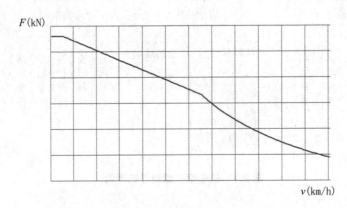

图 2.2　机车牵引特性曲线

（2）基本阻力特性。

列车运行阻力 f,指列车运行过程中由于各种原因自然发生的、无法控制的与列车运行方向相反的外力。按产生原因可分为基本阻力 f_{r0} 和地面附加阻力 f_{rj},其中基本阻力受移动设备属性影响。

基本阻力是牵引计算常用的重要参数,其作用是阻止列车发生运动或使列车自然减速,是列车在任何情况下运行永远存在的阻力。主要有轴颈与轴承间的摩擦阻力、轮轨间阻力及空气阻力。基本阻力随着列车运行速度的大小而有不同的变化。速度低时,轴颈与轴承间的摩擦阻力占较大的比重;速度逐渐提高时,轮轨间阻力和空气阻力占的比例也逐渐加大;当速度超过一定限度,空气阻力成为基本运行阻力的主要部分。根据《列车牵引计算规程》,电力机车、内燃机车、蒸汽机车及各种货车车辆的基本阻力计算公式的系数值如表2.1:

表 2.1　机车车辆单位基本阻力计算公式系数

类别	型号	单位基本阻力计算系数		
		α	β	γ
电力机车	SS_1、SS_3、SS_4 型	0.000320	0.0190	2.25
	SS_7 型	0.000348	0.0038	1.40
	SS_8 型	0.000426	0.0035	1.02
内燃机车	DF 型	0.000271	0.0073	2.93
	DF_4 型	0.000178	0.0293	2.28
	DF_8 型	0.000391	0.0022	2.40
	DF_{11} 型	0.000218	0.0054	0.86
	DFH_3 型	0.000549	0.0105	1.96
蒸汽机车	QJ 型	0.000673	0.0243	0.70
	JS 型	0.000700	0.0168	0.74
货车车辆	滚动轴承货车（重车）	0.000125	0.0048	0.92
	滑动轴承货车（重车）	0.000236	0.0011	1.07
	油罐车专列（重车）	0.000080	0.0121	0.53
	空货车	0.000675	0.0053	2.23

根据大量列车试验得到的经验计算公式"Davis 方程式"中描述了在不考虑坡度影响，在水平轨道上列车运行的基本阻力的计算方法如下：

$$f_r = \alpha v^2 + \beta v + \gamma$$

式中：f_r—阻力，N/kN；v—速度，km/h；α、β、γ—系数。

由公式可以看出，基本阻力只和列车运行速度相关，且与速度值成正相关，即随着速度值的不断增加，基本阻力也会不断增大，列车的能耗也相应的增加。因此减小基本阻力做功是节能的手段。

机车刚启动时，由于速度为 0，此时启动的单位基本阻力 f_r 不等于 γ，而是另取值，例如电力、内燃机车取 5 N/kN，滚动轴承货车取 3.5 N/kN。

（3）编组特性。

列车编组特性是指一列车所编配的机车车型及数量、列车车辆总数、空重车数和牵引总重等，其对货物列车能耗影响较大，是乘务员无法控制的因素。列车编组是由运输组织以及货流决定的 [27]，其组成数量以及空重车比例一般也是不同的，使得列车编组具有多样性。其中机车分为电力机车和内燃机车，不同的机车类型，在相同的牵引方式下，对应着不同的牵引性能、能源转化效率；货车车辆类型主要有棚车、敞车、罐车、平车、冷藏车五种。列车编组的多样性导致不同的列车重量以及不同的阻力特性，使其在启动、运行和制动时的能耗呈现不同的特点。通常情况下，列车的编组车辆越多，列车牵引总重越大，列车重量的增加使列车在运行过程中内燃机的耗油量或者牵引电机的耗电量增加，从而使能耗增加，牵引质量越大，机车单耗越低；牵引质量越小，机车单耗越高。然而列车的牵引重量越大，要求列车在启动、制动时的力矩也就越大，满足运营需要所需的牵引电机的耗电量或内燃机的耗油量也越大，这也就造成启动阶段的能耗增加。研究表明，在同一机型同一线路的情况下，空重两种编组所消耗的能源差异很大。

当运输种类相同时，编组大的列车机车单位能耗低于编组小的列车。目前世界各国为到达节能降耗的目的都在大力发展重载货运，如美国、巴西、澳大利亚等国家的列车轴重已经超过 30 t。

（4）制动特性。

制动力是由列车制动装置引起的与列车运行方向相反的一种外力，是人为的阻力，其作用是阻碍列车运行，比自然产生的列车运行阻力要大得多，主要应用在列车制动减速过程中。司机可以根据实际情况的需要来加以调节制动力大小，以达到使列车减速或者停车的目的。

目前，国内货车采用的主要制动方式为闸瓦式空气制动，列车的闸瓦式空气制动，实际上就是将货物列车的动能转化为热能，列车的制动过程，就是列车动能的消耗过程，动能的计算公式为：$E = \dfrac{1}{2}mv^2$。

其中：m——为列车的总重量；

v——为列车的运行速度，km/h。

从公式中可以看出，列车制动能力与列车牵引重量及运行速度有关：列车牵引重量及运行速度的变化，必定会影响列车制动能力，从而对列车的制动距离产生影响，进而影响列车的安全运行。因此，列车牵引重量与速度的增大将使得列车的制动能力变得相对薄弱。

2.1.2　运行环境

本报告中运行环境是指直接影响铁路运行的外部因素，对铁路机车牵引能耗造成的影响因素包括线路属性及自然环境两部分。前者属于铁路基础设施，后者主要是气候条件。

（1）线路属性。

线路属性主要包括坡道设计（上坡、下坡及坡度大小的影响）、曲线半径（半径大小）、隧道设置、停站间距和轨道平顺性等。铁路线路的区间长度及区间不同坡段组合、坡度的大小、坡长等对列车运行时的受力情况、速度和时间都有着较大的影响。

①坡道设计。

坡道设计的限制坡度主要由地形特征确定，例如三级铁路的限制坡度最大值表现为：山区为 26‰，丘陵为 18‰，而平原则为 9‰。

坡道对运行能耗的影响主要表现在重力势能的改变上。列车运行在上坡道时，重力分量与牵引力相反，为使列车保持原来速度将增加牵引力，导致牵引能耗增加；反之，运行在下坡道时，重力分量和牵引力在同一方向上，牵引力减小则牵引能耗减少。在运行距离和限速条件一致的情形下，牵引能耗的变化如下：在坡长一定的情况下，牵引能耗随坡度的增大而减小；在坡度一定的情况下，牵引能耗随坡长的增大而减小。

坡道附加阻力是指沿轨道下坡方向重力的分量，其方向是变化的。列车机车在上坡道运行时，坡道附加阻力与运行方向相反，表现为正值；列车机车在下坡道运行时，坡道附加阻力与运行方向相同，表现为负值[29]。按照《牵规》，机车、车辆的单位坡道附加阻力 w_i 在数值上为坡度的千分数，即 $w_i = i$ 式中：i—坡道坡度，‰。

②曲线半径。

曲线半径是铁路线路的重要组成部分，其最小曲线半径应根据线路的性质（铁路等级）、最高运行速度和工程条件等确定，根据《铁路线路设计规范》选取，如表所示：

表 2.2　最小曲线半径

铁路等级			I				II		III	
运行速度（km/h）			140	120	100	80	120	100	80	100	80
最小曲线半径（m）	工程条件	一般	1600	1200	800	500	1000	700	450	600	400
		困难	1200	800	550	450	800	550	400	550	350

列车运行在曲线上时产生的离心力使货物或旅客产生向外作用力，影响货物的平衡及旅客的舒适度，通常采取设置外轨超高致使列车运行时产生向心力的方式以达到平衡离心力的目的。在曲线半径一定时，速度越高，离心力就越大，因此在曲线上运行时对速度有一定的限制。

　　机车车辆在曲线轨道上运行时，车轮因在轨面的横向和纵向滑动而产生的摩擦及车轮轮缘与钢轨内侧面的滑动而产生的摩擦都会增加，同时，转向架中心盘和旁承的摩擦也增加，并且随着曲线半径的减小而增大，随着曲线半径的增大而减小。这些因进入曲线轨道运行而增加的摩擦使得在同样条件下直线运行时增加的阻力，称为曲线附加阻力，分为列车处于同一曲线内附加阻力和列车处于变曲线率上附加阻力。曲线附加阻力与曲线的外轨及半径、运行速度、牵引重量等众多因素相关，很难用理论方法推到，根据《列车牵引计算规程》，曲线附加单位阻力 w_r（N/kN）的计算公式为：$w_r = \dfrac{600}{R}$。

　　式中：R——曲线半径，m；

　　　　　600——综合反映影响曲线阻力许多因素的试验常数。

　　在曲线长度相等的情况下，曲线半径越小，则曲线转角越大，曲线附加单位阻力会越大，一般会导致牵引能耗增加。

　　③隧道设置。

　　我国幅员辽阔，地形多样，山地、高原等面积占国土总面积的 2/3，修建铁路往往要克服山岭阻隔或复杂的地形障碍修建隧道。2000 年起至今，随着铁路网的快速扩展，特别是西部路网的大通道建设，隧道建设工程发展迅速，长及特长隧道大幅度增加根据全国铁路统计资料汇编。截至 2012 年年底，我国建成的铁路隧道共有 6666 座，总延长 4 678 922 m，其中特长隧道有 12 座，延长 173 916 m，长隧道 250 座，延长 1 129 336 m。

　　列车在隧道内运行时，使隧道内空气产生阻塞现象，空气阻力增加的部分称为隧道附加阻力。其阻力大小与运行速度、列车长度、列车外形结构、隧道长度及断面积等众多因素相关，例如速度越快，隧道附加阻力就越大，这些因素有些从理论上很难确定，一般通过试验来确定单位阻力 w_s（N/kN）。由于试验资料较难齐全，还未整理出计算公式。在必要时也可用由试验得到的参考公式进行计算：

$$w_s = 0.00013 \cdot L_s$$

式中：L_s——隧道长度，m。

因此，地面附加阻力f_{rj}计算公式为：

$$f_{rj} = w_i + w_r + w_s。$$

④停站间距。

停站间距的设定主要取决于线路长度、沿线经济发展水平等因素。停站间距对机车运行能耗的影响表现为：在相同运行距离时，停站间距小则停站次数增加，导致频繁制动而使动能损失，同时也降低了机车的运用效率，浪费了能源；且停车次数增加而导致列车运行速度波动的变化将不利于控制列车速度均衡性，也会造成列车运行能耗相应增加。就单位距离消耗的能源而言，惰行工况小于牵引工况，因此当停站间距较长时，可以延长惰行时间来获取相对的技术速度。此外，机车的再次启动需要消费一定的电力或柴油，当停站间距较少时能耗增加。

⑤轨道平顺性。

当行车线路变化剧烈时，不仅对列车运行速度和行车安全有影响，还会让铁路线路自身接受很大的冲击力，桥梁路段更是如此，这样就会增加机车的电能或柴油耗费。因此，轨道线路是否平顺也是影响机车能耗的重要因素。

（2）自然环境。

自然环境对机车牵引能耗的影响主要是天气和气候条件，暴雪、暴雨、大风、大雾等恶劣天气及昼夜温差大，均可能对机车运行产生很大的影响。由于地区的不同而引起的海拔高度、气候、气压等的差异都将导致物理参数的变化，其列车运行时的能耗也将受到影响，例如各铁路局平均每万吨公里的能源消耗相差很大。

2.1.3 运输组织

在铁路建设完成后的运营期，在列车属性和运行环境相对固定的情况下，不同的运输组织方案对列车的牵引能耗有较大的影响。组织方案不仅对运输服务水平起到了关键作用，同时会直接影响到运输过程中能源消耗的多少。合理的运输组织方案能在保证服务质量的前提下，实现资源的合理配置，减少不必要的能源消耗。本报告中影响机车牵引能源消耗的组织方案包括速度特性、临时限速、运行时分、停站方案、信号条件五个因素。

（1）速度特性。

列车的运行速度是根据沿线运输需求、铁路等级及地形状况等因素综合考虑设计的，通常分为：最高速度、运行速度、技术速度和旅行速度[30]。其中列车最高速度的确定将直接影响设备投资及运营模式的选择；运行速度和技术速度是反映铁路运输质量的重要指标，指标值的大小，直接反映了铁路的技术标准以及组织管理水平和设备质量的优劣程度。而速度目标值的选择既要在技术上可行、经济上合理，能够发挥铁路客货运输的比较优势，又能与其他运输方式合作，形成有效的综合运输体系。

世界各国铁路的货运运输基本是朝两个方向发展：一是以货运为主的国家，通过增加牵引总重提高货物运输的重载率，但没有过度的提高运行速度，比如美国、加拿大、巴西等。二是客货运兼顾的国家，由于这些国家的运能与运输需求矛盾突出，运输线路承担的负荷较重，不仅面临扩大路网规模、改造既有线的压力，还要面临大幅增加线路的运输能力、缩短运输时间和提高运输质量等压力。例如我国铁路货物运输主要集中在既有线，并且大部分是客货混行的线路，主要靠提高运行速度来缓解压力。

列车运行过程中的运行阻力与列车的运行速度大小有极其密切的关系，可以表示为列车速度的方程，即列车速度的提高会使列车的单位阻力显著增加，根据公式，某型电力机车阻力公式为：

$$f_r = 2.25 + 0.0190v + 0.000320v^2$$

则该货运机车运行阻力与速度关系如图 2.3 所示。

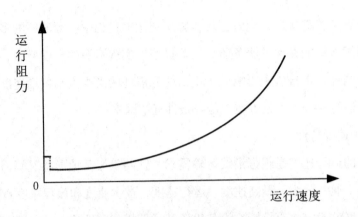

图 2.3　列车基本阻力

运行速度对能耗有较为显著的影响。当列车在线路上以既定速度运行时，列车在恒速阶段或加速阶段时牵引力因克服阻力做功，能耗增加。由于列车受到的基本阻力是关于速度的一元二次函数，列车的运行速度越高，其基本阻力越大，机车运行时因克服阻力而输出的功率就越高，其能耗水平相应的会增加；反之，运营速度低的列车，机车能耗水平相对较低。除列车重量对能耗的影响之外，列车的运行速度对列车运行能耗的影响明显大于其他因素。在一段理想的平直线路上，以不同速度匀速运行的列车牵引能耗与速度的关系如图 2.4 所示，可以看出，随着速度的提高，能耗表现出与列车基本阻力一致的上升趋势。

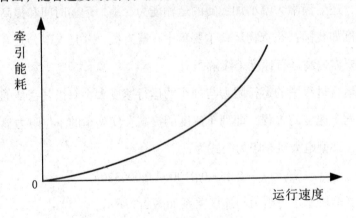

图 2.4　列车运行速度影响

（2）临时限速。

临时限速是指由于线路维修、突发事故或设备故障等原因，为确保列车运行安全，致使列车运行线路固定速度以外的、具有时效性的安全速度。它是由调度中心统一集中管理，通过 CTC/TDCS 系统向临时限速管辖车站及邻站下达调度命令 [32]。临时限速涉及临时限速值、限速区里程范围等信息。在通过临时限速区段时，列车司机一般需进行惰行、制动、低于限速值的恒速运行以及通过限速区段后的再次加速操作，由于相对于匀速行驶，列车的受力情况发生改变，能源消耗特征一般也随之变化。研究及实践表明，相对于无限速或限速较少的线路，临时限速区段较多的线路上，单位机车牵引能耗水平较高。

（3）运行时分。

列车运行时分是列车重要的目标之一，由机务部门采用牵引计算和实际运行试验相结合的方法进行查定，与行车组织、牵引特性、信号系统和牵引供电等多个子系统关系密切。由于列车的平均速度是运行的距离及运行时分的比值，因此同一种车型在同一条线路上运行时，列车运行的时间越长则平均速度越低，列车克服阻力的做功也就也小，则所需要能源消耗的最小值越低，所以根本上说，运行时分对能源消耗的影响是速度特性等因素对能源消耗影响的时间体现，研究表明，运行时分与牵引能耗大致的关系可用下图进行描述。

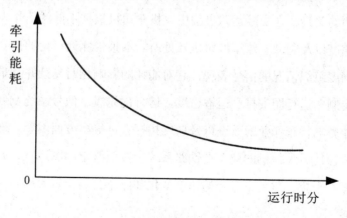

图 2.5　运行时分影响

（4）停站方案。

停站方案是在列车类别、编组辆数、运行径路及沿线经济发展水平等因素确定后，根据旅客、货物运输需求和其他列车协调配合情况来确定各列车的停站序列。不同的停站方案能够满足多样化的运输需求，同时也会影响到列车的牵引能耗。比如，列车在线路上"站站停"显然能够更好的满足乘客乘车、货物装车或中转需求，但如果当站间距小于合理站间距，并且停站次数较多，不仅会影响到旅行时间和货物送达时间，也会导致牵引能耗的浪费；当站间距大于合理站间距时，或停站次数偏少，将必然导致部分需求得不到满足。停站间距对列车运行能源消耗的影响还同时受制于运行时分，一般的，停站间距比较长时，在运行时分允许的前提下，列车惰行时间较长，从而列车的单位能耗会比停站间距较小时略小；而停站次数对列车运行能耗的影响主要体现在列车启动加速及制动停车对能耗的利用方面，列车制动停车和再次启动加速至技术速度时会使列车运行动能经历一个下降再提升的过程，相对于匀速通过，该过程会降低机车的运用效率，也使列车的能耗相对增加。

（5）信号条件。

铁路信号系统是铁路运输中不可分割的重要技术基础之一，其建立是为了确保机车车辆安全有序地运行或进行其他相关作业。信号系统与上述的运输组织存在密切的关系，在实际运营过程中，机车司机根据不同的信号表示控制列车的运行速度以及制动、停车的时机及处所。本报告此处讨论的信号条件实际是指运输调度组织情况的信号表现，它对能耗的影响相对复杂并且难以量化描述，同时受制于运行图安排、运输密度、运行优先级、信号系统及列车的技术条件、其他影响行车作业的效率以及调度指挥人员等多方面因素。理想的运输组织调度能够使更大比例的列车在铁路系统中按照既定的图运行，或者减少列车之间的相互干扰，避免不必要的速度变化和停车，运行效率提高的同时减少了牵引能耗。

2.1.4　列车操纵

列车操纵是指在列车的运行过程中司机的驾驶行为特性，是以人为中心进行的活动，不同的操纵方式对列车的能耗有着重要影响。相关文献显示，在线路条件、机车车辆特性以及运行速度等相同的情况下，由于司机操纵技术水平的高低所引起的列车运行过程中的能耗差异可达 30%。有经验的司机能够保证在运输需求的前提下，掌握好操作的时机，减少诸如接近限速时被迫使用制动减速、制动时机过早损失动能、惰行使用时机不当等造成的能源浪费。澳大利亚研究人员通过计算证明，在运输条件固定的前提下，存在能耗最优的驾驶方式及速度曲线，其开发的系统能够在保证列车正点到达的前提下，对满级加速、恒速保持、惰行以及动力制动等操纵时机给司机以提示，从而达到节能降耗的目的。我国铁路规模大、里程长，不同地区或线路之间的运输情况各异，列车司机操纵水平不一且在进行操纵时存在一定的自主空间，牵引能耗仍存在很大的节省空间。

一般而言，凡是列车运行图所规定的或列车调度员根据实际情况所安排的停车，以及因各种限制速度而司机所采取的制动停车或制动调速等，如司机能按照相对应的最经济的操纵方式对列车施行控制，此时的操纵就是必要的。然而，列车实际运行过程中由于受到许多因素的影响，如列车运行图所规定的运行方式、运行时刻、限制速度、站场所处位置、线路纵断面以及信号设置位置等不同运行条件，难免要受到不同车站值班员、列车调度员等的人为干预以及机车司机的非必要操纵。

一是机车司机方面，由于司机对经济操纵的一系列基本观点和各种宏观控制方法的知识欠缺，以至于在实际操纵中有许多经济控制点不能够很好的把握，会造成不必要的制动。当然，除此之外司机的行车经验、精神状态、责任心等也是不容忽视的。

二是车站值班员方面，当车站接发列车或调车作业可能对计划通过的列车产生干扰。而车站又不预告或不提前足够的时间预告给通过列车司机，司机仍采用开放式操纵（即认为前方站是可以正常通过的）运行。此时，会造成不必要制动。

三是列车调度员方面，主要是对列车运行的速度特性不十分清楚。当调度列车时，使列车产生巨大的不必要制动损失就在所难免。例如，安排某一重载货物列车在位于长大下坡道尾部的中间站非作业停车，其产生的制动损失是巨大的。

2.2 牵引能耗分析

2.2.1 时间维度能耗分析

（1）电力机车。

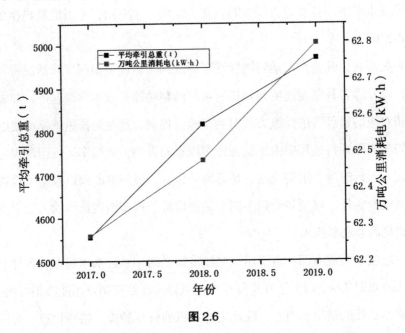

图2.6

从电力机车数据可以看出，平均牵引总重是数逐年递增的，而万吨公里消耗电量基本也是逐年上升趋势，2017年平均牵引总重约是4555t，万吨公里消耗电约是 62.26 kW·h，18 年平均牵引总重约是 4817 t，万吨公里消耗电约是 62.47 kW·h，19 年平均牵引总重约是 4970 t，万吨公里消耗电约是 62.80 kW·h。

（2）电力普列。

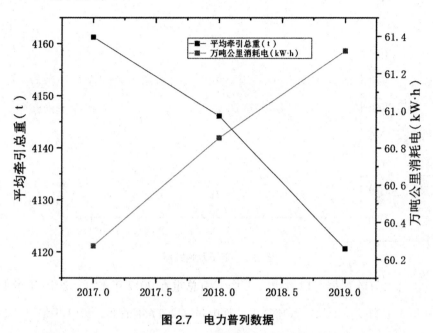

图 2.7　电力普列数据

从普列数据可以看出，随着平均牵引总重递减，万吨公里消耗电随之增加。2017 年平均牵引总重约是 4161 t，万吨公里消耗电约是 60.27 kW·h，2018 年平均牵引总重约是 4146 t，万吨公里消耗电约是 60.85 kW·h，2019 年 3 个季度平均牵引总重约是 4128 t，万吨公里消耗电约是 61.11 kW·h。

2017 年整年 4 月份平均牵引总重约是 3978 t（最低），万吨公里消耗电约是 65 kW·h（最高），7 月份平均牵引总重约是 4379 t（最高），万吨公里消耗电约是 54 kW·h（最低）。2018 年整年 1 月份平均牵引总重约是 4010 t（最低），万吨公里消耗电约是 64 kW·h（最高），12 月份平均牵引总重约是 4309 t（最高），万吨公里消耗电约是 56 kW·h（最低）。2019 年 3 个季度 7 月份平均牵引总重约是 3898 t（最低），万吨公里消耗电约是 65 kW·h（最高），2 月份平均牵引总重约是 4460 t（最高），万吨公里消耗电约是 54 kW·h（最低）。

（3）电力万吨。

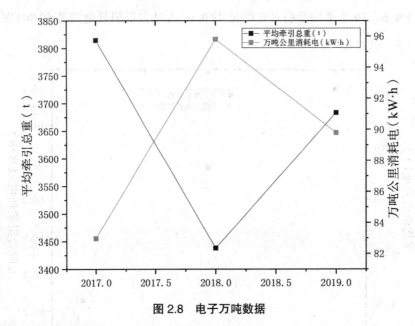

图2.8　电子万吨数据

从电力万吨数据可以看出，平均牵引总重在 2017 年最高、2018 年最低、2019 年 3 个季度在中间，万吨公里消耗电量在 2017 年最低、2018 年最高、2019 年 3 个季度在中间。2017 年平均牵引总重约是 3814t，万吨公里消耗电约是 82.97kW·h，18 年平均牵引总重约是 3438t，万吨公里消耗电约是 95.80kW·h，19 年 3 个季度平均牵引总重约是 3683t，万吨公里消耗电约是 89.780kW·h。

（4）电力两万吨。

从电力两万吨数据可以看出，平均牵引总重逐年递减的，万吨公里消耗电量逐年递增的。2017 年平均牵引总重约是 10168t，万吨公里消耗电约是 22.92kW·h，2018 年平均牵引总重约是 9340t，万吨公里消耗电约是 29.26kW·h，2019 年 3 个季度平均牵引总重约是 7570t，万吨公里消耗电约是 44.30kW·h。

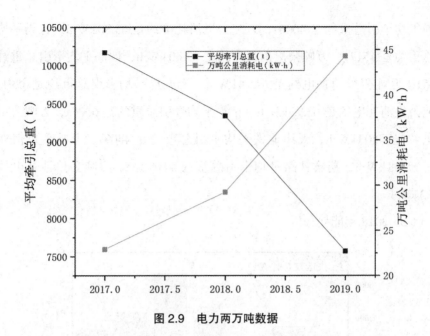

图 2.9　电力两万吨数据

2.2.2　分公司能耗分析

（1）2017 年能耗分析。

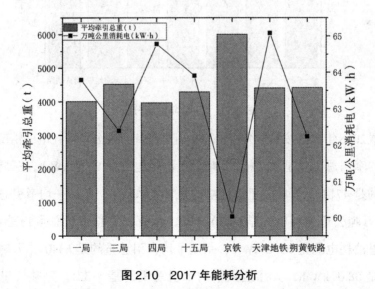

图 2.10　2017 年能耗分析

根据 2017 年数据按单位分析平均牵引总重和万吨公里消耗电的情况如下，

一局平均牵引总重约是 4006 t，万吨公里消耗电约是 63.80 kW·h，三局平均牵引总重约是 4517 t，万吨公里消耗电约是 62.40 kW·h，四局平均牵引总重约是 3965 t，万吨公里消耗电约是 64.78 kW·h，十五局平均牵引总重约是 4291 t，万吨公里消耗电约是 63.91 kW·h，京铁平均牵引总重约是 6005 t，万吨公里消耗电约是 60.03 kW·h，天津地铁平均牵引总重约是 4409 t，万吨公里消耗电约是 65.08 kW·h，朔黄铁路平均牵引总重约 4416 是 t，万吨公里消耗电约是 62.23 kW·h。

（2）2018 年能耗分析。

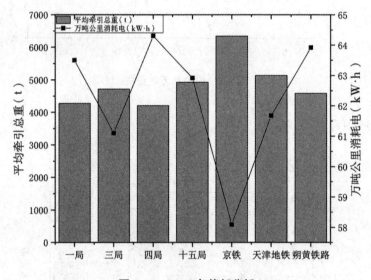

图 2.11　2018 年能耗分析

根据 2018 年数据按单位分析平均牵引总重和万吨公里消耗电的情况如下，一局平均牵引总重约是 4270 t，万吨公里消耗电约是 63.50 kW·h，三局平均牵引总重约是 4713 t，万吨公里消耗电约是 61.10 kW·h，四局平均牵引总重约是 4204 t，万吨公里消耗电约是 64.30 kW·h，十五局平均牵引总重约是 4925 t，万吨公里消耗电约是 62.92 kW·h，京铁平均牵引总重约是 6340 t，万吨公里消耗电约是 58.09 kW·h，天津地铁平均牵引总重约是 5132 t，万吨公里消耗电约是 61.68 kW·h，朔黄铁路平均牵引总重约 4585 是 t，万吨公里消耗电约是

63.92 kW·h。

（3）2019 年能耗分析。

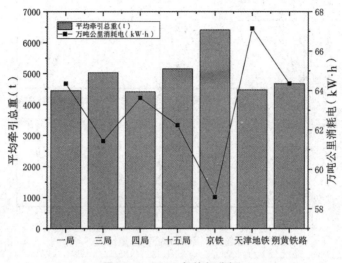

图 2.12　2019 年能耗分析

　　根据 2019 年数据按单位分析平均牵引总重和万吨公里消耗电的情况如下，一局平均牵引总重约是 4449 t，万吨公里消耗电约是 64.34 kW·h，三局平均牵引总重约是 5028 t，万吨公里消耗电约是 61.43 kW·h，四局平均牵引总重约是 4414 t，万吨公里消耗电约是 63.62 kW·h，十五局平均牵引总重约是 5152 t，万吨公里消耗电约是 62.23 kW·h，京铁平均牵引总重约是 6408 t，万吨公里消耗电约是 58.59 kW·h，天津地铁平均牵引总重约是 4473 t，万吨公里消耗电约是 67.14 kW·h，朔黄铁路平均牵引总重约是 4674 t，万吨公里消耗电约是 64.34 kW·h。

　　（4）不同分公司总重比较。

　　可以看出京铁的平均牵引总重基本都在 6000 t 以上，远比一局、三局、四局、十五局、京铁、天津地铁、朔黄铁路的平均牵引重量大，基本都保持在 4000 ~ 5300 t。

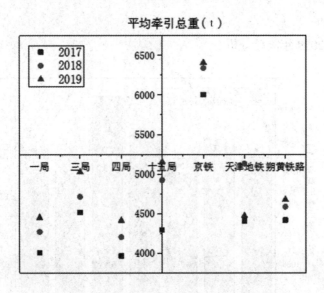

图 2.13　不同分公司总重比较

（5）不同公司单耗比较

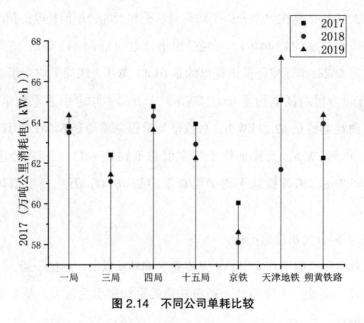

图 2.14　不同公司单耗比较

从上图可以看出 2017 年京铁万吨公里消耗电最低，其次是朔黄铁路、三局、一局、十五局、四局，最后是天津地铁；2018 年京铁万吨公里消耗电最低，其次是三局、天津地铁、朔黄铁路、一局、十五局，最后是四局；2019 年京铁万吨公里消耗电最低，其次是三局、十五局、四局、朔黄铁路、一局，最后是天津地铁；一局、三局、四局、十五局、京铁、天津地铁、朔黄铁路的平均牵引重量大，基本都保持在 4000 ～ 5300 t。

2.2.3 分区段能耗分析

（1）2017 年能耗分析。

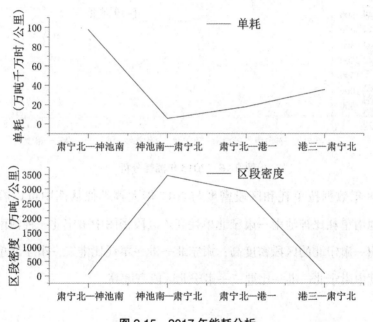

图 2.15 2017 年能耗分析

2017 年数据按单耗和区段密度进行分析，从图中可以看出肃宁北—神池南单耗比神池南—肃宁北单耗高，区段密图中肃宁北—神池南密度没有神池南—肃宁北的区段密度高；肃宁北—港一单耗比港三—肃宁北单耗低，区段密度中肃宁北—港一比港三—肃宁北区段密度高。

（2）2018 年能耗分析。

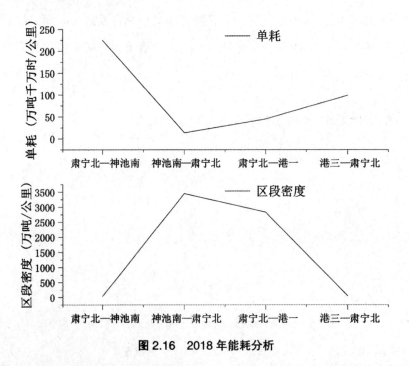

图 2.16　2018 年能耗分析

2018 年数据按单耗和区段密度与 2017 年大致类似从图中可以看出肃宁北—神池南单耗比神池南—肃宁北单耗高，区段密图中肃宁北—神池南密度没有神池南—肃宁北的区段密度高；肃宁北—港一单耗比港三—肃宁北单耗低，区段密度中肃宁北—港一比港三—肃宁北区段密度高。

（3）2019 年能耗分析。

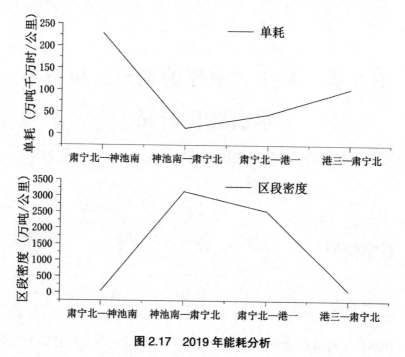

图 2.17　2019 年能耗分析

从图中可以发现，2017—2019 年单耗和区段密度大致类似，肃宁北—神池南单耗比神池南—肃宁北单耗高，区段密图中肃宁北—神池南密度没有神池南—肃宁北的区段密度高；肃宁北—港一单耗比港三—肃宁北单耗低，区段密度中肃宁北—港一比港三—肃宁北区段密度高。

第 3 章　基于大数据的朔黄公司机车牵引能耗研究

3.1　数学模型

3.1.1　回归模型

线性回归是利用数理统计中的回归分析，来确定两种或两种以上变数间相互依赖的定量关系的一种统计分析方法之一，应用十分广泛。变量的相关关系中最为简单的是线性相关关系，设随机变量与变量之间存在线性相关关系，则由试验数据得到的点将散布在某一直线周围。因此，可以认为关于的回归函数的类型为线性函数。分析按照自变量和因变量之间的关系类型，可分为线性回归分析和非线性回归分析。如果在回归分析中，只包括一个自变量和一个因变量，且二者的关系可用一条直线近似表示，这种回归分析称为一元线性回归分析。如果回归分析中包括两个或两个以上的自变量，且因变量和自变量之间是线性关系，则称为多元线性回归分析。

（1）回归模型。

多元线性回归模型的一般形式为：

$$\eta(u) = \beta_1 \varphi_1(u) + \beta_2 \varphi_2(u) + \cdots + \beta_m \varphi_m(u)$$

$$令 y = \beta_1 \varphi_1(u) + \beta_2 \varphi_2(u) + \cdots + \beta_m \varphi_m(u) + \varepsilon$$

其中 ε 为随机误差，且 $\varepsilon \sim N(0,\sigma^2)$，$\varphi_i(u),i=1,2,\cdots,m$ 均为实际问题的解释变量，是已知函数。

假设作了 n 次试验，得到 n 组观测值：

$$\begin{bmatrix} u_1 & y_1 \\ \vdots & \vdots \\ u_{n-1} & y_{n-1} \\ u_n & y_n \end{bmatrix}$$

代入得到：

$$y_i = \beta_1\varphi_1(u_i)+\beta_2\varphi_2(u_i)+\cdots+\beta_m\varphi_m(u_i)+\varepsilon_i, i=1,2,\cdots,n$$

其中，ε_i 为第 i 次试验时的随机误差，且相互独立，$\varepsilon_i \sim N(0,\sigma^2)$。

该模型关于回归系数 $\beta_1,\beta_2,\cdots,\beta_m$ 是线性的，u 一般是向量。

为方便，引入矩阵记号：

$$Y=\begin{bmatrix} y_1 \\ y_2 \\ \vdots \\ y_n \end{bmatrix},\ X=\begin{bmatrix} \varphi_1(u_1) & \varphi_2(u_1) & \cdots & \varphi_m(u_1) \\ \varphi_1(u_2) & \varphi_2(u_2) & \cdots & \varphi_m(u_2) \\ \vdots & \vdots & & \vdots \\ \varphi_1(u_n) & \varphi_2(u_n) & \cdots & \varphi_m(u_n) \end{bmatrix},\ \beta=\begin{bmatrix} \beta_1 \\ \beta_2 \\ \vdots \\ \beta_n \end{bmatrix},\ \varepsilon=\begin{bmatrix} \varepsilon_1 \\ \varepsilon_2 \\ \vdots \\ \varepsilon_n \end{bmatrix},\ \text{其中} X$$

称为模型设计矩阵，是常数矩阵，Y 与 ε 是随机向量，且

$$Y \sim N_n(X\cdot\beta,\sigma^2 I),\varepsilon \sim N_n(0,\sigma^2 I),I \text{为单位矩阵}$$

ε 是不可观测的随机误差向量，β 是回归系数构成的向量，是未知待定的常数向量。

（2）回归模型的显著性检验。

主要是检验模型是否一定与解释变量有密切关系，假设 η 不依赖于 u，即 $\eta=\beta_0$ 为常数，同一元的情况类似，记试验值的均值为 $\overline{y}=\dfrac{1}{n}\sum\limits_{i=1}^{n}y_i$，其总偏差平方和为 SS_T，即：

$$SS_T=\sum_{i=1}^{n}(y_i-\overline{y})^2=\sum_{i=1}^{n}(y_i-\hat{y}_i+\hat{y}_i-\overline{y})^2$$

$$= \sum_{i=1}^{n}(y_i - \hat{y}_i)^2 + \sum_{i=1}^{n}(\hat{y}_i - \overline{y})^2$$

$$\triangleq SS_E + SS_R$$

其中残差平方和为：

$$SS_E = \sum_{i=1}^{n}(y_i - \hat{y}_i)^2 SS_E = \sum_{i=1}^{n}(y_i - \hat{y}_i)^2 = \left(Y - X \cdot \hat{\beta}\right)^T\left(Y - X \cdot \hat{\beta}\right) = Y^T Y - Y^T X \cdot \hat{\beta}$$

回归平方和为 $SS_R = \sum_{i=1}^{n}(\hat{y}_i - \overline{y})^2$。

现在主要考虑回归平方和 SS_R，定义复相关系数 $R = \dfrac{SS_R}{SS_T}$，用此评价模型的

有效性，R 越大，反映回归变量与响应之间的关系密切，反之亦然。

要考察 R 大小，需建立一个 F 统计量，首先求出自由度，总偏差平方和自由

度 $f_T = n-1$，回归平方和自由度 $f_R = m-1$，残差平方和自由度 $f_E = f_T - f_R = n-m$，

于是相应均方值为：

$$MS_R = \frac{1}{m-1}SS_R, MS_E = \frac{1}{n-m}SS_E$$

可以证明：当假设 $\eta = \beta_0$ 时，由于 $y_i \sim N\left(0, \sigma^2\right)$，则：

$$E(MS_R) = E(\frac{1}{m-1}SS_R) = \sigma^2, E(MS_E) = E(\frac{1}{n-m}SS_E) = \sigma^2$$

说明 MS_E 是 σ^2 的无偏估计，即 $\dfrac{SS_E}{\sigma^2} \sim \chi^2(n-m), \dfrac{SS_R}{\sigma^2} \sim \chi^2(m-1)$，且 SS_R 与

SS_E 相互独立，则构造 F 统计量：

$$F = \frac{MS_R}{MS_E} = \frac{SS_R / m-1}{SS_E / n-m} \sim F\left(f_R, f_E\right) = F\left(m-1, n-m\right)$$

取一个显著水平，可查表得 $F_\alpha\left(m-1, n-m\right)$，计算 $F\left(m-1, n-m\right)$ 与

$F_\alpha\left(m-1, n-m\right)$ 比较：

当 $F\left(m-1, n-m\right) > F_\alpha\left(m-1, n-m\right)$，认为模型显著，则拒绝 $\eta = \beta_0$ 成立，即

η 与 u 存在明显的函数关系。

当 $F\left(m-1, n-m\right) < F_\alpha\left(m-1, n-m\right)$，认为模型不显著，则接受 $\eta = \beta_0$ 成立，

即 η 与 u 不存在明显的函数关系。

（3）回归模型的拟合性检验。

在模型的检验显著的情况下，需要进一步做拟合检验。

将回归变量u的n个观测值$u_1,u_2,\cdots,u_n$按相同值分成k组，每组的个数记为$m_1,m_2,\cdots,m_k$，显然$n=\sum\limits_{i=1}^{k}m_i$，相应地$y_1,y_2,\cdots,y_n$也可分为$k$组，即第$i$组的观测值为$(u_i,y_{ij})$，记$T_i=\sum\limits_{j=1}^{m_i}y_{ij}$，则第$i$组的平均值$\overline{y}_i=\dfrac{T_i}{m_i}$，根据正规方程组第$i$组的随机试验误差的平方和为：

$$SS_e=\sum_{i=1}^{k}\sum_{j=1}^{m_i}(y_{ij}-\overline{y}_i)^2=\sum_{i=1}^{k}\sum_{j=1}^{m_i}y_{ij}^2-\sum_{i=1}^{k}\frac{T_i^2}{m_i}$$

其他因素的影响误差记为SS_{Me}，有：

$$SS_{Me}=SS_E-SS_e=\sum_{i=1}^{k}\frac{T_i^2}{m_i}-Y'X\hat{\beta}$$

称为模型的误差平方和，自由度分别为$f_e=n-k,f_{Me}=k-m$。

在模型为真的条件下，可以得到。

且SS_e与SS_{Me}相互独立，由χ^2分布的性质得：

$$\frac{SS_e}{\sigma^2}\sim\chi^2(n-k),\frac{SS_{Me}}{\sigma^2}\sim\chi^2(k-m),$$

故$F=\dfrac{MS_{Me}}{MS_e}=\dfrac{SS_{Me}/k-m}{SS_e/n-k}\sim F(f_{Me},f_e)=F(k-m,n-k)$

即为拟合检验的统计量。

取一个显著水平α，对应可查表得到$F_\alpha(k-m,n-k)$，用数值计算$F(k-m,n-k)$，与$F_\alpha(k-m,n-k)$比较：

当$F(k-m,n-k)<F_\alpha(k-m,n-k)$时，说明拟合是好的，即模型的省略项造成的误差影响不大。

当$F(k-m,n-k)>F_\alpha(k-m,n-k)$时，说明拟合不是好的，即模型的省略项造成的误差影响不可忽略，需增加新的变量。

3.1.2　神经网络模型

（1）BP 神经网络概述。

BP 神经网络就是仿照生物大脑来处理信息的一种计算机技术，随着机器学习的理论与技术不断发展人们对其运行原理有了更深入了解，神经网络模型也得到发展，运用到各个领域。它可以把不完善的数据和图形进行学习和做出决定，也可以运用到各种预测问题中。1986 年 Rumelhart 和 McClelland 提出了多层网络的反向传播学习算法（即 BP 算法），该网络对非线性系统具有强大的自适应性，它的运算和学习能力是其他模型不可比拟的。

（2）BP 神经网络基本结构。

神经网络主要有分层式和相互链接两种类型。分层式神经网络具有并行分布处理、非线性处理及自学习和适应等特点。基于它非线性处理功能这一特点，本文选择分层式网络结构。神经网络最小结构单元就是神经元，层与层之间由神经元并列连接。所以了解神经网络结构就必须先了解神经元。

样本经过输入层输入样本，根据层与层之间不同的权值对样本进行加权求和，经过激活函数进行处理后输出。一个完整的神经网络结构由层与层之间通过多个神经元组成其结构图如下图所示。

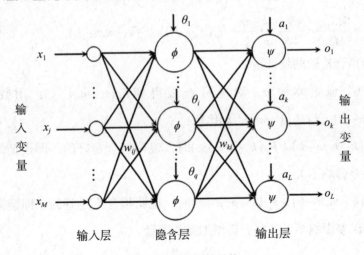

图 3.1　神经网络结构

图中：x_j 表示输入层第 j 个节点的输入，$j=1,\cdots,M$；

w_{ij} 表示隐含层第 i 个节点到输入层第 j 个节点之间的权值；

θ_i 表示隐含层第 i 个节点的阈值；

$\phi(x)$ 表示隐含层的激励函数；

w_{ki} 表示输出层第 k 个节点到隐含层第 i 个节点之间的权值，$i=1,\cdots,q$；

a_k 表示输出层第 k 个节点的阈值，$k=1,\cdots,L$；

$\psi(x)$ 表示输出层的激励函数；

o_k 表示输出层第 k 个节点的输出。

（3）BP 网络算法。

一个神经网络构建起了结构，还必须有相应的学习规则。学习规则就是使神经元之间权值改变的方向引导。本文选的是有导师规则，其基本思想在网络训练前设定好各个参数值，由网络自动训练最后根据网络拟合值与真实值之间的误差或通过设置网络迭代最大次数来进行网络的重复实验，最终输出我们所期望的值。一个完整的 BP 神经网络学习包含 2 个过程，首先网络经过输入层到隐含层再到输出层正向传播，传播结束后网络输出值与观察值之间的误差，误差超出我们先前规定的误差时，此刻网络进行第二部分逆向传播，使希望输出值与网络输出值之间的误差达到最小，误差信息通过输出层输出值与期望输出值误差平方调整，来优化各个层之间的权值和阈值。考虑到本文的数据并且通过 R 软件多次试验，最终确定本文采用的是非线性函数 S 函数来作为输入层到隐含层激活函数，采用线性函数作为隐含层到输出层激活函数具体训练过程：

①信号的前向传播过程。

隐含层第 i 个节点的输入 net_i：

$$net_i = \sum_{j=1}^{M} w_{ij}x_j + \theta_i$$

隐含层第 i 个节点的输出 y_i：

$$y_i = \phi(net_i) = \phi(\sum_{j=1}^{M} w_{ij}x_j + \theta_i)$$

输出层第 k 个节点的输入 net_k：

$$net_k = \sum_{i=1}^{q} w_{ki}y_i + a_k = \sum_{i=1}^{q} w_{ki}\phi(\sum_{j=1}^{M} w_{ij}x_j + \theta_i) + a_k$$

输出层第 k 个节点的输出 o_k：

$$o_k = \psi(net_k) = \psi(\sum_{i=1}^{q} w_{ki}y_i + a_k) = \psi\left(\sum_{i=1}^{q} w_{ki}\phi(\sum_{j=1}^{M} w_{ij}x_j + \theta_i) + a_k\right)$$

②误差的反向传播过程。

误差的反向传播，即首先由输出层开始逐层计算各层神经元的输出误差，然后根据误差梯度下降法来调节各层的权值和阈值，使修改后的网络的最终输出能接近期望值。

对于每一个样本 p 的二次型误差准则函数为 E_p：

$$E_p = \frac{1}{2} \sum_{k=1}^{L} (T_k - o_k)^2$$

系统对 P 个训练样本的总误差准则函数为：

$$E = \frac{1}{2} \sum_{p=1}^{P} \sum_{k=1}^{L} (T_k^p - o_k^p)^2$$

根据误差梯度下降法依次修正输出层权值的修正量 Δw_{ki}，输出层阈值的修正量 Δa_k，隐含层权值的修正量 Δw_{ij}，隐含层阈值的修正量$\Delta \theta_i$。

$$\Delta w_{ki} = -\eta \frac{\partial E}{\partial w_{ki}}; \quad \Delta a_k = -\eta \frac{\partial E}{\partial a_k}; \quad \Delta w_{ij} = -\eta \frac{\partial E}{\partial w_{ij}}; \quad \Delta \theta_i = -\eta \frac{\partial E}{\partial \theta_i}$$

输出层权值调整公式：

$$\Delta w_{ki} = -\eta \frac{\partial E}{\partial w_{ki}} = -\eta \frac{\partial E}{\partial net_k} \frac{\partial net_k}{\partial w_{ki}} = -\frac{\partial E}{\partial o_k} \frac{\partial o_k}{\partial net_k} \frac{\partial net_k}{\partial w_{ki}}$$

输出层阈值调整公式：

$$\Delta a_k = -\eta \frac{\partial E}{\partial a_k} = -\eta \frac{\partial E}{\partial net_k} \frac{\partial net_k}{\partial a_k} = -\eta \frac{\partial E}{\partial o_k} \frac{\partial o_k}{\partial net_k} \frac{\partial net_k}{\partial a_k}$$

隐含层权值调整公式：

$$\Delta w_{ij} = -\eta \frac{\partial E}{\partial w_{ij}} = -\eta \frac{\partial E}{\partial net_i} \frac{\partial net_i}{\partial w_{ij}} = -\eta \frac{\partial E}{\partial y_i} \frac{\partial y_i}{\partial net_i} \frac{\partial net_i}{\partial w_{ij}}$$

隐含层阈值调整公式：

$$\Delta \theta_i = -\eta \frac{\partial E}{\partial \theta_i} = -\eta \frac{\partial E}{\partial net_i} \frac{\partial net_i}{\partial \theta_i} = -\eta \frac{\partial E}{\partial y_i} \frac{\partial y_i}{\partial net_i} \frac{\partial net_i}{\partial \theta_i}$$

又因为：

$$\frac{\partial E}{\partial o_k} = -\sum_{p=1}^{P} \sum_{k=1}^{L} (T_k^p - o_k^p)$$

$$\frac{\partial net_k}{\partial w_{ki}} = y_i, \quad \frac{\partial net_k}{\partial a_k} = 1, \quad \frac{\partial net_i}{\partial w_{ij}} = x_j, \quad \frac{\partial net_i}{\partial \theta_i} = 1$$

$$\frac{\partial E}{\partial y_i} = -\sum_{p=1}^{P}\sum_{k=1}^{L}(T_k^p - o_k^p)\cdot\psi'(net_k)\cdot w_{ki}$$

$$\frac{\partial y_i}{\partial net_i} = \phi'(net_i)$$

$$\frac{\partial o_k}{\partial net_k} = \psi'(net_k)$$

所以最后得到以下公式：

$$\Delta w_{ki} = \eta\sum_{p=1}^{P}\sum_{k=1}^{L}(T_k^p - o_k^p)\cdot\psi'(net_k)\cdot y_i$$

$$\Delta a_k = \eta\sum_{p=1}^{P}\sum_{k=1}^{L}(T_k^p - o_k^p)\cdot\psi'(net_k)$$

$$\Delta w_{ij} = \eta\sum_{p=1}^{P}\sum_{k=1}^{L}(T_k^p - o_k^p)\cdot\psi'(net_k)\cdot w_{ki}\cdot\phi'(net_i)\cdot x_j$$

$$\Delta\theta_i = \eta\sum_{p=1}^{P}\sum_{k=1}^{L}(T_k^p - o_k^p)\cdot\psi'(net_k)\cdot w_{ki}\cdot\phi'(net_i)$$

BP 神经网络的算法流程图如下图所示。

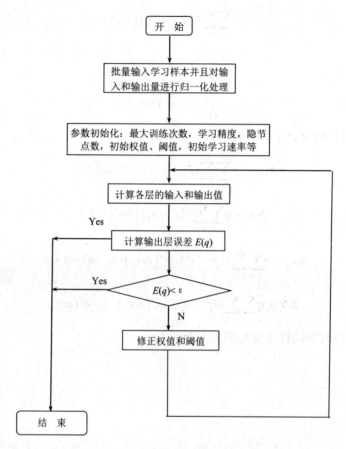

图 3.2　神经网络算法

3.1.3　粒子群优化算法

粒子群算法是在 1995 年由 Eberhart 博士和 Kennedy 博士一起提出的，它源于对鸟群捕食行为的研究。它的基本核心是利用群体中的个体对信息的共享从而使整个群体的运动在问题求解空间中产生从无序到有序的演化过程，从而获得问题的最优解。设想这么一个场景：一群鸟进行觅食，而远处有一片玉米地，所有的鸟都不知道玉米地到底在哪里，但是它们知道自己当前的位置距离玉米地有多远。那么找到玉米地的最佳策略，也是最简单有效的策略就是搜寻目前距离玉米地最近的鸟群的周围区域。

在 PSO 中，每个优化问题的解都是搜索空间中的一只鸟，称之为"粒子"，而问题的最优解就对应于鸟群中寻找的"玉米地"。所有的粒子都具有一个位置向量（粒子在解空间的位置）和速度向量（决定下次飞行的方向和速度），并可以根据目标函数来计算当前的所在位置的适应值（fitness value），可以将其理解为距离"玉米地"的距离。在每次的迭代中，种群中的例子除了根据自身的经验（历史位置）进行学习以外，还可以根据种群中最优粒子的"经验"来学习，从而确定下一次迭代时需要如何调整和改变飞行的方向和速度。就这样逐步迭代，最终整个种群的例子就会逐步趋于最优解。

设在一个 S 维的搜索空间中，由 n 个粒子组成的种群 $W = (W_1, W_2, \cdots, W_n)$，其中第 i 个粒子表示为一个 S 维的向量 $W_i = (w_{i1}, w_{i2}, \cdots, w_{iS})^T$，代表第 i 个粒子在 S 维搜索空间中的位置，表示一个问题的潜在解。根据目标函数可计算出每个粒子位置 W_i 对应的适应度值。第 i 个粒子的速度记为 $V_i = (V_{i1}, V_{i2}, \cdots, V_{iS})^T$，其个体极值记为 $P_i = (P_{i1}, P_{i2}, \cdots, P_{iS})^T$，种群全局的极值记为 $P_g = (P_{g1}, P_{g2}, \cdots, P_{gS})^T$。

在每一次迭代过程中，粒子通过个体极值和全局极值更新自身的速度和位置，更新模型为：

$$V_{id}^{k+1} = \omega V_{id}^{k} + c_1 r_1 \left(P_{id}^{k} - W_{id}^{k} \right) + c_2 r_2 \left(P_{gd}^{k} - W_{gd}^{k} \right)$$
$$W_{id}^{k+1} = W_{id}^{k} - V_{id}^{k+1}$$

式中，ω 为惯性权重；$d = 1, 2, \cdots, S$；$i = 1, 2, \cdots, n$；k 为当前迭代次数；V_{id} 为粒子的速度；c_1 和 c_2 为非负常数，称为加速因子；r_1 和 r_2 为分布于 [0，1] 之间的随机数。

3.2　回归分析

3.2.1　数据描述

（1）样本筛选。

通过对朔黄公司提供的数据进行筛选，去除机车单耗为 0 的数据，得到以下有效数据，所有类型的数据总量为 1000 条，电力机车为 676 条，电力普列数据为 793 条，电力万吨数据为 795 条，电力两万吨数据为 583 条。

表 3.1　有效数据筛选

类型	数量	有效
电力机车	1000	676
电力普列	1000	793
电力万吨	1000	795
电力两万吨	1000	583

（2）电力机车数据描述。

由表 2 可以看出，去除 1 条异常数据，电力机车的有效数据样本为 675 条，重车的月度总重吨公里平均值为 73 435.27 t，中位数为 12 460.9，标准差为 145 048.844，偏斜度为 3.328，峰度为 11.512，最小值为 0，最大值为 769 269.9。空车的月度总重吨公里平均值为 80 670.97 t，中位数为 2248.8，标准差为 160 499.5，偏斜度为 3.341，峰度为 12.035，最小值为 0，最大值为 902 954.1。区段密度的月度总重吨公里平均值为 1783.76 t，中位数为 443.2，标准差为 3057.426，偏斜度为 2.468，峰度为 5.389，最小值为 0，最大值为 13 678.3。坡度的月度总重吨公里平均值为 −0.005 t，中位数为 −0.046，标准差为 2.309，偏斜度为 0.002，峰度为 −0.996，最小值为 −3.27，最大值为 3.27。万吨单耗的月度总重吨公里平均值为 110.28 t，中位数为 62.4，标准差为 93.730，偏斜度为 0.713，峰度为 −1.041，最小值为 11.4，最大值为 275.8。

表 3.2　电力机车数据描述

	重车	空车	区段密度	坡度	万吨单耗
N	675	675	675	675	675
平均值	73 435.27	80 670.97	1783.76	−0.005	110.28
中位数	12 460.9	2248.8	443.2	−0.046	62.4
标准差	145 048.844	160 499.5	3057.426	2.309	93.730
偏斜度	3.328	3.341	2.468	0.002	0.713
峰度	11.512	12.035	5.389	−0.996	−1.041
最小值	0	0	0	−3.27	11.4
最大值	769 269.9	902 954.1	13 678.3	3.27	275.8

（3）电力普列数据描述。

由表 3 可以看出，电力普列的有效数据样本为 793 条，重车的月度总重吨公里平均值为 17 760.58 t，中位数为 4677.9，标准差为 36 404.56，偏斜度为 3.773，峰度为 14.886，最小值为 0，最大值为 221 556.8。空车的月度总重吨公里平均值为 8022.131 t，中位数为 175.6，标准差为 20 719.86，偏斜度为 4.12，峰度为 17.609，最小值为 0，最大值为 134 962.7。区段密度的月度总重吨公里平均值为 381.08 t，中位数为 138.7，标准差为 678.249，偏斜度为 2.946，峰度为 8.321，最小值为 0，最大值为 3670.7。坡度的月度总重吨公里平均值为 -0.0041 t，中位数为 -0.046，标准差为 2.306，偏斜度为 0.002，峰度为 -0.992，最小值为 -3.27，最大值为 3.27。万吨单耗的月度总重吨公里平均值为 103.12 t，中位数为 66.7，标准差为 117.20，偏斜度为 8.53，峰度为 146.66，最小值为 13.8，最大值为 2267.5。

表 3.3　电力普列数据描述

	重车	空车	区段密度	坡度	万吨单耗
N	793	793	793	793	793
平均值	17760.58	8022.13	381.08	−0.004	103.12
中位数	4677.9	175.6	138.7	−0.046	66.7
标准差	36404.56	20719.86	678.249	2.306	117.20
偏斜度	3.773	4.12	2.946	0.002	8.53
峰度	14.886	17.609	8.321	−0.992	146.66
最小值	0	0	0	−3.27	13.8
最大值	221556.8	134962.7	3670.7	3.27	2267.5

（4）电力万吨数据描述。

由表 4 可以看出，电力普列的有效数据样本为 795 条，重车的月度总重吨公里平均值为 26 353.28 t，中位数为 1021.1，标准差为 53 997.6，偏斜度为 3.698，峰度为 17.365，最小值为 0，最大值为 494 368.9。空车的月度总重吨公里平均值为 53 797.28 t，中位数为 7970.5，标准差为 107 040.4，偏斜度为 3.259，峰度为 11.326，最小值为 0，最大值为 602 317.5。区段密度的月度总重吨公里平均值为 658.54 t，中位数为 44.5，标准差为 1235.912，偏斜度为 3.029，峰度为 10.94，最小值为 0，最大值为 9449.83。坡度的月度总重吨公里平均值为 0.0001 t，中位数为 0.046，标准差为 2.312，偏斜度为 0，峰度为 −1.002，最小值为 −3.27，最大值为 3.27。万吨单耗的月度总重吨公里平均值为 111.94 t，中位数为 84.1，标准差为 95.388，偏斜度为 0.761，峰度为 −0.992，最小值为 13.5，最大值为 286.3。

表 3.4　电力万吨数据描述

	重车	空车	区段密度	坡度	万吨单耗
N	795	795	795	795	795
平均值	26353.28	53797.28	658.54	0.0001	111.94
中位数	1021.1	7970.5	44.5	0.046	84.1
标准差	53997.6	107040.4	1235.912	2.312	95.388
偏斜度	3.698	3.259	3.029	0	0.761
峰度	17.365	11.326	10.94	−1.002	−0.992
最小值	0	0	0	−3.27	13.5
最大值	494368.9	602317.5	9449.83	3.27	286.3

（5）电力两万吨数据描述。

由表 5 可以看出，电力普列的有效数据样本为 583 条，重车的月度总重吨公里平均值为 35790.9 t，中位数为 8927.4，标准差为 67921.57，偏斜度为 2.791，峰度为 7.65，最小值为 0，最大值为 354949.8。空车的月度总重吨公里平均值为 29500.05 t，中位数为 0，标准差为 68190.66，偏斜度为 3.677，峰度为 15.11，最小值为 0，最大值为 478369.5。区段密度的月度总重吨公里平均值为 899.82 t，中位数为 360.9，标准差为 1477.27，偏斜度为 2.102，峰度为 3.529，最小值为 0，最大值为 6753.8。坡度的月度总重吨公里平均值为 −0.312 t，中位数为 −0.046，标准差为 2.288，偏斜度为 0.138，峰度为 −0.958，最小值为 −3.27，最大值为 3.27。万吨单耗的月度总重吨公里平均值为 100.23 t，中位数为 45.9，标准差为 96.54，偏斜度为 0.791，峰度为 −0.976，最小值为 7.9，最大值为 303.2。

表 3.5　电力两万吨数据描述

	重车	空车	区段密度	坡度	万吨单耗
N	583	583	583	583	583
平均值	35790.9	29500.05	899.82	−0.312	100.23
中位数	8927.4	0	360.9	−0.046	45.9
标准差	67921.57	68190.66	1477.27	2.288	96.54
偏斜度	2.791	3.677	2.102	0.138	0.791
峰度	7.656	15.11	3.529	−0.958	−0.976
最小值	0	0	0	−3.27	7.9
最大值	354949.8	478369.5	6753.8	3.27	303.2

3.2.2　计量模型

（1）电力机车。

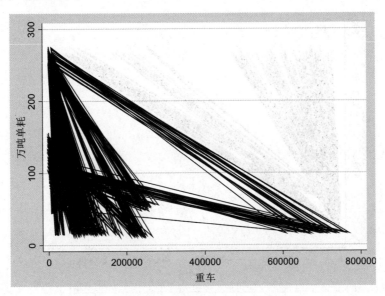

图 3.1　重车的各种总重吨公里与单耗关系

从图 3.1 可以看出，重车的各种总重与单耗整体上是负相关关系，同时也可以看出，重车的各种总重吨公里主要分为三类，第一类是 0—200 000，第二类跨度比较大，为 200 000—600 000，第三类为 600 000 以上。

表 3.6　电力机车重车与单耗回归相关参数

Source	SS	df	MS	Number of obs	675
				F(1, 673)	163.58
Model	1157784	1	1157783.96	Prob > F	0
Residual	4763410	673	7077.87541	R-squared	0.1955
				Adj R-squared	0.1943
Total	5921194	674	8785.15447	Root MSE	84.13

表 3.7　电力机车重车与单耗回归相关系数

万吨单耗	Coef.	Std. Err.	t	P>t	95% Conf.	Interval
重车	−0.00029	2.23E−05	−12.79	0.000	−.0003296	−0.00024
_cons	131.2581	3.630072	36.16	0.000	124.1305	138.3858

从表 3.6 和表 3.7 可以看出，电力机车重车与单耗回归十分显著，通过了 1% 检验，回归方程为 $y=131.2581-0.00029x$，电力机车重车各种总重每增加 1，机车单耗下降 0.00029。

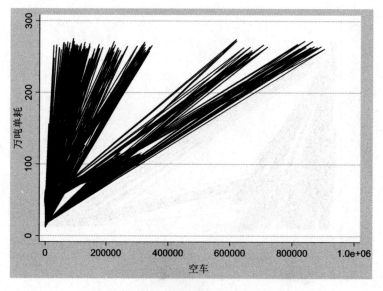

图 3.2　空车的各种总重吨公里与单耗关系

从图 3.2 可以看出，空车的各种总重与单耗整体上是正相关关系，同时也可以看出，空车的各种总重吨公里主要分为两类，第一类是 0—400 000，第二类跨度比较大，为 0—800 000 及以上。

表 3.8　电力机车空车与单耗回归相关参数

Source	SS	df	MS	Number of obs	675
				F(1, 673)	370.2
Model	2101266.72	1	2101266.72	Prob > F	0
Residual	3819927.39	673	5675.96938	R−squared	0.3549
Total	5921194.11	674	8785.15447	Adj R−squared	0.3539
				Root MSE	75.339

表 3.9　电力机车空车与单耗回归相关系数

万吨单耗	Coef.	Std. Err.	t	P>t	95% Conf.	Interval
空车	0.0003479	0.0000181	19.24	0	0.0003124	0.0003834
_cons	82.21051	3.245972	25.33	0	75.83706	88.58396

从表 3.8 和表 3.9 可以看出，电力机车空车与单耗回归十分显著，通过了 1% 检验，回归方程为 $y=82.21051+0.0003479x$，电力机车重车各种总重每增加 1，机车单耗上升 0.0003479。

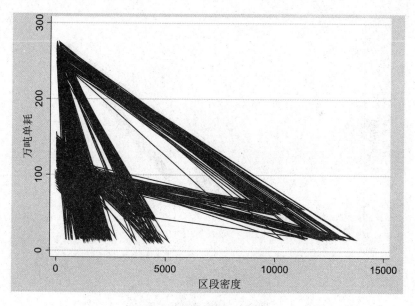

图 3.3　区段密度与单耗关系

从图 3.3 可以看出，区段密度与单耗整体上是负相关关系，同时也可以看出，区段密度与单耗的关系主要分为三类，第一类是 0—2000，第二类跨度比较大，为 2000—15 000，第三类为 15 000 及以上。

表 3.10　电力机车区段密度与单耗回归相关参数

Source	SS	df	MS	Number of obs	675
				F(1, 673)	193.95
Model	1324677.26	1	1324677.26	Prob > F	0
Residual	4596516.86	673	6829.89132	R−squared	0.2237
				Adj R−squared	0.2226
Total	5921194.11	674	8785.15447	Root MSE	82.643

表 3.11　电力机车区段密度与单耗回归相关系数

万吨单耗	Coef.	Std. Err.	t	P>t	95% Conf.	Interval
区段密度	−0.0145	0.0010412	−13.93	0	−0.0165444	−0.0124557
_cons	136.1394	3.683411	36.96	0	128.907	143.3717

从表 3.10 和表 3.11 可以看出，电力机车区段密度与单耗回归十分显著，通过了 1% 检验，回归方程为 $y=136.1394-0.0145x$，电力机车重车各种总重每增加 1，机车单耗下降 0.0145。

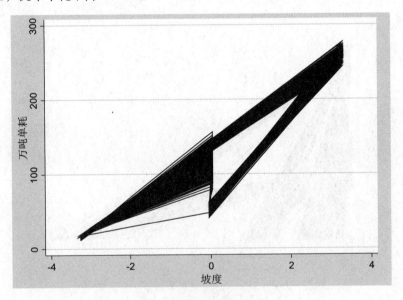

图 3.4　坡度与单耗关系

从图 3.4 可以看出，坡度与单耗整体上是正相关关系，同时也可以看出，坡度与单耗的关系主要分为三类，第一类是 −3—0，第二类是 0—3，斜率较小，第三类为 0—3，斜率较大。

表 3.12　电力机车坡度与单耗回归相关参数

Source	SS	df	MS	Number of obs	675
				F(1, 673)	3981.07
Model	5064962.55	1	5064962.6	Prob > F	0
Residual	856231.562	673	1272.2609	R-squared	0.8554
Total	5921194.11	674	8785.1545	Adj R-squared	0.8552
				Root MSE	35.669

表 3.13　电力机车坡度与单耗回归相关系数

万吨单耗	Coef.	Std. Err.	t	P>t	95% Conf.	Interval
坡度	37.54462	0.5950421	63.1	0	36.37626	38.71298
_cons	110.4564	1.372894	80.46	0	107.7608	113.1521

从表 3.12 和表 3.13 可以看出，电力机车坡度与单耗回归十分显著，通过了 1% 检验，回归方程为 $y=110.4564+37.54462x$，电力机车重车各种总重每增加 1，机车单耗上升 37.54462。

（2）电力普列。

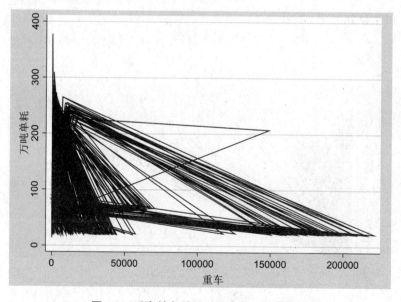

图 3.5　重车的各种总重吨公里与单耗关系

从图 3.5 可以看出，电力普列重车的各种总重与单耗整体上是负相关关系，也有个别参数是正相关关系，同时也可以看出，电力普列重车的各种总重吨公里主要分为三类，第一类是 0—50 000，第二类跨度比较大，为 0—200 000，第三类为 2000—200 000。

表 3.14　电力普列重车与单耗回归相关参数

Source	SS	df	MS	Number of obs	790
				F(1, 788)	86.75
Model	557650.436	1	557650.436	Prob > F	0
Residual	5065351.47	788	6428.111	R-squared	0.0992
				Adj R-squared	0.098
Total	5623001.91	789	7126.74513	Root MSE	80.176

表 3.15　电力普列重车与单耗回归相关系数

万吨单耗	Coef.	Std. Err.	t	P>t	95% Conf.	Interval
重车	−0.0007294	0.0000783	−9.31	0	−0.0008831	−0.000576
_cons	111.9846	3.172998	35.29	0	105.7561	118.2131

从表 3.14 和表 3.15 可以看出，电力普列重车与单耗回归十分显著，通过了 1% 检验，回归方程为 $y=111.9846-0.0007294x$，电力机车重车各种总重每增加 1，机车单耗下降 0.0007294。

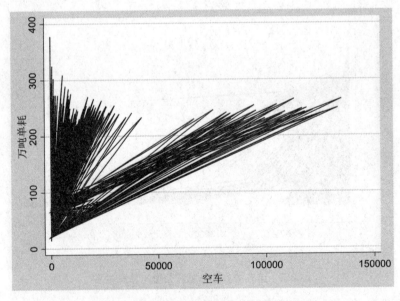

图 3.6　空车的各种总重吨公里与单耗关系

从图 3.6 可以看出，空车的各种总重与单耗整体上是正相关关系，同时也可以看出，空车的各种总重吨公里主要分为两类，第一类是 0—30000，第二类跨度比较大，为 0—150000 及以上。

表 3.16　电力普列空车与单耗回归相关参数

Source	SS	df	MS	Number of obs	790
				F(1, 788)	321.77
Model	1630347.8	1	1630347.8	Prob > F	0
Residual	3992654.1	788	5066.81993	R-squared	0.2899
Total	5623001.91	789	7126.74513	Adj R-squared	0.289
				Root MSE	71.182

表 3.17　电力普列空车与单耗回归相关系数

万吨单耗	Coef.	Std. Err.	t	P>t	95% Conf.	Interval
空车	0.002203	0.0001228	17.94	0	0.0019619	0.002444
_cons	81.53009	2.714168	30.04	0	76.20223	86.85794

从表 3.16 和表 3.17 可以看出，电力普列空车与单耗回归十分显著，通过了 1% 检验，回归方程为 $y=81.53009+0.002203x$，电力机车重车各种总重每增加 1，机车单耗上升 0.002203。

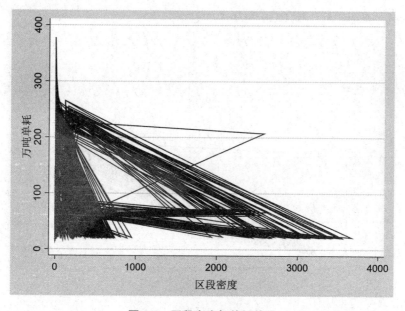

图 3.7　区段密度与单耗关系

从图3.7可以看出,区段密度与单耗整体上是负相关关系,同时也可以看出,区段密度与单耗的关系主要分为三类,第一类是0—1000,第二类跨度比较大,为0—4000,第三类为0—4000,但是斜率较大。

表3.18 电力普列区段密度与单耗回归相关参数

Source	SS	df	MS	Number of obs	790
				F(1, 788)	95.15
Model	605827.219	1	605827.219	Prob > F	0
Residual	5017174.69	788	6366.97296	R-squared	0.1077
Total	5623001.91	789	7126.74513	Adj R-squared	0.1066
				Root MSE	79.793

表3.19 电力普列区段密度与单耗回归相关系数

万吨单耗	Coef.	Std. Err.	t	P>t	95% Conf.	Interval
区段密度	−0.0409436	0.0041974	−9.75	0	−0.049183	−0.0327042
_cons	114.5806	3.255322	35.2	0	108.1905	120.9707

从表3.18和表3.19可以看出,电力普列区段密度与单耗回归十分显著,通过了1%检验,回归方程为$y=114.5806-0.0409436x$,电力机车重车各种总重每增加1,机车单耗下降0.0409436。

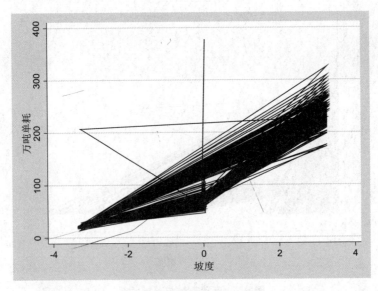

图3.8 坡度与单耗关系

从图 3.8 可以看出，坡度与单耗整体上是正相关关系，同时也可以看出，坡度与单耗的关系主要分为三类，第一类是 –3—0，第二类是 0—3，斜率较小，第三类为 –3—3，斜率较大。

表 3.20　电力普列坡度与单耗回归相关参数

Source	SS	df	MS	Number of obs	790
				F(1, 788)	3574.95
Model	4607421.36	1	4607421.4	Prob > F	0
Residual	1015580.54	788	1288.8078	R–squared	0.8194
Total	5623001.91	789	7126.7451	Adj R–squared	0.8192
				Root MSE	35.9

表 3.21　电力普列坡度与单耗回归相关系数

万吨单耗	Coef.	Std. Err.	t	P>t	95% Conf.	Interval
坡度	33.11747	0.5538884	59.79	0	32.0302	34.20474
_cons	99.31527	1.277272	77.76	0	96.80801	101.8225

从表3.20和表3.21可以看出，电力普列坡度与单耗回归十分显著，通过了1%检验，回归方程为$y=99.31527+33.11747x$，电力机车重车各种总重每增加1，机车单耗上升33.11747。

（3）电力万吨。

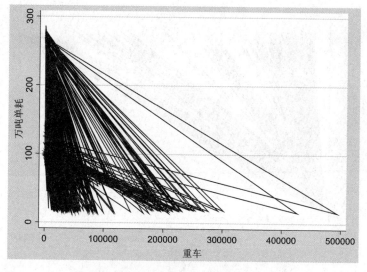

图 3.9　重车的各种总重吨公里与单耗关系

从图3.9可以看出，电力万吨重车的各种总重与单耗整体上是负相关关系，同时也可以看出，电力万吨重车的各种总重吨公里主要分为三类，第一类是0—100000，第二类跨度比较大，为0—500000，第三类比较稀疏，数据量不多，为0—300000。

表 3.22　电力万吨重车与单耗回归相关参数

Source	SS	df	MS	Number of obs	795
				F(1, 793)	180.66
Model	1340473.11	1	1340473.11	Prob > F	0
Residual	5883951.43	793	7419.86309	R−squared	0.1855
Total	7224424.54	794	9098.77146	Adj R−squared	0.1845
				Root MSE	86.139

表 3.23　电力万吨重车与单耗回归相关系数

万吨单耗	Coef.	Std. Err.	t	P>t	95% Conf.	Interval
重车	−0.0007609	0.0000566	−13.44	0	−0.0008721	−0.00065
_cons	131.997	3.399855	38.82	0	125.3232	138.6707

从表3.22和表3.23可以看出，电力万吨重车与单耗回归十分显著，通过了1%检验，回归方程为$y=131.997-0.0007609x$，电力机车重车各种总重每增加1，机车单耗下降0.0007609。

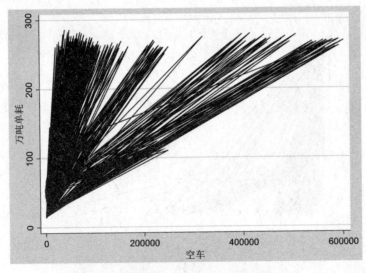

图 3.10　空车的各种总重吨公里与单耗关系

从图 3.10 可以看出，电力万吨空车的各种总重与单耗整体上是正相关关系，同时也可以看出，电力万吨空车的各种总重吨公里主要分为两类，第一类是 0—30 000，第二类跨度比较大，为 0—600 000 及以上，并且分布的较为稀疏。

表 3.24　电力万吨空车与单耗回归相关参数

Source	SS	df	MS	Number of obs	795
				F(1, 793)	419.62
Model	2499957.89	1	2499957.89	Prob > F	0
Residual	4724466.65	793	5957.7133	R-squared	0.346
Total	7224424.54	794	9098.77146	Adj R-squared	0.3452
				Root MSE	77.186

表 3.25　电力万吨空车与单耗回归相关系数

万吨单耗	Coef.	Std. Err.	t	P>t	95% Conf.	Interval
空车	0.0005242	0.0000256	20.48	0	0.000474	0.0005744
_cons	83.74268	3.064198	27.33	0	77.72779	89.75758

从表 3.24 和表 3.25 可以看出，电力万吨空车与单耗回归十分显著，通过了 1% 检验，回归方程为 $y=83.74268+0.0005242x$，电力机车重车各种总重每增加 1，机车单耗上升 0.0005242。

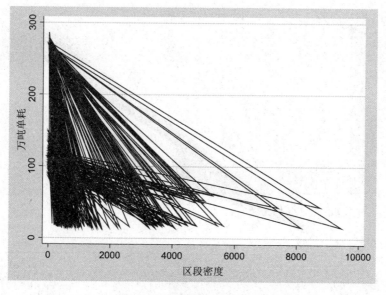

图 3.11　区段密度与单耗关系

从图 3.11 可以看出，电力万吨区段密度与单耗整体上是负相关关系，同时也可以看出，区段密度与单耗的关系主要分为三类，第一类是 0—1000，第二类跨度比较大，为 0—10 000，第三类为分布的比较稀疏，在 0—6000 范围之内。

表 3.26　电力万吨区段密度与单耗回归相关参数

Source	SS	df	MS	Number of obs	795
				F(1, 793)	180.97
Model	1342342.02	1	1342342.02	Prob > F	0
Residual	5882082.52	793	7417.50633	R-squared	0.1858
Total	7224424.54	794	9098.77146	Adj R-squared	0.1848
				Root MSE	86.125

表 3.27　电力万吨区段密度与单耗回归相关系数

万吨单耗	Coef.	Std. Err.	t	P>t	95% Conf.	Interval
区段密度	−0.0332685	0.002473	−13.45	0	−0.038123	−0.0284141
_cons	133.8528	3.461582	38.67	0	127.0578	140.6477

从表 3.26 和表 3.27 可以看出，电力万吨区段密度与单耗回归十分显著，通过了 1% 检验，回归方程为 $y=133.8528-0.0332685x$，电力机车重车各种总重每增加 1，机车单耗下降 0.0332685。

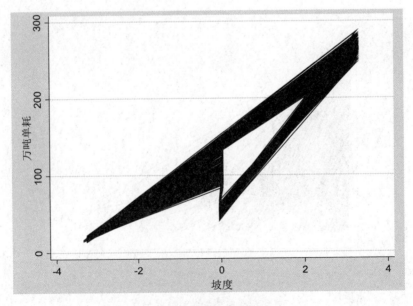

图 3.12　坡度与单耗关系

从图 3.12 可以看出，电力万吨坡度与单耗整体上是正相关关系，同时也可以看出，坡度与单耗的关系主要分为三类，第一类是 –3—0，第二类是 0—3，斜率较小，第三类为 0—3，斜率较大。

表 3.28　电力万吨坡度与单耗回归相关参数

Source	SS	df	MS	Number of obs	795
				F(1, 793)	4703.59
Model	6182147.6	1	6182147.6	Prob > F	0
Residual	1042276.94	793	1314.3467	R–squared	0.8557
Total	7224424.54	794	9098.7715	Adj R–squared	0.8555
				Root MSE	36.254

表 3.29　电力万吨坡度与单耗回归相关系数

万吨单耗	Coef.	Std. Err.	t	P>t	95% Conf.	Interval
坡度	38.16822	0.5565283	68.58	0	37.07578	39.26067
_cons	111.9418	1.285794	87.06	0	109.4178	114.4657

从表 3.28 和表 3.29 可以看出，电力万吨区段密度与单耗回归十分显著，通过了 1% 检验，回归方程为 $y=111.9418+38.16822x$，电力机车重车各种总重每增加 1，机车单耗上升 38.16822。

（4）电力两万吨。

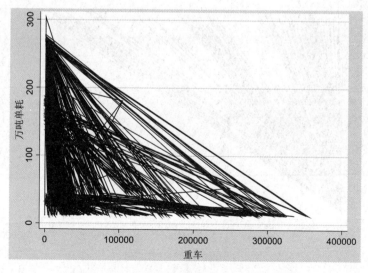

图 3.13　重车的各种总重吨公里与单耗关系

从图 3.13 可以看出，电力两万吨重车的各种总重与单耗整体上是负相关关系，同时也可以看出，电力万吨重车的各种总重吨公里主要分为两类，第一类是 0—30 000，第二类跨度比较大，为 0—400 000，其他的分布较为稀疏。

表 3.30　电力两万吨重车与单耗回归相关参数

Source	SS	df	MS	Number of obs	583
				F(1, 581)	133.19
Model	1016056.97	1	1016056.97	Prob > F	0
Residual	4432302.47	581	7628.7478	R-squared	0.1865
				Adj R-squared	0.1851
Total	5448359.44	582	9361.44233	Root MSE	87.343

表 3.31　电力两万吨重车与单耗回归相关系数

万吨单耗	Coef.	Std. Err.	t	P>t	95% Conf.	Interval
重车	−0.0005685	0.0000493	−11.54	0	−0.0006652	−0.000472
_cons	119.8918	4.154935	28.86	0	111.7312	128.0523

从表 3.30 和表 3.31 可以看出，电力两万吨重车与单耗回归十分显著，通过了 1% 检验，回归方程为 $y=119.8918-0.0005685x$，电力机车重车各种总重每增加 1，机车单耗下降 0.0005685。

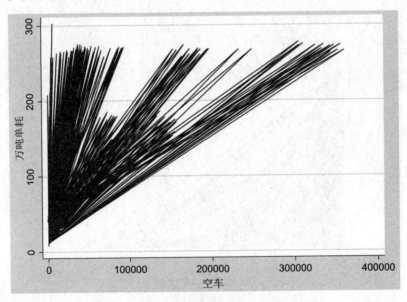

图 3.14　空车的各种总重吨公里与单耗关系

从 3.14 可以看出，电力两万吨空车的各种总重与单耗整体上是正相关关系，同时也可以看出，电力两万吨空车的各种总重吨公里与单耗的分布较为分散，主要集中在 0—30000，其他的分布较为稀疏。

表 3.32　电力两万吨空车与单耗回归相关参数

Source	SS	df	MS	Number of obs	583
				F(1, 581)	347
Model	2037259.11	1	2037259.11	Prob > F	0
Residual	3411100.32	581	5871.08489	R−squared	0.3739
Total	5448359.44	582	9361.44233	Adj R−squared	0.3728
				Root MSE	76.623

表 3.33　电力两万吨空车与单耗回归相关系数

万吨单耗	Coef.	Std. Err.	t	P>t	95% Conf.	Interval
空车	0.0009605	0.0000516	18.63	0	0.0008592	0.0010617
_cons	71.67657	3.437739	20.85	0	64.92466	78.42848

从表 3.32 和表 3.33 可以看出，电力两万吨空车与单耗回归十分显著，通过了 1% 检验，回归方程为 $y=71.67657+0.0009605x$，电力机车重车各种总重每增加 1，机车单耗上升 0.0009605。

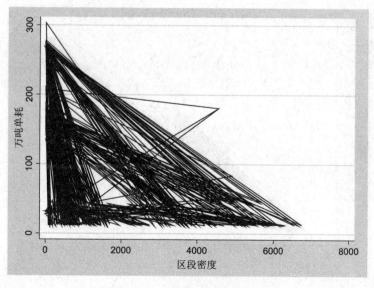

图 3.15　区段密度与单耗关系

从图 3.15 可以看出，电力两万吨区段密度与单耗整体上是负相关关系，同时也可以看出，区段密度与单耗的关系主要分为两类，第一类是 0—1000，第二类跨度比较大，为 0—7000，其他的分布较为分散。

表 3.34　电力两万吨区段密度与单耗回归相关参数

Source	SS	df	MS	Number of obs	583
				F(1, 581)	155.41
Model	1149780.65	1	1149780.65	Prob > F	0
Residual	4298578.78	581	7398.58654	R−squared	0.211
Total	5448359.44	582	9361.44233	Adj R−squared	0.2097
				Root MSE	86.015

表 3.35　电力两万吨区段密度与单耗回归相关系数

万吨单耗	Coef.	Std. Err.	t	P>t	95% Conf.	Interval
区段密度	−0.0276535	0.0022183	−12.47	0	−0.0320103	−0.0232966
_cons	125.4602	4.261622	29.44	0	117.0901	133.8303

从表 3.34 和表 3.35 可以看出，电力两万吨区段密度与单耗回归十分显著，通过了 1% 检验，回归方程为 $y=125.4602-0.0276535x$，电力机车重车各种总重每增加 1，机车单耗下降 0.0276535。

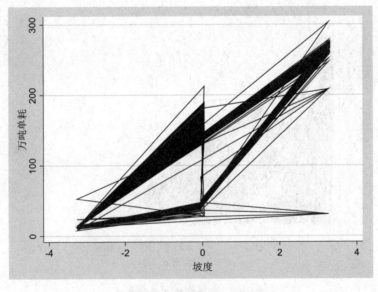

图 3.16　坡度与单耗关系

从图 3.15 可以看出，电力两万吨坡度与单耗整体上是正相关关系，同时也可以看出，坡度与单耗的关系主要分为四类，第一类是 –3—0，第二类也是 –3—0，只是斜率较小，同样，对于第三类和第四类也同样呈现出类似的特征，坡度范围都是 0—4，只是斜率不同。

表 3.36　电力两万吨坡度与单耗回归相关参数

Source	SS	df	MS	Number of obs	583
				F(1, 581)	1529.08
Model	3948178.03	1	3948178	Prob > F	0
Residual	1500181.41	581	2582.0678	R–squared	0.7247
Total	5448359.44	582	9361.4423	Adj R–squared	0.7242
				Root MSE	50.814

表 3.37　电力两万吨坡度与单耗回归相关系数

万吨单耗	Coef.	Std. Err.	t	P>t	95% Conf.	Interval
坡度	36.29562	0.928196	39.1	0	34.47259	38.11865
_cons	111.7589	2.141304	52.19	0	107.5533	115.9646

从表 3.36 和表 3.37 可以看出，电力两万吨坡度与单耗回归十分显著，通过了 1% 检验，回归方程为 $y=111.7589+36.29562x$，电力机车重车各种总重每增加 1，机车单耗上升 36.29562。

3.3　神经网络模型

3.3.1　模型设计

在确定 BP 神经网络的训练样本之后，确定了网络的输入层节点和输出层节点的数量。因此，模型的设计主要解决隐藏层的设置以及如何确定隐藏层节点的数量。神经网络结构和模型设计的具体过程包括：

（1）隐含层数量的设计。

具有单个隐含层的网络结构可以映射所有连续函数。一般考虑首先设置隐含层的数量。本文研究的企业文化成熟度预测模型包括输入和输出，BP 神经网络由输入层、隐含层和输出层组成，隐含层根据层数又可以分为单隐含层和多隐含层。多隐含层由多个单隐含层组成，同单隐含层相比，多隐含层泛化能力强、预测精度高，但是训练时间比单隐含层要久，因此，本文选择多隐含层的神经网络模型，隐含层层数为4级神经网络。

（2）隐层节点数量设计。

隐层节点的作用是从样本数据中提取和存储内在规律。如果隐层节点的数量太小，则神经网络从样本中获取信息的能力很差；如果隐层节点的数量太大，则可能记住样本中的无用噪声，并且可能发生"过渡匹配"的问题，并且训练时间也将大大增加。

（3）输入输出层设计。

根据第五章的分析，企业安全文化成熟度一共包括26个二级指标，因此输入层中的神经元数量为26。本论文构建的神经网络模型最终目标是根据企业文化成熟度评价指标计算得出每个企业的安全文化成熟度，因此，模型输出向量是企业安全文化成熟度得分，输出层数是1。

（4）网络训练和测试。

在完成网络输入、输出和隐含层设计之后，使用相应的样本数据对模型进行性能训练。在训练期间，所有样本在向前方向上运行一轮并且重新在相反方向上修改更新权值。在训练期间应重复使用样本集数据，但最好不要在每轮训练中按固定顺序获取样本数据。一般网络来讲，需要训练数千次。网络的性能主要取决于它是否具有良好的泛化能力。除训练集之外的数据被安排用于测试。一般的做法是将收集的样本随机分成两部分，一部分作为训练数据，另一部分作为测试数据。如果网络对训练集样本的误差很小，并且测试集样本的误差很大，则表明网络训练过度匹配，因此泛化能力较差。在一定数量的隐藏节点的情况下，存在最佳数量的训练以获得良好的泛化能力。

3.3.2　BP 神经网络拟合

BP 神经网络由输入层、隐含层和输出层组成，隐含层根据层数又可以分为单隐含层和多隐含层。多隐含层由多个单隐含层组成，同单隐含层相比，多隐含层泛化能力强、预测精度高，但是训练时间比单隐含层要久。本课题选择多隐含层的神经网络模型。

（1）电力机车拟合。

BP 神经网络训练用非线性函数输入输出数据训练神经网络，使训练后的网络能够预测非线性函数输出。从 675 组输入输出数据中随机选择 600 组作为训练数据，用于网络训练，75 组作为测试数据，用于测试网络的拟合性能。

本神经网络模型选用四层架构的 BP 神经网络模型，设置训练上限次数为10 000，训练结果如图所示。

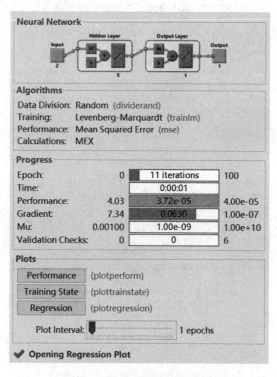

图 3.16　BP 神经网络训练图

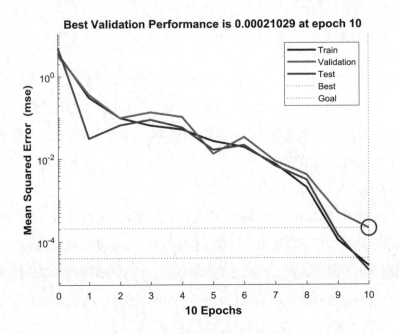

图 3.17　BP 神经网络误差学习曲线图

模型拟合如图 3.18 所示。

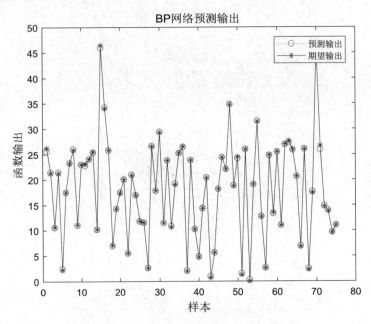

图 3.18　BP 神经网络机车能耗拟合

对 10 组机车能耗数据进行预测，模型预测结果如图 3.19、图 3.20 所示。

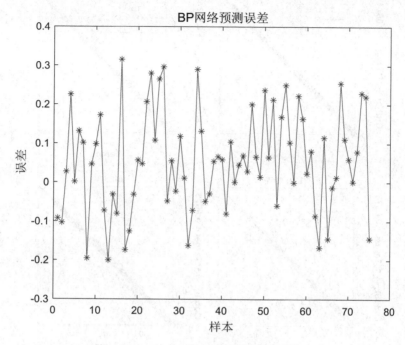

图 3.19　BP 神经网络的预测结果

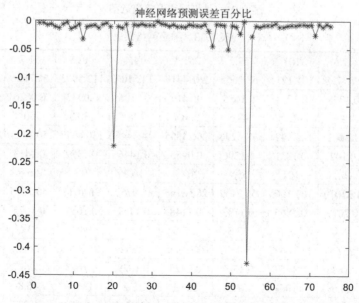

图 3.20　BP 神经网络模型机车能耗预测　单位：kwh/ 万 t.km

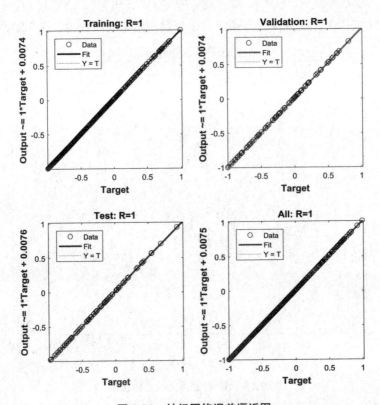

图 3.21 神经网络误差逼近图

表 3.38 神经网络误差

实际值	17.6	101	53.2	261.3	14.4	112.5	51.7	264
预测值	17.7778	101.1211	53.3655	261.4419	14.5106	112.5993	51.7626	264.1543
误差值	0.1778	0.1211	0.1655	0.1419	0.1106	0.0993	0.0626	0.1543
实际值	12.5	125.4	48.5	266.4	14.2	130.3	50	261.4
预测值	12.602	125.5921	48.6296	266.4955	14.3446	130.4379	50.1413	261.5151
误差值	0.102	0.1921	0.1296	0.0955	0.1446	0.1379	0.1413	0.1151
实际值	16.1	101	55.4	262.5	16.8	96	56.6	261.8
预测值	16.3079	101.1865	55.5132	262.6148	16.9759	96.1617	56.7675	261.8909
误差值	0.2079	0.1865	0.1132	0.1148	0.1759	0.1617	0.1675	0.0909
实际值	15.4	110.5	53.3	243.5	17.1	94.4	53.6	257.7
预测值	15.5687	110.6457	53.4377	243.5925	17.2829	94.5673	53.6627	257.8366
误差值	0.1687	0.1457	0.1377	0.0925	0.1829	0.1673	0.0627	0.1366
实际值	14.6	110.9	53.5	263.1	12.2	136.5	46.8	269.9
预测值	14.7943	111.0252	53.6536	263.16	12.3742	136.6524	46.907	270.1665

续表

误差值	0.1943	0.1252	0.1536	0.06	0.1742	0.1524	0.107	0.2665
实际值	14.1	126.4	50.8	263.4	16	105.2	55.1	254.5
预测值	14.2526	126.5686	50.9358	263.4944	16.0929	105.3631	55.2809	254.577
误差值	0.1526	0.1686	0.1358	0.0944	0.0929	0.1631	0.1809	0.077
实际值	17	89.7	58.6	254.7	15.4	106.7	52.2	246
预测值	17.1011	89.9157	58.6893	254.7847	15.4645	106.8176	52.2907	246.154
误差值	0.1011	0.2157	0.0893	0.0847	0.0645	0.1176	0.0907	0.154
实际值	17.5	96	54.4	254.2	14.7	106.6	52.3	258.5
预测值	17.6452	96.1053	54.4733	254.4132	14.8065	106.7932	52.4294	258.5823
误差值	0.1452	0.1053	0.0733	0.2132	0.1065	0.1932	0.1294	0.0823
实际值	12.4	126.9	48	260.3	14.6	122.3	48.8	261.3
预测值	12.6424	127.131	48.2175	260.448	14.7786	122.4464	48.8939	261.4911
误差值	0.2424	0.231	0.2175	0.148	0.1786	0.1464	0.0939	0.1911
实际值	16.2	104.7	54.1					
预测值	16.3527	104.9123	54.2372					
误差值	0.1527	0.2123	0.1372					

从表 3.38 可以看出，通过对模型的反复修正、运行后，最终使整个模型趋于合理。将模型中几个典型变量的预测结果与历史数据进行对比，从而检验模型预测结果与真实数据之间的误差，从而来判断模型的可信程度。可以发现，误差在 3% 以内，图中预期单耗与实际单耗的曲线基本走势相同，为了使基于接收数据的估计值和目标数据的均方误差最小化，计算最小均方误差（MMSE）值为 1.0654，在以上输入变量较少的情况下，该值是合理的。

3.4　粒子群优化神经网络模型

3.4.1　模型设计

粒子群优化算法具有简单、易于实现等特点，全局寻优能力较强，计算的速率较高于传统随机方法。近年来成为国际上智能优化领域研究的热点，已广泛的应用于数据分类、函数优化、模式识别、神经网络设计、流程规划、信号处理、决策支持、机器人技术、系统辨识等应用领域，取得了成功的应用，表现出了良好的应用前景。

如前所述，神经网络具有很多优点，但是由于神经网络的训练算法仍然采用梯度下降法，所以算法容易陷入局部极小值且收敛速度慢，难以找到全局最优值，学习结果不是令人很满意。另外，神经网络构造相对复杂且运算量大，且神经网络被应用时容易产生"维数灾"现象，所以有时就需要与其他技术相结合。粒子群优化算法具有收敛速度快且容易实现等特点，是一种全局搜索算法，因此可以用粒子群优化算法替代传统的梯度下降算法，这从根本上避免了在梯度下降法中，对激励函数可微、可导和对函数求导的过程计算，并且粒子在搜索最优解时迭代公式也比较简单，因此该算法的计算速度比原来的梯度下降法要快许多，精度也更高，且通过迭代公式可以很好地调整各参数，从而避免算法陷入局部最小值。

粒子群优化小波神经网络的基本思想是：首先，选取神经网络函数；其次，把神经网络的各参数编码为粒子的位置向量；最后，确定优化的目标函数，确定适应度函数。

粒子群对神经网络的优化算法中，粒子的适应度是粒子个体极限值和全局最优值的优化终止条件，也是神经网络权值和阀值的优化终止条件，粒子的适应度函数为：

$$I_i = \sum_j \left(Y_{i,j} - y_{i,j} \right)^2$$

$$I_m = \frac{1}{n} \sum_{i=1}^{n} I_i$$

上式中，第 i 个样本第 j 个理想输出值为 $Y_{i,j}$，第 i 个样本第 j 个实际输出值为 $y_{i,j}$，样本数为 n，粒子种群规模数为 m。

神经网络算法阀值和权值的优化中止条件为粒子群优化算法的误差，误差公式为：

$$E = \frac{\sum_{i=1}^{k} f\left(p_g^{(i)} \right)}{k}$$

上式中，$f\left(p_g^{(i)}\right)$为粒子群算法第 i 次迭代的全局最优的粒子适应度，k 为粒子群迭代次数。

粒子群优化神经网络的算法流程如下。

（1）神经网络输入和输出网络结构的确定。

（2）确定神经网络结构的阀值和权值。

（3）构建神经网络与粒子群的联系，将粒子群与神经网络的权值和阀值相关联，对粒子群进行初始化。

（4）将货运列车的能耗值作为输入值，进行神经网络模拟，由公式（7）和（8）对粒子的适应度进行计算，并按照公式（5）和（6）对每个粒子的位置和速度进行更新。

（5）通过以上计算，得到粒子群优化神经网络的误差，如果误差可以接受，则停止优化，否则，模型继续优化，直到误差可以接受，停止优化。

（6）通过神经网络预测模型，基于优化的神经网络权值和阀值，对货运列车能耗进行样本训练，对货运列车能耗进行预测。

3.4.2 粒子群优化神经网络拟合

本神经网络模型选用四层架构的 PO-BP 神经网络模型，设置训练上限次数为 10000，训练结果如图 3.22 所示。

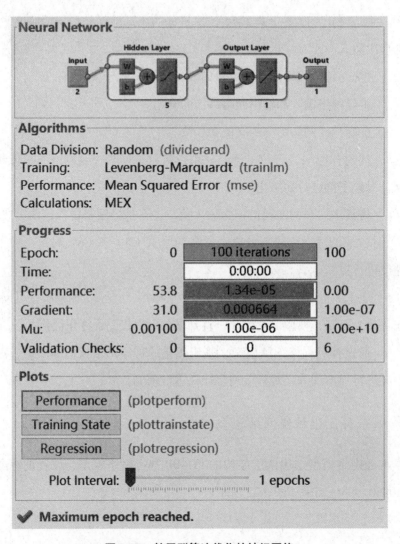

图 3.22   粒子群算法优化的神经网络

　　BP 神经网络训练用非线性函数输入输出数据训练神经网络，使训练后的
网络能够预测非线性函数输出。从 675 组输入输出数据中随机选择 600 组作为
训练数据，用于网络训练，75 组作为测试数据，用于测试网络的拟合性能。如
图 3.23 所示。

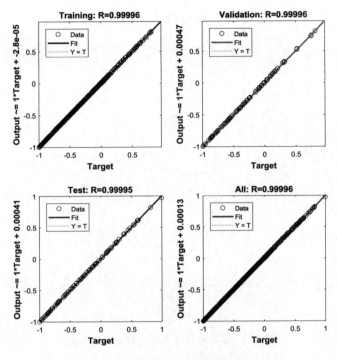

图 3.23　粒子群算法优化的神经网络逼近

模型拟合如图 3.24、图 3.25 所示。

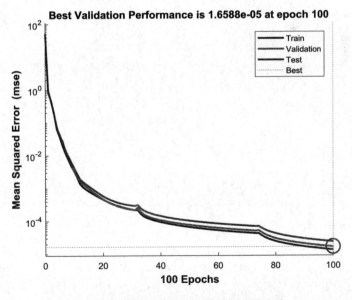

图 3.24　粒子群算法优化的神经网络残差

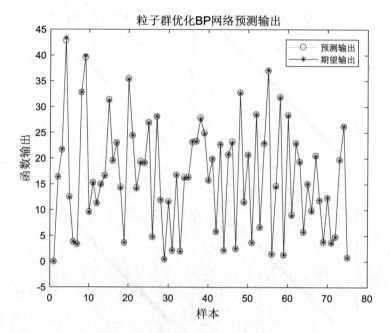

图 3.25　粒子群算法优化的神经网络拟合

对 75 组机车能耗数据进行预测，模型预测结果如图 3.26 所示。

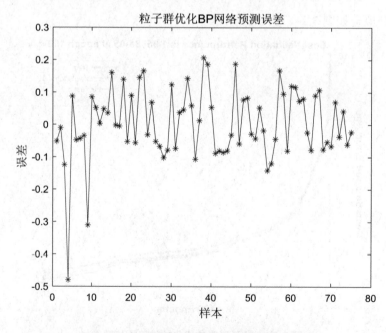

图 3.26　粒子群算法优化的神经网络预测误差

表 3.39　粒子群优化的神经网络误差

实际值	17.6	101	53.2	261.3	14.4	112.5	51.7	264
预测值	17.5482	100.99	53.0758	260.8204	14.4875	112.4521	51.6563	263.9656
误差值	−0.0518	−0.01	−0.1242	−0.4796	0.0875	−0.0479	−0.0437	−0.0344
实际值	12.5	125.4	48.5	266.4	14.2	130.3	130.3	130.3
预测值	−0.3102	0.0854	0.0513	0.0031	0.048	130.3355	130.4604	130.2979
误差值	0.102	0.1921	0.1296	0.0955	0.1446	0.0355	0.1604	−0.0021
实际值	16.1	101	55.4	262.5	16.8	96	56.6	261.8
预测值	16.095	101.1397	55.347	262.5895	16.7435	96.1452	56.7661	261.7684
误差值	−0.005	0.1397	−0.053	0.0895	−0.0565	0.1452	0.1661	−0.0316
实际值	15.4	110.5	53.3	243.5	17.1	94.4	53.6	257.7
预测值	15.468	110.4477	53.2329	243.3977	17.0213	94.5235	53.5263	257.737
误差值	0.068	−0.0523	−0.0671	−0.1023	−0.0787	0.1235	−0.0737	0.037
实际值	14.6	110.9	53.5	263.1	12.2	136.5	46.8	269.9
预测值	14.6455	111.0427	53.5582	262.9934	12.2124	136.7068	46.9859	269.9531
误差值	0.0455	0.1427	0.0582	−0.1066	0.0124	0.2068	0.1859	0.0531
实际值	14.1	126.4	50.8	263.4	16	105.2	55.1	254.5
预测值	14.0116	126.3191	50.7144	263.3193	15.9684	105.3871	55.0412	254.5767
误差值	−0.0884	−0.0809	−0.0856	−0.0807	−0.0316	0.1871	−0.0588	0.0767
实际值	17	89.7	58.6	254.7	15.4	106.7	52.2	246
预测值	17.0823	89.6711	58.5569	254.7521	15.3817	106.5578	52.0804	245.9558
误差值	0.0823	−0.0289	−0.0431	0.0521	−0.0183	−0.1422	−0.1196	−0.0442
实际值	17.5	96	54.4	254.2	14.7	106.6	52.3	258.5
预测值	17.667	96.0953	54.3193	254.3192	14.8162	106.6723	52.38	258.4756
误差值	0.167	0.0953	−0.0807	0.1192	0.1162	0.0723	0.08	−0.0244
实际值	12.4	126.9	48	260.3	14.6	122.3	48.8	261.3
预测值	12.3215	126.99	48.1069	260.2235	14.5467	122.2337	48.8692	261.2627
误差值	−0.0785	0.09	0.1069	−0.0765	−0.0533	−0.0663	0.0692	−0.0373
实际值	16.2	104.7	54.1					
预测值	16.2414	104.6386	54.077					
误差值	0.0414	−0.0614	−0.023					

从表 3.39 可以看出，通过对模型的反复修正、运行后，最终使整个模型趋于合理。将模型中几个典型变量的预测结果与历史数据进行对比，从而检验模型预测结果与真实数据之间的误差，从而来判断模型的可信程度。可以发现，误差在 3% 以内，图中预期单耗与实际单耗的曲线基本走势相同，为了使基于

接收数据的估计值和目标数据的均方误差最小化，计算最小均方误差（MMSE）值为 0.2488，在以上输入变量较少的情况下，优于单纯的神经网络算法，该值是合理的。

第 4 章　朔黄铁路公司机车牵引能耗信息系统框架搭建研究

4.1　机车牵引能耗数据概况

4.1.1　铁路能耗数据特征

（1）能耗数据规模大。

铁路部门的能耗数据采集流程要经过三个层级，依次是司机乘务员、机辆分公司、公司。根据不同统计系统，各大业务系统进行采集方式、次数、日能耗数据量、总量，平均业务日处理量十分庞大，铁路统计能耗数据规模巨大的特征，其次随着铁路信息化的发展，铁路统计部门可能涉及的能耗数据不仅仅局限于系统内，更多情况下涉及铁路部门的外部系统，例如随着铁路运量的增加，铁路信息资源在不断向外扩展，都为铁路统计系统给予了大量可供参考的信息依据。

（2）能耗数据类型多样。

在铁路信息化的进程里，不仅仅存在例如报表这样的结构化能耗数据，也存在半结构化和非结构化能耗数据，这些多类型的能耗数据特征表明了铁路能耗数据的多样性特征。不同业务系统之中，能耗数据所占内存、存储方式以及管理模式一样的可能性极小，非机构化能耗数据更是如此。如何从不同结构能耗数据中挖掘出有价值的决策信息，详尽分析不同能耗数据的相关程度，是现

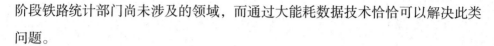
阶段铁路统计部门尚未涉及的领域，而通过大能耗数据技术恰恰可以解决此类问题。

（3）能耗数据价值密度低。

铁路统计部门在日积月累的工作过程中，积累了海量能耗数据，但其中真正能够为铁路领导提供决策依据价值的信息少之又少，这一现状表明了铁路能耗数据价值密度低的特性。规模庞大的能耗数据基础虽然有着不容小觑的参考价值，可是从中挖掘与整合出能为己用的信息还有一定难度，铁路能耗数据统计部门随着信息化改革的不断完善所面临的挑战之一就是要把大量价值密度低的基础能耗数据有效的转化为利用价值高的信息。

（4）能耗数据实时性强。

铁路部门的生产作业是 24 小时不间断进行的，这也决定了能耗数据的产生是连续的、及时的，显示了铁路能耗数据的实时的特性。能耗大数据技术、能耗数据仓库的很重要的区别之一就是能耗数据处理的及时性。随着计算机技术的飞快发展，能耗数据及时处理的成本和方法都能会有所优化，铁路部门要把握时机，充分利用现有技术来提升企业竞争力。综上所述，铁路统计能耗数据基本满足大能耗数据的特点，铁路统计工作即将全面步入以大能耗数据为核心的时期。

4.1.2　能耗数据利用存在的问题

铁路信息化建设虽然目前已取得了一些成绩，可是并未建成整体系统的数据中心，没有统一的统计管理方法，以至于统计系统能够提供的决策内容较为低下，没有充分利用现有统计信息，主要有以下问题。

（1）能耗数据质量较差。

铁路基层单位的信息化程度不高且监督管理工作实施不到位，时常出现由于人工填表、能耗数据录入以及操作失误而造成的统计能耗数据不准确、误差较大的情况，没有明确的统计整合办法，使录入能耗数据的质量受到很大程度的削减。

（2）能耗数据采集颗粒度大。

目前，铁路统计的最后统计分析内容产生的流程是，采用已有的指标进行采集，通过不同层级之间的数次汇总归纳来取得最后结果。然而，在铁路部门实施精细化工作的进程后，原先一些粒度较大的能耗数据信息难以实现精细化的要求，统计工作内容的精细化实施过程要借助更为细化的能耗数据加以保障才能顺利进行。

（3）能耗数据利用率低。

一般铁路的统计方法就是对原始能耗数据初加工，信息的实际利用率不高，不能提供最优的信息价值。铁路部门在当下已经满足使用大能耗数据技术的客观条件，下一步既要通过信息管理平台的构建来对能耗数据进行深入挖掘、分析与决策，尽可能找到信息背后的机会和价值，达到让统计部门生产报表变为有力依据的目标。

（4）能耗指标体系不完善。

铁路能耗指标是能够体现铁路部门生产过程、财务收支、资源管理等各方面的直接表现，各个业务的指标之间紧密联系与互补互冲形成统一结合的指标体系。铁路能耗指标最根本的需求还是为了能够反映出铁路部门现阶段的经营情况，通过汇总前期工作所得到的结果，找到目前系统中的种种问题，从而提供部署下阶段计划强有力的支持。铁路能耗的指标体系根据不同专业类型，并以各类报表为参考形成了涵盖机车、区段、线路、企业等多个专业方面的能耗指标，大致能够支持日常生产和计划的目标。能耗指标数据的采集与汇总，借助相应的能耗系统和报表作业，并采取分级上报的办法。

4.1.3　问题分析

目前，铁路部门信息化建设的进程日新月异，但在能耗指标方面并未有很大变化，能耗指标的现状很难应对现阶段能耗的各种要求。能耗指标还存在一些问题如下。

（1）能耗指标体系的划分是根据不同专业职能来进行的，导致录入的格式不一致，总体上存在指标重复交叉，结构不清楚的问题。

（2）现有能耗指标很大程度上着眼于实际生产及现有物料实际量等，关于价值量方面的指标涉及较少，不能满足铁路部门适应市场发展的要求。

（3）能耗指标的表现方法太过单一，一直沿用固定的报表办法实现。未来随着铁路能耗部门对大数据技术的日渐借用，更多数据的展现能够用不同方式的手段来实现。基于以上分析，现行铁路能耗指标的工作范畴在现阶段可以实现基本的能耗要求，可是能耗指标体系存在的问题，在新的时期，如何敢于创新地实现能耗指标体系的重建，使其具备全面、科学表征铁路运输企业的综合实力，是铁路能耗信息化建设的关键步骤之一。

4.2 机车牵引能耗系统建设必要性

4.2.1 总体业务需求分析

随着铁路企业化进程不断加快，在现代货运组织改革等一系列转型发展形势下，传统的通过报表编制层层上报的能耗模式，已越来越不能适应现代铁路运输发展和经营管理的需求，铁路能耗的功能逐步通过大数据技术发展模式转变。利用大数据技术，铁路能耗的功能越来越丰富，以大数据为骨架，面向能耗业务需求和发展，进行全方位的科学分析，通过先进的数据处理架构，构建现代化的铁路能耗综合信息管理平台，实现能耗数据信息参考最大化。

（1）突破传统能耗业务流程。

铁路能耗信息系统的业务流程发生根本变化，通过数据集成处理模式替换传统的从基层站段到各铁路局再到铁路总公司，以规定报表逐级汇总上报的模式。利用大数据技术，各个信息源点按规定格式提取数据信息，而总公司统一汇总、处理、使用、数据信息。通过终端处理及时全面分析和利用能耗资料信息，快速生成有价值的能耗报表，充分发挥能耗信息服务职能。

（2）实现能耗源点信息集中共享和保真。

能耗源点信息来自各业务系统的原始数据，通过建立能耗数据仓库模式，集中收集汇总铁路各专业能耗原始数据，通过信息处理技术，实现各专业数据信息的串联，提高能耗数据安全管控，数据保真、相互融合的信息化水平，通过建立铁路能耗综合信息管理平台，提高能耗基础信息的收集和利用效率，减少基层能耗人员工作负担，确保原始数据不失真，将能耗职能逐步由信息处理上升到分析监督水平。

（3）提高能耗数据管理水平。

铁路各专业能耗数据类型各异，亟需将各类数据进行统一规划，整合利用，实现对数据的整体管控，只有这样才能发挥能耗信息管理平台的最大效能。首先需要具备对各类编码格式的兼容管理，对各类编码进行分类处理和整合，提高数据兼容性和再造性，便于日常维护管理，同时对数据流的处理进行过程监督，并创造分系统分部门管理合作接口，设立基于能耗分析管理功能的多个查询对比分析功能模块。提高能耗数据管理水平。

（4）充分满足能耗数据分析需求。

铁路能耗综合信息管理平台具备能耗分析的智能化处理功能，通过设计智能化数据分析模块，为铁路局各级领导和部门，能耗工作者提供各类所需的数据信息，并能够利用预定义的数据分析系统和数据挖掘工具进行深度数据处理，为铁路运输生产组织和经营管理服务提供信息参考决策支持，同时，也能对各类需求用户提供数据查询访问接入，为企业和部门提供一个界面友好，功能强大的现代化能耗数据信息平台。

4.2.2　业务需求分析

对铁路能耗的系统建设、能耗流程、数据、指标体系的现状进行描述，并对现阶段存在的问题进行详细分析，具体的业务需求根据现状分析进一步进行细化，通过因果关系对具体的业务需求进一步分析（图4.1）。

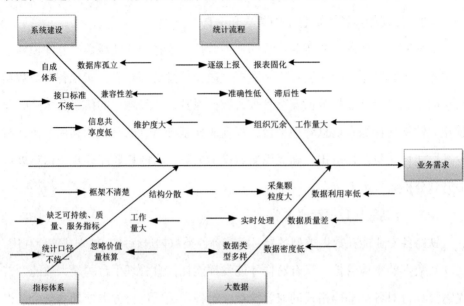

图4.1　机车牵引能耗业务需求

铁路能耗现阶段沿用基层站段—机辆公司按照能耗报表逐级上报的模式，并且各能耗专业相互独立，对比现代企业能耗管理来看，缺乏数据自动提取、快速收集、高度整合、智能分析功能。传统数据采集弊病突出，数据分散管理，能耗效率低，而现代企业能耗商务管理优势突出，其数据处理流程，存储手段和数据分析水平对企业经营决策作用明显。因此对传统能耗方法、业务流程等进行变革和再造，利用科学技术手段，建立现代化商业智能数据分析平台，对数据采集、存储、处理、利用、分析、决策各个环节进行升级，打造现代化铁路能耗信息系统尤为必要。

（2）建立跨专业能耗指标体系。

传统设计报表有以下问题，一是各专业能耗指标口径各异，造成指标引用存在障碍；二是各专业同名称的指标却无法横向分析对比；三是法定报表每增加一项指标均包含较大的工作量。对策是逐步取消法定报表，通过建立指标基础库存储能耗指标，避免出现新定义指标出现的大量指标的解释、口径、数据处理等工作量。除此之外，对各类指标进行需求模式的划分，按照预定义方法进行指标的分类处理、整合、按不同的口径、关联程度进行分析对比。例如，从各专业部门需求出发，按照不同的周期的经营指标、考核指标、运输组织等进行表式规划，定期形成专业能耗综合报表，同时可设计特定的复合指标，满足专业以及特殊需求用户的需要，实现数据智能设计、匹配、查询、分析功能。

（3）原始数据信息的集中整合。

建立能耗数据综合管理平台，将不同业务系统之间数据信息通过能耗数据仓库进行统一、规范、兼容性融合。逐步将原始数据信息集成到信息平台，按照数据格式、存储要求、数据共享等保存有价值信息，并按需求实现综合利用。建立规则库，规定指标的类别、解释、口径、计算方法等；建立指标集，预定义能耗指标计算过程，形成所需的各类指标集，允许外部引用；开发主题模型，按照能耗业务需求，实现综合性的专题分析功能。

（4）科学化源点数据采集。

原有的铁路能耗源点数据采集过程和管理流程较为粗放，能耗深度以及属性停留在表面，难以提供多角度和广度的应用。通过提升管理精度，科学化设计和考虑能耗源点信息属性，最大化挖掘数据利用价值，最终获取更为准确全面的能耗信息，适应铁路改革发展对能耗服务提出的新要求。

（5）提升数据管理质量。

能耗数据质量是核心，需要不断提高能耗数据管理水平，通过对数据流程的过程控制，对各源点信息的基础校验，依据能耗规则及时修正数据，确保能耗数据的真实准确。对数据的修正坚持避免人工干预，尽量通过电算化自动处理修正，辅助以人工处理特殊事项。数据质量是能耗的灵魂，必须不断提高科学管理水平，确保数据质量，只有高质量的数据才能分析得出客观真实的结果，才能为下一步科学决策提供正确参考。

（6）即时性的数据分析功能。

国内现铁路能耗周期最短为日能耗，一般隔日后各相关管理部门方能得到能耗数据，造成不能即时掌握运输生产状况。业务部门仅掌握系统内部的运行状态，但不能了解相关部门状况，通过能耗信息管理平台兼容多业务系统后，即时反映铁路运输生产的全盘进度，这也是发挥能耗时效性和信息参考支持的关键点。

现今能耗指标发布已实现内部网络即时发布，按照能耗指标计划考核和完成情况，通过局域网对各部门进行公布和查询，便于各级部门及时掌握运输生产运营情况，但分段、分时、个性化制定仍需要进一步细化，以适应各级部门和领导决策参考需求。建立能耗分析功能模块，利用数据自动收集处理技术，综合利用各级能耗数据信息，科学分析挖掘数据隐含的有价值信息，按照不同需求分析对比周期经营结果，通过搭建人机交互功能，为能耗专业分析人员提供含金量高的参考性信息，为下步经营决策提供参考。

（7）多维度界面显示。

随着铁路大数据到来，利用各种能耗分析发布数据信息，替代传统简单报表模式。更为高效直观的能耗信息发布能够实现大众和个性化定制功能，根据特定需要和一般性原则，通过现代化手段进行传播，利用互联网或其他终端，进行可定制的信息咨询服务，例如支持网络、移动终端、自动推送、关注预定等多类别手段，利用能耗方法提供专业的能耗数据、报表、线性或各类图形演示等，直观的提供更为人性化和多角度的能耗信息服务。

4.3 信息管理平台设计思路

考虑机车能耗信息管理平台的运行情况及已有问题、专业需求以及信息管理的基础上，借助大数据技术与数据仓库，来进行应用方案的总体架构的设计与制定。在大数据背景下，重点在不同数据结构的存储与处理。

4.3.1 总体架构设计依据

铁路机车能耗信息管理平台将采用新型高性能数据仓库系统（基于 MPP

架构的数据仓库系统）与 Hadoop 系统相结合的模式，数据仓库方面的应用主要是解决大量的结构化数据管理问题，也对业务提供 SQL 和商业智能支持；Hadoop 系统即用来满足非结构化数据的存储和管理。此模式即可提供不同数据结构的管理和分析要求。

4.3.2　总体架构的内容

通过对企业机车能耗数据的日常整理，可以通过大量的数据发现其中的本质，机车能耗数据往往不局限于数据本身，它最能够反映出企业生产经营的日常成果，例如铁路客货运输精密统计，机车报表、货车报表，其中蕴含的信息量十分庞大，不仅仅是数据表象，直接体现着企业运输组织的优劣，通过数据分析，更可不断优化运输方案，同时数据信息对相关行业起到推动作用。

传统铁路机车能耗工作相对单一，仍难以适应现代化系统集成、数据采集、存储、处理方面的需求，具体如下。

（1）系统集成。

现有的铁路机车能耗数据具有专业的独立的特点，基于企业数据挖掘的一方面就是建立关联性数据分析库，因此传统单一的信息不利于企业与同行业甚至社会经济发展做科学分析，因此，建立开放式、安全性高且关联度强的大数据网络信息库，将对铁路运输企业具有发展意义。商业智能分析的基础需要客观、大量、不封闭的数据流，铁路系统的机车能耗信息数据融入公共数据平台是技术发展趋势，也是进行科学有效分析的基础。

现阶段，铁路机车能耗信息集成度不高，专业统计难以进行有效整合，统计归口管理往往是职能层面，在数据层面的集成、交流相对不足，要充分发挥铁路机车能耗数据信息化职能，就要高度集成各业务系统，通过集中服务平台实现对多种业务数据的处理，实现数据层面的业务整合，并进行全方位的数据挖掘，提取有价值的数据信息，这对企业自身和统计工作都是十分有益且必要的。

（2）数据采集。

铁路机车能耗数据采集以内部数据为主，自下而上自成体系，但内部数据局限性较大，一是缺乏对规范化数据统计，二是缺乏对外部数据的积累，例如不能进行系统化的行业分析。建立多角度的信息收集入口能够解决数据单一的问题，也为数据分析决策提供了基础。

（3）数据存储。

铁路系统结构包括广泛，例如客货运精密为主的经营数据、财务系统数据、运输组织中的车辆运行数据等，多以结构化数据为主，也包括一些半结构化、非结构化数据，如下所述。结构化数据：客货运精密统计数据。例如客报、货报、发到站，票据种别信息，运距、货流密度信息等。这些数据定期存储在数据库中。半结构化数据：包括电子邮件、统计报表等等。非结构化数据：包括影像、图示、视频、音频、文件等形式。铁路系统的数据信息量大，内容和结构复杂，加之，庞大运输体系时刻产生大量的数据。造成传统的关系型数据库越来越难以处理大量的数据信息，其关联性不高、效率地下、拓展性差的缺点越来越明显。

（4）数据处理。

传统机车能耗数据处理多以单一服务器和专业化系统完成，数据交互性差，由于不同的数据结构和存储方式，只有运用大数据处理技术才能将多维数据有效整合、归类、分析和处理，面对越来越个性化的数据信息，传统数据处理方式已经不能满足企业发展需要。传统数据处理的不足还有效率低下，往往对多类型数据的支持性差，即便使用并行处理系统，也易造成节点交互瓶颈，对综合性数据挖掘分析造成不利影响，甚至影响分析结果。

综上所述，总体架构图大致分为四个部分，分别是机车能耗数据来源、机车能耗基础架构、机车能耗数据存储与处理以及机车能耗数据应用分析。

数据来源：铁路内部业务系统以及外部系统中抽取所需数据信息，包括三种结构的数据。此部分以数据采集为主，应用智能电表或其他数据采集方法，通过规划好的周期策略来执行。

数据预处理：铁路机车能耗的大部分数据是不成体系、杂乱无章的，因此数据预处理部分要对数据进行处理同时加载到存储区。此过程能够解决数据不规范的问题。

基础架构：基础构建是平台系统的关于数据存储的底层设施，包括硬件资源、管理系统组件、安全技术、计算资源架构等内容，数据的存储、分析、管理等软件操作都在基础架构上来执行。基础构架的建立可以采取铁路云平台，亦可以具体情况具体分析，采用原本的铁路系统存储模块或建立服务器集群。基础构架的建立是为了满足大数据技术在平台的基本运行。

数据存储与处理：数据的存储与处理是平台的关键点，目标是对数据进行有效地存储和管理，既有针对业务的商业智能数据分析过程，也有针对统计数据的整合与处理。数据分析过程借助能够有效提供决策支持的数据仓库，针对业务的结构化数据分析；数据整合方面考虑在处理巨大规模数量爆炸增长和繁杂变化的内容方面有着很好效果。

数据应用分析：针对业务需求通过多重数据分析工具来充分挖掘和深度分析。铁路部门在非结构化数据方面可参考的信息较少，主要是查询历史数据和管理，在分析层面大部分属于结构化数据。在商业智能分析的基础上，融合结构化、非结构化数据的处理方式能使铁路部门决策部门的参考依据更加全面和科学。

（5）应用构架设计。

铁路统计信息管理平台以业务需求为研究目标，主要提供业务应用分析时所需的参考依据，应用架构要紧紧依靠总体构架的关键部分进行规划。铁路业务分析的需求通过数据仓库和 Hadoop 平台来实现，最后达到由传统统计转换为统计数据的深度挖掘、综合分析等高级别的智能分析的水平。

总体架构设计完成之后，具体的应用架构如图。

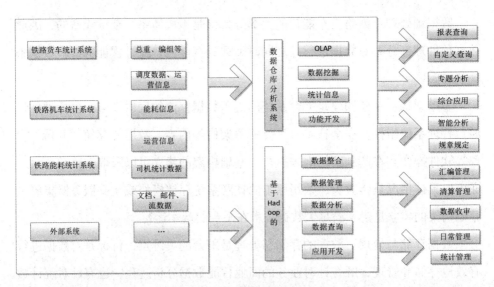

图 4.2　机车能耗应用架构

从铁路业务的实际出发，通过报表查询、自定义查询、目标分析、智能分析、汇编管理以及清算管理等作为切入点来开展铁路综合业务应用分析。这些业务分析内容都借助于铁路统计信息管理平台，同平台良好的兼容性和相对机动的软件开发功能使铁路发展创新的新业务主题分析得以实现。

4.4　机车能耗数据采集

4.4.1　国铁机车能耗采集设备

（1）智能电表。

智能电表主要由主中央处理器、电能测量芯片、通信单元、存储芯片单元、显示单元、卡接口电路组成。其中输入电压、输入电流由电力机车主回路上引入，经过电压分压电路和电流互感器后，通过电能测量芯片对其进行计量。测的数据包括正向有功、正向无功、反向有功、反向无功、电压、频率等。主控单元中央处理器一方面通过 RS232 接口与电量参数采集模块通信，处理并记录来自电量记录模块的电能参数。另一方面，智能电表的中央处理器通过接口与机车运行监控装置的箱机车安全综合信息监测装置保持通信联系并使用暂存发送来的某些特征数据如司机号、车次、机车运行速度等当数据发生变化并满足一定条件时，将当时的发送的数据如年月日、时分秒、公里标、运行速度、机车号、车次、车种、区段号、车站号、司机号、副司机号、列车编组等运行信息按指定的格式存储到芯片中。

电力机车通过受电弓从接触网取电，所消耗电能可以被能耗监测装置测量出来。电力机车智能电表的硬件原理如图所示，其中输入电压、输入电流由电力机车主电缆上引入，经过电压分压器和电流互感器后，通过电能测量芯片对其进行计量，获取有功功率。列车黑匣子（TAX2）输出的信息，经过隔离的485 接口接入中央处理器。中央处理器负责同时处理电能数据和黑匣子数据，并将处理结果保存到 FLASH 存储芯片中，机车行驶过程中可通过 LCD 显示当前的电能消耗情况。保存在 FLASH 存储芯片中的数据通过系统提供的 IC 卡接口进行读取。

列车黑匣子每隔 20 ms 就会在对外公开的数据总线上发送一个数据包。数据包包含的信息有：时间、速度、公里标、车站号、车次、机车号、司机号、副司机号和总重等（其中时间、速度、公里标是随时变化的动态量，其他信息是常量）。假如该数据包每隔 20 ms 保存 1 次，那么 FLASH 储存芯片很快就会被写满。另外，智能电表在数据转存以前，很可能同时记录着多个司机的监测数据，因此，如何区别不同司机的记录数据也是一个关键问题。

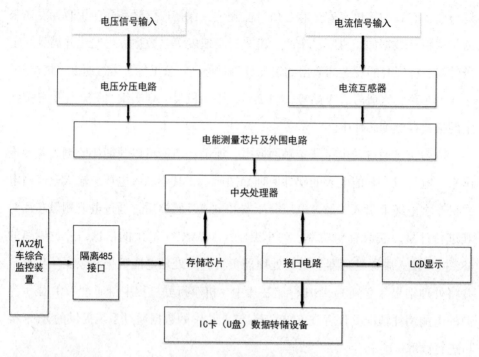

图 4.3　智能电表图

表 4.1　部分路局智能电表研发单位

装置类型	研发单位	产品型号	使用单位
智能电表	厦门瑞雅自动化工程有限公司	RW–014	南率铁路局福州机务段
	长沙南车电气设备有限公司	NBG01	广铁集团广州机务段
			广铁集团株洲机务段
			西安铁路局西安机务段
			西安铁路局新丰机务段
	成都运达创新科技有限公司	HDJ—1	成都铁路局成都机务段
	北京交通大学电气工程学院	不详	北京铁路局石家庄机务段
			兰州铁路局迎水桥机务段
			柳州铁路局南宁机务段
智能油表	长沙南车电气设备有限公司	NDP02	武汉铁路局武昌南机务段
			武汉铁路局江岸西机务段
			武汉铁路局襄樊北机务段

（2）列车运行监控装置。

列车运行监控装置（简称LKJ），是中国列车运行控制系统体系的组成部分，是用于防止列车冒进信号、运行超速事故和辅助机车司机提高操纵能力的重要行车设备。LKJ 是机车、动车组的组成部分。

LKJ 由监控主机箱、人机交互单元（又称屏幕显示器）、LKJ 功能扩展盒、GPS 信息接收装置、压力传感器、速度传感器、鸣笛转换器、本 / 补切换装置、事故状态记录器、调车灯显接口盒、专用连接线缆等组成。

装设于机车、动车组上的机车安全信息综合监测装置（TAX）、机车语音记录装置、机车信号设备、列车运行状态信息系统车载设备（LAIS 车载设备）、铁路车号自动识别系统（ATIS）机车车号识别设备为 LKJ 相关设备，LKJ 与 LKJ 相关设备整体组成列车运行安全监控系统（简称"LKJ 系统"）。如图 4.4 所示。

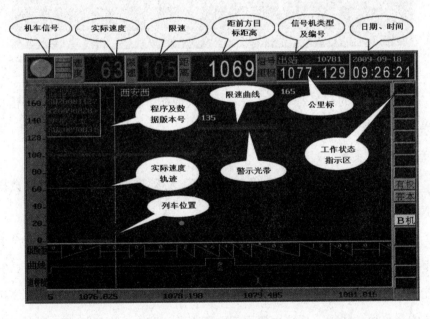

图 4.4　LKJ 显示桌面

课题中所采用的数据即为 LKJ 中相关的实际速度、限速、时间、公里标位置等相关信息。

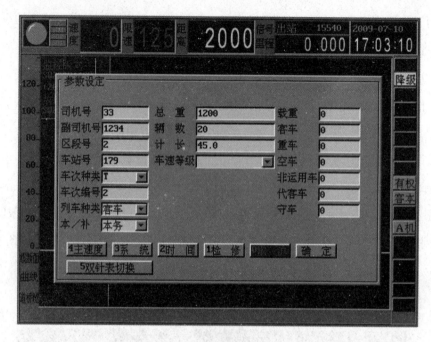

图 4.5 LKJ 中列车运行参数

课题中采用的有关列车的区段号、车次种类、总重、辆数、计长等信息从该界面中取得。

（3）6A 系统。

由于无法直接从 LKJ 中取得以上数据，必须借助 6A 平台实现对数据的读取。

机车车载安全防护系统（6A 系统）是针对机车运行过程中危及安全的重要事项、重点部件和部位，在前期已有的各分散机车安全设备的基础上，完善功能、综合集成，形成完整的系统性、平台化的安全防护装置，用于提高机车防范安全事故的能力。系统主要用于空气制动、防火、高压绝缘、列车供电、走行部及视频等部件或对象的监控及记录。

机车车载安全防护系统（6A 系统）由中央处理平台和 6 个子系统构成。6个子系统包括机车空气制动安全监测子系统、机车防火监控子系统、机车高压绝缘检测子系统、机车列车供电监测子系统、机车走行部故障监测子系统、机车自动视频监控及记录子系统等。中央处理平台对各子系统进行数据集中、数据管理，并通过数据库进行综合分析。各子系统遵照统一的 6A 系统通信协议与中央处理平台通信。

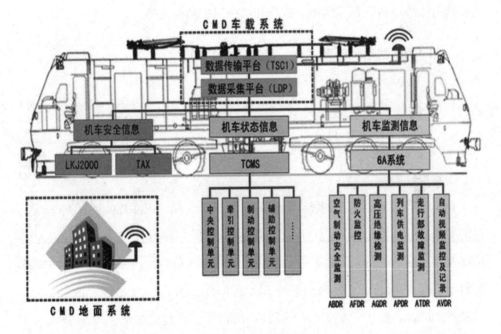

图 4.6　6A 系统界面

4.4.2　朔黄公司机车能耗采集设备

（1）智能电表。

智能电表相对传统机械式电表，具有工作可靠性高、计量精度高等优势，还通过与 TAX2 机车安全信息综合检测装置的通信，实现了能耗数据的实时记录，做到对机车牵引能耗、直供电能耗以及再生制动节能等数据分别计量，并在测量机车原边电流和原边电压后准确计算出正、负有功电量，正、负无功电量、功率因数等数据，为能耗考评、费用清算等工作提供参考数据。

（2）能耗与运营信息集成设备。

集成设备系统为整车信息平台，采集、汇总机车安全信息、机车监测信息、机车状态信息，完成不同系统间的信息共享和统一传输。LKJ、智能电表及其他系统通过网络接口板。系统主要完成对机车状态信息、机车安全信息和机车监测信息的采集、存储、传输。通过机车与地面的双向数据交互，实现对机车的监测与故障诊断，机车运用、检修和维护提供数据支持。

4.5 机车能耗数据融合、清洗与处理

4.5.1 国铁机车能耗数据处理

（1）数据筛选。

①监控数据。

TAX 监控包含 27 列数据，主要是列车运行时间（tRunTime）、列车运行速度（nRunSpeed）、列车运行里程（nRunStone）、列车运行车次（sTrainNo）、机车类型（sCarType）、机车号（sCarNo）、离线信息（nErr）、重复列车运行时间（tRefTime）、重复列车运行车次（sRefTrainNo）、车站号（nSiteNo）、司机号（nDriverNo）、副司机号（nDriverNo2）、重复机车号（sRefCarNo）、重复机车类型（sRefCarType）、交路号（nJiaoLuHao）、客货本补信息（nKHBB）、重复列车运行速度（nRefSpeed）、机车信号（nCarLamp）、机车工况（nCarStat）、信号机编号（nSigNo）、信号机种类（nSigType）、重复列车运行里程（nRefStone）、总重（nWeight）、计长（nLength）、辆数（nCarCount）、列车管压（nLcg）、列车装置状态（nLkjStat）。

上述列车信息十分繁杂，不利于数据下载、存储和处理，根据机车能耗特征要求，去掉重复信息，保留了运行时间、速度、里程、车次 、车号、离线、车站号、司机号、副司机号、交路号、总重、计长和辆数信息。

②电能数据。

DDB 电能数据共包括 17 列，主要是列车运行时间（tRunTime）、列车运行速度（nRunSpeed）、列车运行里程（nRunStone）、列车运行车次（sTrainNo）、

机车类型（sCarType）、机车号（sCarNo）、正向有功（nZyPower）、反向有功（nFyPower）、正向无功（nZwPower）、反向无功（nFwPower）、电压（nVol）、电流（nCur）、电压频率（nFreq）、功率因数（nFacter）、有功功率（nYRate）、无功功率（nWRate）、功率调整（nRes）。

根据项目研究需要，保留运行时间、速度、里程、车次、车号、正向有功和反向有功信息。

③微机数据。

TCM 微机数据共 26 列，主要包括列车运行时间（tRunTime）、列车运行速度（nRunSpeed）、列车运行里程（nRunStone）、列车运行车次（sTrainNo）、机车类型（sCarType）、机车号（sCarNo）、离线信息（nErr）、司机室占用（nOccupy）、受电弓状态（nBowStat）、主断状态（nBrkStat）、手柄级位（nGear）、nMultiConn、nLcg、nJhg、nPjg、nZdg、nZdg2、nZfg、nLlj、大闸指令（nLargeGear）、小闸指令（nSmallGear）、其他指令（nOtherGear）、nOtherMask、nZdjErr 和 nRes。

根据项目研究需要，保留运行时间、速度、里程、车次、车号、手柄级位、大闸指令和小闸指令。

（2）数据清洗。

在系统实际使用中会有大量的数据产生，在产生的数据中存在着无效数据、部分有效数据不可信数据、有效可信数据三种可能。

①无效数据。

当 TAX 箱和电表损坏的情况下的数据，即随机数据或无数据，或者是列车处在离线状态，虽然也能产生数据，但是这部分数据为下载、传输和数据处理带来很大的困难，视这部分数据为无效数据。

2017/11/4 12:45	0	0	66666	1272	1	841	7467371	7462823
2017/11/4 12:45	0	0	66666	1272	1	841	7467371	7462823
2017/11/4 12:46	0	0	66666	1272	1	841	7467371	7462823
2017/11/4 12:46	0	0	66666	1272	1	841	7467371	7462823
2017/11/4 12:46	0	0	66666	1272	1	841	7467371	7462823
2017/11/4 12:46	0	0	66666	1272	1	841	7467371	7462823
2017/11/4 12:46	0	0	66666	1272	1	841	7467371	7462823
2017/11/4 12:46	0	0	66666	1272	1	841	7467371	7462823
2017/11/4 12:46	0	0	66666	1272	1	841	7467371	7462823
2017/11/4 12:46	0	0	66666	1272	1	841	7467371	7462823
2017/11/4 12:46	0	0	66666	1272	1	841	7467371	7462823
2017/11/4 12:47	0	0	66666	1272	1	841	7467371	7462823
2017/11/4 12:47	0	0	66666	1272	1	841	7467371	7462823
2017/11/4 12:47	0	0	66666	1272	1	841	7467371	7462823
2017/11/4 12:47	0	0	66666	1272	1	841	7467371	7462823
2017/11/4 12:47	0	0	66666	1272	1	841	7467371	7462823
2017/11/4 12:47	0	0	66666	1272	1	841	7467371	7462823
2017/11/4 12:47	0	0	66666	1272	1	841	7467371	7462823
2017/11/4 12:47	0	0	66666	1272	1	841	7467371	7462823
2017/11/4 12:47	0	0	66666	1272	1	841	7467371	7462823
2017/11/4 12:47	0	0	66666	1272	1	841	7467371	7462823
2017/11/4 12:48	0	0	66666	1272	1	841	7467371	7462823

图 4.7 无效数据

②部分有效数据不可信数据。

当 TAX 箱或者电表损坏的情况下的数据，有一部分数据可用，为部分有效数据，但是这部分数据仍没有价值。

③有效可信数据。

当 TAX 箱和电表正常工作的情况下产生的数据，包括机车数据和能耗数据。

2017/11/18 13:37	19	10271	39113	1272	1995429	794346
2017/11/18 13:37	19	10326	39113	1272	1995430	794346
2017/11/18 13:38	19	10379	39113	1272	1995431	794346
2017/11/18 13:38	19	10435	39113	1272	1995432	794346
2017/11/18 13:38	19	10482	39113	1272	1995433	794346
2017/11/18 13:38	19	10542	39113	1272	1995434	794346
2017/11/18 13:38	19	10595	39113	1272	1995436	794346
2017/11/18 13:38	19	10649	39113	1272	1995437	794346
2017/11/18 13:39	19	10698	39113	1272	1995438	794346
2017/11/18 13:39	19	10757	39113	1272	1995439	794346
2017/11/18 13:39	19	10810	39113	1272	1995440	794346
2017/11/18 13:39	19	10863	39113	1272	1995441	794346
2017/11/18 13:39	19	10918	39113	1272	1995442	794346
2017/11/18 13:39	19	10970	39113	1272	1995443	794346
2017/11/18 13:40	20	11025	39113	1272	1995445	794346
2017/11/18 13:40	24	11088	39113	1272	1995447	794346
2017/11/18 13:40	28	11159	39113	1272	1995451	794346
2017/11/18 13:40	32	11244	39113	1272	1995454	794346
2017/11/18 13:40	36	11317	39113	1272	1995458	794346
2017/11/18 13:40	40	11424	39113	1272	1995463	794346
2017/11/18 13:41	43	11539	39113	1272	1995467	794346
2017/11/18 13:41	48	11667	39113	1272	1995473	794346
2017/11/18 13:41	51	11807	39113	1272	1995477	794346
2017/11/18 13:41	57	11951	39113	1272	1995486	794346
2017/11/18 13:41	60	12117	39113	1272	1995491	794346
2017/11/18 13:41	60	12285	39113	1272	1995495	794346
2017/11/18 13:42	60	12435	39113	1272	1995498	794346
2017/11/18 13:42	60	12620	39113	1272	1995500	794346
2017/11/18 13:42	60	12795	39113	1272	1995504	794346
2017/11/18 13:42	60	12960	39113	1272	1995507	794346
2017/11/18 13:42	60	13129	39113	1272	1995511	794346
2017/11/18 13:42	60	13292	39113	1272	1995515	794346
2017/11/18 13:43	60	13461	39113	1272	1995519	794346
2017/11/18 13:43	60	13628	39113	1272	1995523	794346

图 4.8　有效可信数据

（3）数据融合。

新型能耗计量装置将自身计量的能源消耗数据和通过 TAX2 箱获得的列车实时运行数据进行处理，生成机车每一单位能源消耗的详细数据后，通过设计的算法将能耗信息进行集成，按照不同需要生成不同统计口径的统计数据。

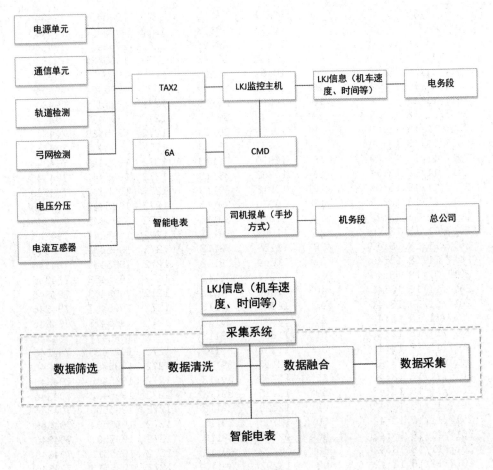

图 4.9　机车能耗采集系统架构

（4）平台搭建。

①搭建步骤。

基于 6A 系统所产生的 tax 和 ddb 数据，其清洗、拼接和融合流程如图 4.10 所示。

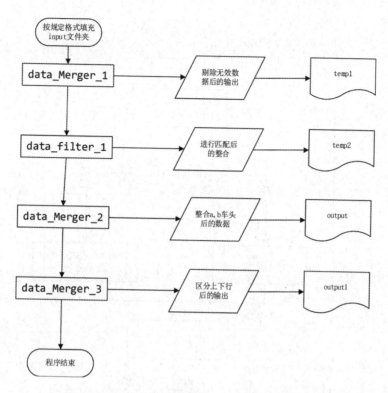

图 4.10　ddb 和 tax 数据清洗、拼接和融合原理图

其核心步骤包括：

a. 清洗无效数据。

基于前面所述的 tax 和 ddb 异常数据情况，对 ddb，tax 文件进行重新命名，并且检查 tax 文件，清洗无效数据，对数据进行初步整合，如图 4.11 所示。

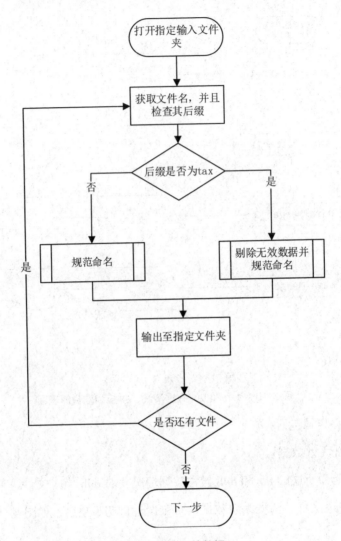

图 4.11 清洗无效数据

b. tax 和 ddb 数据的融合。

经清洗的 tax 和 ddb 数据，其融合流程如图 4.12 所示。

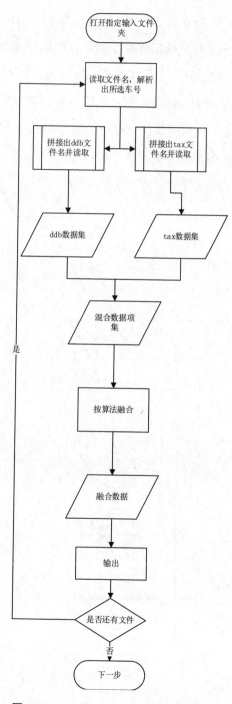

图 4.12　tax 和 ddb 数据融合流程图

基于图 4.12 的算法流程，获得匹配的数据。以 hx21272a 为例首先将 hx21272a_ddb 文件中的项目读出保存于数组；然后将 hx21272a_tax 文件中的项目读出保存于数组；将上述两个数组存于同一列表，并且将列表按照时间排序；遍历列表找到一个类型为 ddb 的数据，然后判断该数据项上一数据项的类型是否为 tax 类型，若是，判断时间间隔是否为要求的值，若是则匹配成功，否则跳过直到下一个 ddb 类型的数据来临。该拼接过程如图 4.13 所示。

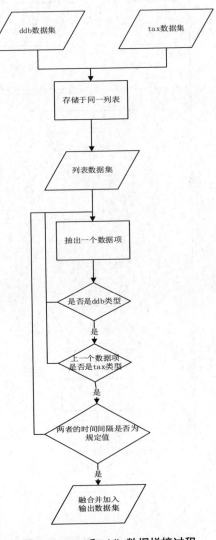

图 4.13 tax 和 ddb 数据拼接过程

②案例。

以邯长线的部分数据为例，其原始数据文档如表 4.2 至表 4.4 所示。

表 4.2　邯长线部分原始能耗数据

运行时间	速度	里程	车次	车号	正向有功	反向有功
2017/11/24 0:39	11	63	66667	1272	2 026 879	807 178
2017/11/24 0:40	11	91	66667	1272	2 026 880	807 178
2017/11/24 0:40	11	121	66667	1272	2 026 880	807 178
2017/11/24 0:40	11	151	66667	1272	2 026 881	807 178
2017/11/24 0:40	11	180	66667	1272	2 026 881	807 178
2017/11/24 0:40	11	207	66667	1272	2 026 882	807 178
2017/11/24 0:40	11	236	66667	1272	2 026 882	807 178
2017/11/24 0:41	11	266	66667	1272	2 026 882	807 178
2017/11/24 0:41	11	299	66667	1272	2 026 883	807 178
2017/11/24 0:41	11	328	66667	1272	2 026 883	807 178
2017/11/24 0:41	11	358	66667	1272	2 026 884	807 178
2017/11/24 0:41	11	387	66667	1272	2 026 884	807 178
2017/11/24 0:41	11	417	66667	1272	2 026 884	807 178
2017/11/24 0:42	11	446	66667	1272	2 026 885	807 178
2017/11/24 0:42	11	476	66667	1272	2 026 885	807 178
2017/11/24 0:42	13	509	66667	1272	2 026 886	807 178
2017/11/24 0:42	14	548	66667	1272	2 026 887	807 178
2017/11/24 0:42	19	599	66667	1272	2 026 887	807 178
2017/11/24 0:42	24	660	66667	1272	2 026 888	807 178
2017/11/24 0:43	26	734	66667	1272	2 026 889	807 178
2017/11/24 0:43	26	806	66667	1272	2 026 889	807 178
2017/11/24 0:43	26	878	66667	1272	2 026 890	807 178
2017/11/24 0:43	26	953	66667	1272	2 026 890	807 178

表 4.3　邯长线部分原始运营数据

时间	速度	公里标	车次	车号	离线	交路号	车站号	司机号	副司机号	客货本补	机车信号	机车工况	信号机编号	信号机种类	总计重	总计长	辆数
2018/10/1 0:33	10	351	11111	5	0	30	2	3101235	3107790	货/本	单灯/白	向前牵引	0	出站	0	0	0
2018/10/1 0:33	10	381	11111	5	0	30	2	3101235	3107790	货/本	单灯/白	零位向前	0	出站	0	0	0
2018/10/1 0:33	11	411	11111	5	0	30	2	3101235	3107790	货/本	单灯/白	零位向前	0	出站	0	0	0
2018/10/1 0:33	11	440	11111	5	0	30	2	3101235	3107790	货/本	单灯/白	零位向前	0	出站	0	0	0
2018/10/1 0:33	12	474	11111	5	0	30	2	3101235	3107790	货/本	单灯/白	零位向前	0	出站	0	0	0
2018/10/1 0:33	18	513	11111	5	0	30	2	3101235	3107790	货/本	单灯/白	向前牵引	0	出站	0	0	0
2018/10/1 0:34	20	567	11111	5	0	30	2	3101235	3107790	货/本	单灯/白	向前牵引	0	出站	0	0	0
2018/10/1 0:34	20	621	11111	5	0	30	2	3101235	3107790	货/本	单灯/白	向前牵引	0	出站	0	0	0
2018/10/1 0:34	20	675	11111	5	0	30	2	3101235	3107790	货/本	单灯/白	向前牵引	0	出站	0	0	0
2018/10/1 0:34	20	729	11111	5	0	30	2	3101235	3107790	货/本	单灯/白	向前牵引	0	出站	0	0	0
2018/10/1 0:34	20	783	11111	5	0	30	2	3101235	3107790	货/本	单灯/白	向前牵引	0	出站	0	0	0

表 4.4　邯长线部分整合数据

运行时间	速度	里程	车次	车号	正向有功	反向有功	离线	车站号	司机号	副司机号	交路号	总重	计长	辆数	手柄级位	大闸指令	小闸指令
2018/10/2 4:20	10	369	11111	292	14501767	3183824	0	2	3100744	3108082	30	0	0	0	10	0	0
2018/10/2 4:20	10	396	11111	292	14501767	3183824	0	2	3100744	3108082	30	0	0	0	11	0	0
2018/10/2 4:20	14	430	11111	292	14501768	3183824	0	2	3100744	3108082	30	0	0	0	22	0	0
2018/10/2 4:21	18	478	11111	292	14501768	3183824	0	2	3100744	3108082	30	0	0	0	0	0	0
2018/10/2 4:21	19	529	11111	292	14501768	3183824	0	2	3100744	3108082	30	0	0	0	0	0	0
2018/10/2 4:21	20	583	11111	292	14501769	3183824	0	2	3100744	3108082	30	0	0	0	0	0	0
2018/10/2 4:21	20	639	11111	292	14501769	3183824	0	2	3100744	3108082	30	0	0	0	0	0	0
2018/10/2 4:21	19	693	11111	292	14501769	3183824	0	2	3100744	3108082	30	0	0	0	0	0	0
2018/10/2 4:22	18	743	11111	292	14501769	3183824	0	2	3100744	3108082	30	0	0	0	0	0	0
2018/10/2 4:22	18	792	11111	292	14501769	3183824	0	2	3100744	3108082	30	0	0	0	18	0	0
2018/10/2 4:22	18	842	11111	292	14501770	3183824	0	2	3100744	3108082	30	0	0	0	18	0	0

4.5.2　朔黄铁路公司机车能耗数据处理

（1）数据处理流程。

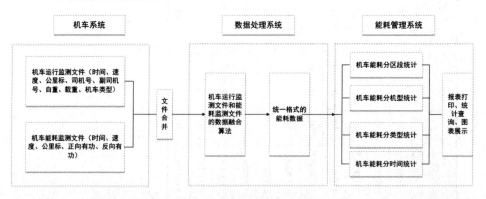

图 4.14　电力机车能耗统计监测系统

在此系统中能耗监测终端是整个系统的数据来源，也是整个系统中最重要的一个子系统，它从电力机车上获得分析所需要的原始数据信息，包括总重、计长、车次、站号、公里标、司机号、分相点、有功电能、无功电能、手柄级位以及机车信号等，车载终端按照规定的格式存储这些数据信息同时把这些数据信息发送到车载设备，并发送到其上面的数据传输到地面接收与分析服务器上，地面完成接收、统计和分析等功能，实现机车电量分人、分时、分车、分区段的统计与结算，使机务、电务、路局各级单位可以通过共享数据库中与各自有关的信息，得到机车行驶的最佳操作。

（2）机车系统。

车载能耗监测终端的主要功能是监测机车的电能消耗，并与电力机车 TAX 箱通信来获取机车的运行参数，按照规定的记录格式记录数据，同时把记录的数据存储并发送到地面数据接收中心等，具体的功能介绍如下：

①机车能耗监测文件。

本系统设计的主要目的是监测机车的能耗，所以车载终端的首要功能也是对电力机车电能消耗的监测，通过设备上的专用电量测量芯片，车载终端可以监测机车的各种电量，如正向有功消耗、正向无功消耗、反向有功消耗和反向无功消耗等。

②机车运行监测文件。

车载能耗监测终端在监测机车电能消耗的同时，还会通过与 TAX2 箱通信采集当前机车的运行状态参数，包括月日、时分秒、公里标、实速、车次、机车号、车站号、区段号、司机号、副司机号、总重、计长和辆数等信息，这些信息参数为数据的记录分析提供了坐标基准，为地面数据软件的分析提供了数据来源的保证。

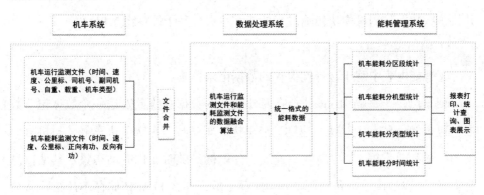

图 4.15 机车系统

③数据的记录。

在完成电量采集和运行状态参数采集之后，车载装置把这些信息按照规定的格式记录存储在车载装置的存储器中，这些数据信息通过无线网络或其他方式转储到数据处理系统，通过数据处理软件对这些数据进行统计分析，从而实现系统的能耗统计和报表等功能。同时车载能耗监测终端还应能够连续记录最近两个月的数据，防止在无线网络出现问题的情况下造成数据丢失，可以通过其他方式来存储获得这些数据。

（2）数据处理系统。

①数据的转储和传输。

本装置目前对数据的转储和传输主要有两种方式：一种是无线传输方式，

这种方式传输速度快，不需要人的参与，不受地域和距离的影响，实时性强，可以使地面中心及时准确地获得当前机车的状态和位置等信息，但是费用相对比较高，日常使用需要不断的付费；另一种方式是卡方式，这种方式速度最慢，实时性较差，需要人的参与才能完成，不过这种方式只需购买卡存储器，所需费用较低。

②数据的合并与处理。

数据记录处理模块定时与监控系统的机箱通信，实时获取机车运行的时间、公里标、司机号、机车号、重量、换长、速度、交路号、车站号、车次等数据，并将这些数据与测量模块传输过来的能耗数据合并予以一记录保存。

（3）主要算法。

①智能电表中基于选择性保存的数据记录算法。

列车黑匣子每隔 20 ms 就会在对外公开的数据总线上发送一个数据包。数据包包含的信息有：时间、速度、公里标、车站号、车次、机车号、司机号、副司机号和总重等 (其中时间、速度、公里标是随时变化的动态量，其他信息是常量)。假如该数据包每隔 20 ms 保存 1 次，那么 FLASH 储存芯片很快就会被写满。另外，智能电表在数据转存前，很可能同时记录着多个司机的监测数据，因此，如何区别不同司机的记录数据也是一个关键问题。为此在多次试验的基础上提出如图 5.2 所示的数据记录算法，较好地解决了这个问题。

如图 4.16 所示，由于宏观上是以司机和车次为单位进行能耗记录，所以当司机号、副司机号、车次这 3 个常量之一发生变化时，算法就重新从头开始记录机车运行监测数据和能耗数据。对于机车运行监测数据记录，除了司机号、副司机号和车次信息以外的其他常量发生变化时，算法记录下黑匣子输出的完整数据包。当常量信息都没有发生变化时，只记录机车速度每变化 2 km 时黑匣子输出数据包中的时间、公里标和速度信息，这种情况几乎占记录次数的98%。由此可见，这种记录方式不仅大幅度减少了记录的数据量，而且以速度变化为触发记录条件的原则能更加准确地反映机车运行的动态特性。对于能耗数据记录，从头完整地记录下第 1 个黑匣子输出数据包后，后面只保存能耗数据每变化 1 度电时，黑匣子输出数据包中的时间信息，时间记录的个数，就代表使用了多少度电。系统硬件中 FLASH 存储芯片 60% 的存储空间是监测数据记录区域，剩余的 40% 是能耗数据记录区域。采用此选择性记录算法后，在不用任何数据压缩算法的情况下，1 个 512 K 的存储芯片可存储电力机车连续运行 1 周的监测数据。

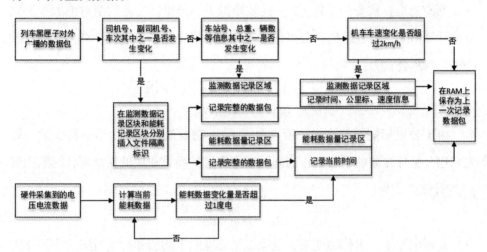

图 4.16　基于选择性的数据记录算法

②公里标突变算法。

此系统中的电力机车操纵曲线是以机车行驶距离为横坐标的速度曲线、区间运行时间曲线和能耗使用曲线所组成，而坐标背景是以真实线路数据还原的二维线路场景，可真实的反映出线路的坡度、曲线半径等铁道地理信息。系统在此场景中绘制出的操纵曲线所依据的是黑匣子提供的公里标信息。

由于铁路修建和维护等方面的原因，公里标信息是会发生突然跳变的量，而不是线性量。如果单独采用公里标进行计算，无法确定操纵曲线的横坐标。为此，本文设计了以速度信息来判断突变公里标，并辅助计算机车运行累加距离的算法。具体算法如下。g1 和 g2 为同一段连续的公里标，g3，g4 为另外一段连续的公里标，数据在 g2 和 g3 处发生跳变，见表 5.1 所示。

表 4.5　机车能耗数据与运行数据关联形式

时间	运行位置	能源消耗
时点 1	公里标 1	速度 1
时点 2	公里标 2	速度 2
时点 3	公里标 3	速度 3
…	…	…
时点 n	公里标 n	速度 n

判断公里标跳变的条件：2 个连续数据中，公里标之差的绝对值大于最大速度计算出来的行驶距离；公里标之差的绝对值小于最小速度计算出来的行驶距离。判断公式为：

$$\begin{cases} |g_{i+1} - g_i| > \max(v_{i+1}, v_i)(t_{i+1} - t_i) \\ |g_{i+1} - g_i| > \min(v_{i+1}, v_i)(t_{i+1} - t_i) \end{cases}$$

由于公里标能精确到米，所以由式（1）判断没有发生公里标跳变后，优先采用公里标之差的绝对值作为间隔距离来定位操纵曲线的横坐标，间隔距离 g_{api} 的计算公式为：

$$g_{api} = |g_{i+1} - g_i|$$

判断出发生公里标跳变后，就取 2 个速度的平均值和行驶时间的乘积作为间隔距离定位操纵曲线的横坐标，此时间隔距离 g_{api} 的计算公式转换为：

$$g_{api} = |(v_{i+1} + v_i)/2|(t_{i+1} - t_i)$$

表 4.1 中 $g1$，$g2$，$g3$ 或 $g4$ 由式 (1) 判断，如没有发生跳变，直接采用式（2）进行计算；若经式（1）判断 $g2$ 和 $g3$ 发生跳变，则采用式（3）进行计算。经过大量的现场数据试验证明，此算法能较为准确地绘制出操纵曲线，避免了由于公里标跳变所引发的数据混乱问题。

③机车运行监测数据和能耗数据的融合算法。

在传统的电力机车能耗管理中，无法获得精确到区间的能耗数据，而本系统通过机车运行监测数据和能耗记录数据的巧妙融合，成功地取得了电力机车运行过程中精确到区间的能耗数据，使得能耗管理细化到各个运行区间，其宏观算法如图 4.17 所示。图 4.17 中曲线融合数据是由能耗记录数据和机车运行监测数据融合而成。数据融合算法以时间为基准进行融合，能耗记录数据中时间为 td_x 的记录数据，可按照时间顺序 $(t_{i-1} < td_x < t_i)$ 插入机车运行监测数据中，最终形成曲线融合数据。此融合算法可细化为 2 部分：距离、速度数据融合算法；区间运行时间数据融合算法。

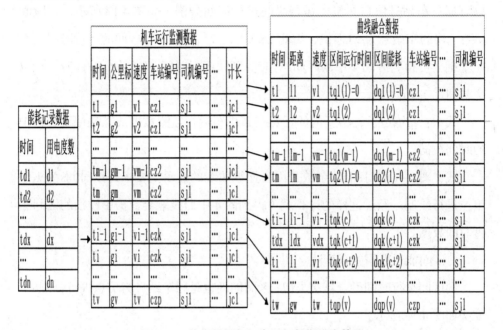

图 4.17　能耗数据与机车运行数据融合算法

a. 距离、速度数据融合算法。

对于非插入数据 tm，机车行驶距离 lm 可采用算法通过逐个计算得到机车间隔距离 g_{api}，而后进行累加得到机车行驶距离，计算公式为：

$$l_m = \sum_{i=0}^{m} g_{api}$$

而对于时间为 td_x 的插入数据，要计算机车行驶距离 ld_x，采用以时间为基准的线性插值方法进行计算，其插值公式为：

$$ld_x = l_{i-1} + \frac{(l_i - l_{i-1})(td_x - t_{i-1})}{t_i - t_{i-1}}$$

对于未知的速度数据 vd_x，采用机车运行监测数据中的速度信息参与计算，其插值原理与机车行驶距离类似，其计算公式为：

$$vd_x = v_{i-1} + \frac{(v_i - v_{i-1})(td_x - t_{i-1})}{t_i - t_{i-1}}$$

b. 区间运行时间数据融合算法。

由于机车运行监测数据中已经记录了从黑匣子中获取的车站号信息，所以可通过车站号信息对机车运行时间进行区间分割。如图 4.17 所示，在时间 $t_1 \sim t_{m-1}$ 内的车站号为 $cz1$ 标识，由此可确认 $t_1 \sim t_{m-1}$ 为第 1 个区间的运行时间。在此基础上可得到区间 1 中的时间 t_i 对应的区间运行时间 $tql(i)$ 为 $tql(i) = (t_i - t_1)$ 取余时间 s，$t_1 \leqslant t_i \leqslant t_{m-1}$。

式中：t_i 为在 $t_1 \leqslant t_i \leqslant t_{m-1}$ 内的任意一条机车运行监测数据或能耗记录数据中的时间数据。

式中对 $t_i - t_1$ 取时间 s 的余数是因为操纵曲线的显示上要求是以时间 s 为 1 个单位进行绘制。经过这样的计算就可得到图 4 中曲线融合数据中详细的区间运行时间数据。

c. 区间能耗数据融合算法。

同区间运行时间融合算法类似，区间能耗也是以车站号为信息进行分割的，算法如图 4.18 所示。

从图 4.18 可见，该算法首先根据机车运行监测数据中记录的车站信息提取出各个区间的运行起始时间和结束时间，形成上半部所示的区间运行时间对应表，然后将此表提供给能耗记录数据，由它依次查询能耗记录时间数据，每当检查到能耗记录时间进入新的区间，就将该区间能耗清零，重新对区间能耗进行计数。整个算法过程结束以后就可得到下半部所示的时间区间能耗表，将此表中所有区间的最终使用能耗相加得到总的记录能耗 d_n，$d_n = \sum_{i=1}^{n} d_{qi}(last)$。

式中：$dqi(last)$ 为机车在每个区间的最终使用能耗，例如时间区间能耗表中的 $dq1(a)$ 和 $dq2(c)$ 等。以此表为基础、以时间为基准插入到机车运行监测数据中，形成最终的曲线融合数据。

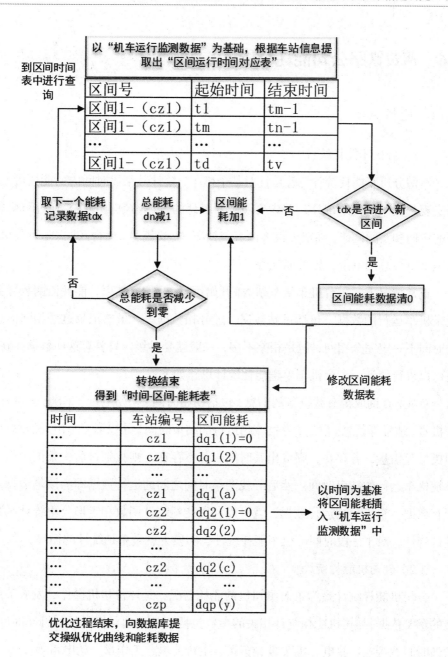

图 4.18　区间能耗数据产生算法

4.6 朔黄铁路公司能耗分析

4.6.1 能耗统计

（1）分机车能耗统计。

所谓分机车能耗统计，就是针对某个机车，统计其某段时间内的能耗情况。要实现分机车能耗的统计，首先要明确要统计的具体参数有哪些。通过与机务段的沟通和实际调研，确定了报表内容包括车次、交路号、运行区段、走行公里、万吨公里、总用电量、公里能耗等。

正常情况下，一台机车从车站 N1 开始运行，到 Nx 结束，能耗监测装置会记录机车运行的数据，包括过站数据、过分相数据等。虽然记录这些相同信息的时间不一定完全相同，但是相差不多，一般就是秒级。只要有这些数据存在，就可以进行统计。一台机车单趟能耗统计思路如下：

首先，查询取得车载设备的信息，包括初始时间、初始电量、车次、公里标、司机号、站号等信息。然后，寻找该趟运行的结束时间。寻找第一个出现的总重、司机号等信息，若存在，则取出其时间。若不存在，则找到最后一条记录作为该趟机车运行的结束时间。然后寻找两条时间之间的运行数据即为该趟运行的所有数据。有了一趟运行数据，就可以利用能耗统计函数和走形公里统计函数进行统计。对于一段时间的机车能耗统计，实质上就是单趟统计的循环。

（2）分司机能耗统计。

分司机能耗统计是为了监测司机的能耗情况，是评价司机操作，发放节能奖的重要依据。与司机能耗统计相关的参数包括：司机、副司机、区段、开车时间、到站时间、接电、收电、机车号、车次、走行公里、工作量、耗电量等。

由于本系统数据记录的条件是司机号、总重、车次改变时，认为是一趟数据的起始点，因此统计司机能耗的过程类似与机车能耗的统计，统计思路如下：寻找被查询司机在查询的时间范围内是否有总重、司机号等存在，若存在，则记录下初始时间，剩下的工作就是对这每一趟数据进行统计。因为对于同一台机车，同一时间不会有两个司机同时操作，所以对司机的能耗统计实质上还是对机车能耗的统计。

（3）分区段能耗统计。

在单相交流牵引供电系统中，电力机车是单相供电的，为了平衡电力系统的 A、B、C 各相符合，一般要实行 A、B 相轮流供电。所以 A、B 相之间要进行分开，这称为电分相。在变电所出口以及两牵引变电所之间，必须设有电分相装置，以防止相间短路。一般，接触网上每隔 20 ～ 30 km 就有一个长度约 30 m 的无电区，电力机车是依靠惯性通过的。机车能耗监测装置就是判断一段时间内，若网压频率为 0，则认为是分相点，并记录此时的公里标。

分区段能耗统计是为了满足供电段之间相互结算而进行的统计。由以上描述可知，供电段的分界点一定是一个分相点。供电段分界点的信息可以由供电段提供，并已经存在数据库中。

分区段能耗统计思路：

对于单趟运行数据来说，以新乡机务段运行的新侯线为例，嘉峰作为郑州局和太原局的分界点，是分段统计最为重要的一个点。要统计出一趟车在郑州局内耗了多少电，在太原局内耗了多少电，由图 4.19 可知，包括上下行在内，共有 4 种情况，情况说明见表 4.6。

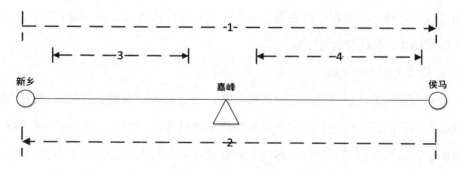

图 4.19　机车能耗分段统计示意图

表 4.6　分段统计说明

图示情况	说明
情况 1	机车从郑州局内向太原局方向（下行）行驶，并经过嘉峰分相点
情况 2	机车从太原局内向郑州局方向（下行）行驶，并经过嘉峰分相点
情况 3	机车在新乡局内行驶（上、下行），不经过嘉峰分相点
情况 4	机车在太原局内行驶（上、下行），不经过嘉峰分相点

对于单趟运行数据，首先根据车次确定该趟数据的上、下行状态。然后判断是否有过嘉峰的分相点数据。判断方法：寻找该趟数据中是否有站名为嘉峰的数据。若没有，则属于情况 3 或者情况 4。若有，则属情况 1 或者情况 2。

对于情况 1 来说，初始位置到嘉峰之间的耗电为郑州局范围之内，嘉峰至结束区段位于太原局范围，这样，单独计算，就可以统计出该趟数据的分区段能耗。

对于情况 2 来说，初始位置到嘉峰之间的耗电为太原局范围之内，嘉峰至结束区段位于郑州局范围内，统计方法类似于情况 1。

对于情况 3 来说，其运行始末位置均位于郑州局范围之内，所以该区段内的能耗就是郑州局承担，其统计方法类似于分机车能耗统计。

4.6.2　能耗管理

能耗管理系统主要功能是接收、分析和处理车载能耗监测终端记录的数据，通过分析处理这些数据生成报表，总结出能耗操作曲线等，从而得到最佳的电力机车操作，具体功能如下。

（1）能耗及时查询。

地面数据中心提供能耗及时查询功能，可以分人、分时、分车、分段的查询机车能量的消耗情况。由于能耗监测终端通过无线网络实时地将数据发送给地面设备，所以当某一辆机车跑完全程或跑完某一段之后，该机车本次出车消耗的能耗信息早已发送到地面数据接收中心，并已完成了分析和统计。因此监控人员和调度人员实时地查询出电量的消耗值，无需等待司机在回到段里之后把手动记录的能耗报告后才能知道，而且在整个过程中不需要工作人员的参与，既准确又迅速及时。

（2）能量消耗统计。

车载能耗监测终端记录的机车用电量全部传回到地面数据中心之后，根据不同的统计需求，可以实现能耗的按司机统计、按机车统计、按区段统计和按时间段统计。

（3）生成报表。

地面数据分析系统能够对数据库中的数据按月季度或年统计生成各种报表，并可以打印输出。生成的报表主要包括机车能耗报表、司机能耗报表、司机能耗交接报表、交路机车牵引列车往返行驶的路段能耗报表、供电区段能耗统计报表和异常数据耗电量异常报表等。

（4）机车运行优化曲线。

随着机车的运行和时间的积累，地面数据库中会记录各种型号、各个时间段以及在不同情况下机车的运行情况。通过这些数据积累，地面分析软件总结出最优的能耗操作曲线，把这些能耗操作曲线提供给司机，从而使司机根据不同的运行情况，调整自己的操作，达到减少能耗的目的，同时也为正确合理的评价司机的节能操作，评价机车的车质状况提供了可靠的依据。

（5）机车追踪定位。

车载能耗监测终端向地面数据中心发送的数据，不同类型的数据包里都有机车当前运行的位置信息，地面中心根据约定的协议，从机车发送回来的数据包中解析出来记录和发送该数据包时机车所处的位置。因为车载装置不断会有数据包机车定时发送简单的信息给车载能耗监测终端，告诉它我还存在及其现在的位置或记录的数据发送回地面中心，数据包之间的时间间隔比较短，大概在几分钟左右，根据这些数据里包含的位置信息，还有当时的机车运行速度和上下行等信息，地面数据中心就可以判断出机车精确的位置。地面调度和监控人员还能比较及时准确的掌握机车的正常运行信息，为调度管理机车和司机提供了良好的保证条件。

（6）远程控制功能。

地面控制中心可以根据不同机车在不同线路上的运行情况，或是根据其他功能需求的变化，设置不同机车的手柄级位记录门限值，车载能耗监测终端设备发送心跳包的时间间隔，车载能耗监测终端设备搜寻型机车安全信息综合监测装置合法运行信息的切换时间间隔，车载能耗监测终端设备运行线路的公里标的上限值等信息。通过设置这些信息，可以提高车载能耗监测终端设备的灵活适应能力，同时提高车载能耗监测终端设备的针对性，应用起来更加方便。

4.7　基于大数据的朔黄铁路公司能耗架构

4.7.1　总体构架设计

总体架构图大致分为四个部分，分别是数据来源、基础架构、数据存储与处理以及数据应用分析。此外，还有铁路系统信息安全保障平台，主要是用来保障分析平台的安全运行。

数据来源：铁路内部业务系统以及外部系统中抽取所需数据信息，包括三种结构的数据。此部分以数据采集为主，应用 ETL 或其他数据采集方法，通过规划好的周期策略来执行。

数据预处理：铁路部门的大部分数据是不成体系、杂乱无章的，因此数据预处理部分要通过 ETL 等对数据进行处理同时加载到存储区。此过程能够解决数据不规范的问题。

基础架构：基础构建是平台系统的关于数据存储的底层设施，包括硬件资源、管理系统组件、安全技术、计算资源架构等内容，数据的存储、分析、管理等软件操作都在基础架构上来执行。基础构架的建立可以采取铁路云平台，亦可以具体情况具体分析，采用原本的铁路系统存储模块或建立服务器集群。基础构架的建立是为了满足大数据技术在平台的基本运行。

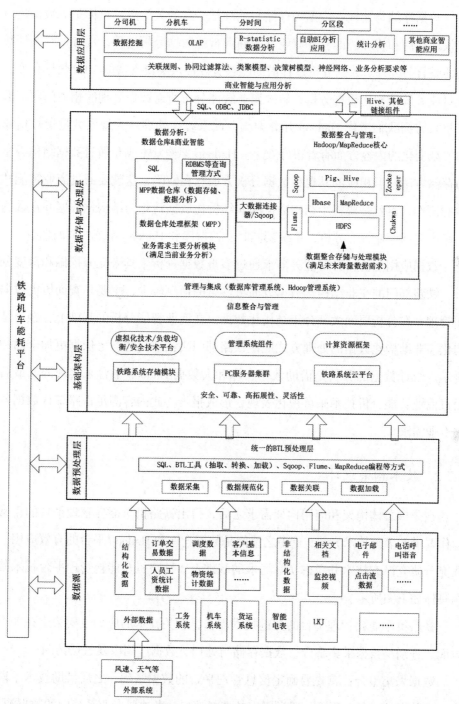

图 4.20　铁路机车能耗平台

数据存储与处理：数据的存储与处理是平台的关键点，目标是对数据进行有效地存储和管理，即有针对业务的商业智能数据分析过程，也有针对统计数据的整合与处理。数据分析过程借助能够有效提供决策支持的 MPP 数据仓库，针对业务的结构化数据分析，解决商业智能分析所需数据处理的相关问题；数据整合方面我们考虑 Hadoop 开源架构，此系统在处理巨大规模数量爆炸增长和繁杂变化的内容方面有着很好效果。Hadoop 架构基本满足所有数据结构类型的存储方法，但相应的其也在数据分析方面存在缺陷，这就要通过商业智能技术的协作，也就是要将半结构数据和非结构化数据转化为结构化数据并在数据仓库中进行商业智能分析，系统要同时受数据库和 Hadoop 系统的同时监管。

数据应用分析：针对业务需求通过多重数据分析工具来充分挖掘和深度分析。铁路部门的在非结构化数据方面可参考的信息较少，主要是查询历史数据和管理，在分析层面大部分于结构化数据。在商业智能分析的基础上，融合结构化、非结构化数据的处理方式能使铁路部门决策部门的参考依据更加全面和科学。统计数据的分析是借助数据仓库和大数据 Hadoop 平台来实现的，最后通过商业智能分析技术来可视化表现，形成报告。此内容满足铁路统计数据各类专业需求。

4.7.2 技术构架设计

在分析总体构架和应用构架需求之后，得出铁路机车能耗管理平台的正常运作要借助多重技术方法，重中之重便是数据仓库和 Hadoop 平台的有效应用。在充分研究已有技术并考虑实际需求的基础上，铁路机车能耗管理平台技术架构具体如下图所示。

铁路机车能耗管理平台的关键技术需求，相关技术的应用主要集中在四个方面，分别是数据采集整合、数据存储与处理、数据应用以及数据访问。

数据采集整合：首先要确定信息管理平台的数据基础，之后借助技术手段来实现数据的采集与整合，通过固定的业务接口，来抽取专业系统中的数据源，方法有 SQL 查询抽取、ETL 技术、Hadoop 数据采集组件等。在对数据进行采集整合的同时要采取预处理的过程，以上技术大部分都存在数据预处理的作用。

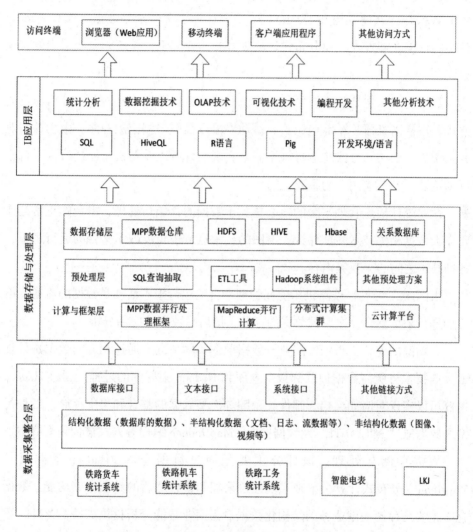

图 4.21　机车能耗技术平台

数据存储与处理：此过程有数据存储技术、预处理技术以及作为平台运行支持的计算资源及架构。数据存储技术包含了 MPP 数据仓库、Hadoop 系统存储组件以及关系数据库，以上技术能满足大部分数据的存储。预处理技术主要有 SQL 查询抽取、ETL 技术、Hadoop 数据采集组件等，在数据采集过程中也会涉及上述技术，预处理的进行是在数据采集与整合之后，预处理之后再传输到指定的存储区。计算资源及架构主要是对系统平台运行起到支撑作用的技术，MPP 数据并行处理架构和 MapReduce 并行计算框架分别是数据仓库和 Hadoop 系统的计算处理方式，而分布式计算集群和云计算平台是基础设施采用的实现方式。

数据访问：主要是系统平台用户访问系统数据资源或开展业务分析应用的方式，包括浏览器（Web 应用）、移动终端以及客户端应用程序。由于铁路业务系统的主要访问方式是通过浏览器来实现的，所以铁路机车能耗管理平台也以浏览器（Web 应用）为主要访问入口。

铁路统计信息管理平台的核心是关于数据的存储与处理，平台的正常运作要靠大数据相关技术才能保证，下图的技术运行逻辑反映了平台的运行逻辑、各种技术之间的交互等内容。

由图 4.21 可见，铁路机车能耗管理平台的运行根本活动是数据的流通，第一步进行采集整合，之后到数据的存储，最后是数据的应用分析。

数据源的整合：根据铁路业务数据源的实际情况，通过相应的数据预处理工具或技术将所需数据加载到数据仓库和 Hadoop 集群中的过程。通过 Hadoop 集群可以实现对诸如文档、邮件、视频等类型数据的整合和集中存储，各种类型的数据通过 SQL、ETL、元数据抽取、MapReduce 编程等方式整合到集群中。

数据存储与处理：该部分主要是通过数据仓库、Hadoop 集群以及 MapReduce 分布式计算引擎来实现经过采集和整合之后的数据存储功能。数据仓库主要是存储关键业务的结构化数据，为商业智能分析提供支持，此外，还可以满足从 Hadoop 集群中抽取过来的数据的存储与处理，以便能对 Hadoop 的数据进行更深入的分析。Hadoop 集群则用于所有类型数据的存储与处理，同时还可以满足海量数据的存储需求以及查询分析需求，主要由 HDFS、Hive 以及 Hbase 来实现，HDFS 主要是提供底层的文件系统存储，支持所有类型数据的存储需求，Hive 提供类 SQL 的查询与分析，可以对 Hadoop 中的结构化数据进

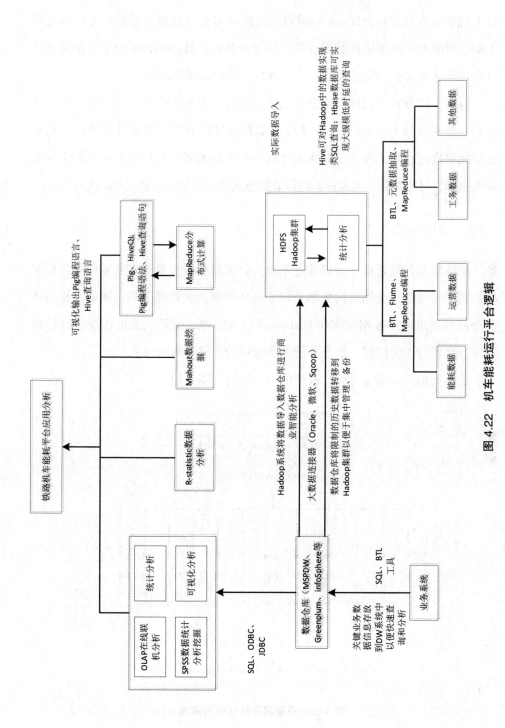

图 4.22　机车能耗运行平台逻辑

行大规模的查询分析，Hbase 则提供大规模低时延的数据库存储，可以满足对于响应时间有严格要求的数据存储，例如元数据。MapReduce 则主要是满足平台的计算处理需求，包括调度、任务执行、分析请求等内容。

数据应用分析：根据铁路业务需求，在数据分析工具或方法的辅助下，从数据仓库系统或 Hadoop 系统中选择所需数据进行分析，并通过可视化工具对分析结果进行直观的输出。具体的数据分析方法或者工具可以根据应用实际需求来选择，可以采用 SQLServer 的商业智能功能、R 语言、Pig、HiveQL 等。

4.7.3 功能构架设计

铁路机车能耗管理平台以业务需求为研究目标，主要提供业务应用分析时所需的参考依据，应用架构要紧紧依靠总体构架的关键部分进行规划。铁路业务分析的需求通过数据仓库和 Hadoop 平台来实现，最后达到由传统统计转换为统计数据的深度挖掘、综合分析等高级别的智能分析的水平。

总体架构设计完成之后，具体的应用架构如图 4.23。

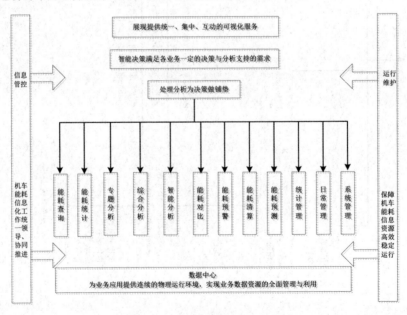

图 4.23 铁路机车能耗应用架构

从铁路业务的实际出发，通过报表查询、自定义查询、目标分析、智能分析、汇编管理以及清算管理等作为切入点来开展铁路能耗综合业务应用分析。这些业务分析内容都借助于铁路机车能耗信息管理平台，同平台良好的兼容性和相对机动的软件开发功能使铁路发展创新的新业务主题分析得以实现。

（1）用户登录功能。

用户登录系统功能是机车能耗信息服务系统最基本的一个操作功能，用户通过账户名和密码登录，能记录用户的行为和控制用户权限。每个用户有属于自己的角色，如：系统管理员、普通用户等，不同的角色有不同的模块权限。

用户访问系统时，在未登录状态下，会自动打开机车能耗信息服务系统登录页面→填写用户名和密码→点击登录按钮进行登录。

机车能耗信息服务系统服务端在接收到用户登录请求信息后，先验证该账户名是否存在，如果存在，再验证密码是否正确。如果有任意一个条件不符合则判定登录失败，系统返回相应的登录失败信息提示。如果登录成功，系统会提取用户的角色权限，根据权限级别返回相应的系统主界面，权限的体现在于所能访问的功能模块。

（2）信息查询功能。

可任意按机务段、交路号、车站号、车次、车号、司机号、副司机号、起／止时间、速度、牵引重量进行不同条件下机车能耗信息的查询，并在查询过程中不会发生数据错误和宕机。

只有在选定好"机务段"后，才可以进行其他条件（如：交路号、车站号、车次、车号、司机号、副司机号、速度、重量）的设置，在查询条件设置时可以按照单一、多条件进行结果的查询，如在查询条件不成立的条件下，结果显示无记录。

（3）数据分析功能。

根据原始数据按照不同维度（如：时间／区段、司机号、牵引重量、速度）进行能耗分析。并将算法模型电算化后移植至此模块，通过算法模型的计算可按照不同维度进行图形的分析与绘制。

并通过对机车能耗的科学分析提供科学依据，能对能耗数据进行灵活的查询、统计、分析、实现对机车区段、机车、司机任务情况等因素的综合分析、比较，动态分析出机车司机的能耗情况，能够找出问题点。子模块如下：

①条件设置区域。

区域中只体现共有条件的设置（如：铁路局、机务段、车号、区间），不会与子模块中的条件产生冲突。

子模块 1—3 是对不同维度的能耗进行的数据分析。

②子模块 1——平均单耗。

在满足条件设置区域的基础上，再对时间、重量区间任意或多条件进行条件的设置，通过计算后出现相应结果。计算公式如下：

平均单耗 = 相对能耗 /（总重 * 里程）

③子模块 2——牵引重量。

本模块是对子模块 1 的一个延伸，对相同区间、时间段，不同重量下的能耗（总能耗、平均单耗）进行计算分析，运算结果转换成图形显示（柱状图）。

④子模块 3——时间。

在满足条件设置区域的基础上，再对相同区段不同时间下的能耗（总能耗、平均单耗）进行计算分析，运算结果转换成图形显示（柱状图）。

（4）数据预测功能。

通过历史数据的分析并经过算法模型验算可对特定运行条件下的能耗进行预测。

在给定条件"速度、起 / 止公里标、总重"条件下，预测某一区间段的单耗。

（5）数据管理功能。

可进行用户权限管理和相关文件表格的管理。前端可进行不同格式数据文件（如：csv、xls、xlsx 格式）的导入，导入过程中能够达到数据不会丢失，在长时间导入大量数据时能够稳定运行。并通过多线程并行导入等各种手段提高导入性能。

第 5 章 结论与建议

本文通过分析影响电力机车能耗的各种因素，并予以量化以建立数学模型，然后通过现场调研、统计分析实际能耗数据，结合理论计算，对朔黄铁路机车能耗水平进行分析与评价，揭示各主要因素对能耗的影响力度，查找管理中存在的薄弱环节，并分析其形成原因，得出以下研究结论及管理建议。

5.1　研究结论

5.1.1　电力机车能耗单耗定额是可以科学预测的

其结果可以作为新建铁路经济性评价和运营铁路管理考核采用。

本公司可以采用附表的各项数据作为公司现阶段的电力机车能耗的单耗定额，其作为公司电力机车能耗的技术和管理标准，将对公司内部承包经营考核管理确定机务成本预算指标提供科学的依据；同时对机辆分公司对机车乘务员技术考核和单车考核计件工资提供科学的计算依据；填补了公司定额管理的一项空白。并且使公司和相邻竞争单位大秦铁路对标有了科学的依据，使公司管理层明白了应该消耗多少，哪些消耗的降低是管理改进取得的，哪些是天然形成的，明确了能耗管理努力的方向和目标。

5.1.2　机车司机是电力机车能耗管理中最活跃的因素

加强机车乘务员管理和考核，提高司机操纵水平是能耗管理简单易行的第一努力方向。

5.1.3 行车组织调度管理在电力机车能耗管理中作用重要且效果明显

总结过去的成功经验，认真研究，科学调度，合理组织车流，在确保不超劳前提下延长机车交路；尽量减少临时停车次数和牵引待线时间；加大单列载重，尽快完成 C64 型向 C80 型车辆换型更新；加大开行万吨、两万吨列车列车。在下一步公司 4.5 亿吨扩能改造决策中，应优先考虑增加列车编组或者采用大载重货车，其次考虑增加列车行车密度。

5.1.4 列车运行线路自然条件和状况在能耗管理中要优先考虑和利用

神池南—肃宁北重车方向单耗只有肃宁北—黄骅港段的一半左右，而空车高出 1/3 强。公司要考虑利用 361 km 的连续下坡的自然条件优势，利用势能发电回送电网，更可以节约 20% 以上能耗。

5.2 管理建议

5.2.1 加强机车乘务员管理，优化业务培训工作，提高司机操纵水平

机车操纵方法是决定能耗高低的重要因素，特别是实施提速、重载、高密度行车以后，货物列车行车中待避次数明显增多，操纵方法对能耗影响很大。改革机车乘务员用人制度，改整体劳务输入为单人合同制管理，招聘年富力强、技术熟练的机车乘务员为长期合同工，加快培养自己年轻的机车乘务员队伍，以改善司机平均操纵熟练程度。机车分公司要针对担当区段坡度大、曲线半径小、操纵难度大的特点，制定适合各区段特点的经济合理的操纵办法，并采取灵活多样的方式有针对性地培训机车乘务员。如抽调有操纵经验的老司机，对新司机跟车指导，以规范操纵程序；充分利用线路纵断面的有利地形，发挥机车动能闯坡作用；组织机车乘务员讨论改革列车运行途中和进站停车的经济制

动机操纵办法；开展安全、正点、平稳、节能操纵竞赛活动。

5.2.2 规范公司机车电能消耗统计基础工作

根据机车电能消耗统计部分数据失真的情况，公司机务、计统、财务部门要密切配合，改变互不往来的封闭式管理模式，查清存在的问题，协调解决。运输统计部门要经常检查机车运行用能耗的统计情况，发现不实之处，应配合财务成本管理人员和机务能耗管理人员共同查找原因，对证据属实的问题要依据运输统计有关检查考核规定予以处理。建议公司在机车黑匣子上加装无线耗能记录仪等电子设备，实时记录能耗变化情况并及时传送到公司电力调度中心，这样有利于科学统计与分析机车能耗。

5.2.3 完善公司电力机车能耗管理机制

机车能源管理是一个系统工程，各级有关人员既要各司其职，又要加强配合，才能管好此项工作。要搞好用电管理，保证机车正常用电，机车分公司和线路分公司供电部门要密切配合，相互监督，搞好机车用电管理。双方发现用电数据不符，要查明原因，予以协调解决。另外，公司要建立有效的考核和激励机制，对各分公司在用电管理上明确责任和权利，有奖有罚，调动分公司的积极性。机车分公司应细化乘务员节能奖的考核办法，对机车用电按本次测定的区段单耗定额实行节奖超罚和动态考核，以充分调动乘务员的节能积极性。

5.2.4 优化运输组织，提高机车运用效率

机车在站每停留1小时，SS4型机车耗电约80kW·h，SS4G型机车耗电约50kW·h，同时机车单机在车站平道上每起动、停车一次平均消耗电能约180kW·h，重车列一次起停，增加耗能1000kW·h左右，空车列一次起停，增加耗能600kW·h左右。对此，机辆分公司要坚持"积极协调，内部挖潜"的原则，发挥统计运用科、机车调度室的专业管理职能，积极与运输调度部门沟通信息，

掌握机车使用情况。公司运输调度部门要认真编排年度运输计划，科学合理组织空重车流，科学安排维修"天窗"，加大安排电力谷流期车流，编绘优化好列车运行图，轻易不得调整运行时刻表，算准机车投入与车辆运用成绩产出的平衡账，尽最大努力编满吨列车，少开欠轴列车，严格控制用长途列车开行小运转列车；杜绝单机对开，合理安排列车会让，减少机车出段后长时间等挂列车，缩短机车在中间站、外站段停留时间。尤其要防止在上坡道较大的车站机外停车和起停，以减少无功空耗电力。在行车中，发挥车机联控作用，掌握前行列车运行情况，做到"绿灯会跑、黄灯会磨"，减少区间停车次数，不但提高机车日车公里、日产量、平均牵引质量等重要运输指标，还能有效降低机车能源消耗。

5.2.5　优化检修工艺，提高机车保养质量

机车分公司要优化机车的大、中、小、辅修工艺以及 C1、C2、C3、C4 修程标准，从节约成本、资源充分利用的角度出发，检修体制施行的是计划预防修，加强机车热力整修活动，提高机车日常保养质量。重点检查整修电力机车的扩变压器、牵引电机、电器同路和受电弓，消灭"跑、冒、滴、漏"现象。对热力状态不好、功率不足、能耗大的机车，要坚决扣车下线，查找原因，全面整修治理，达到标准后方可投入运用。

5.2.6　加快智慧铁路建设，运用科技手段，降低电力机车能耗水平

积极响应集团公司"秉持创新理念，强化科技引领"的的号召，紧跟大数据、人工智能等信息技术变革步伐，将传统的管理模式与信息化管理模式相结合，通过搭建高效、实用的智能化财务管控系统，深度促进业财融合，打通业财系统间数据壁垒，加强数据共享、挖掘数据价值，从根本上解决数据采集工作量大、管控效率低和分析不到位等问题。

加大研究轮轨关系、线路养护、车辆风阻克服等科研项目的资金投入，保

证准确制动的前提下，摩擦和风阻系数最小。充分利用先进的科技手段为行车安全保驾护航，摒弃经验主义的安全措施。如开发列车运行监控记录器和无线列尾装置进行列车防闯关，利用机车运行记录器控制距离代替某些机务部门硬性规定"两把闸"停车、防止冲出警冲标等。

5.2.7 健全机车电力消耗管理办法

将机辆分公司系统的电力管理办法和计统规定结合起来，从根本上堵住非运用机车用电力列入运用机车、非生产用电力列入生产用电力的漏洞。切入点是建立健全原始记录。非运用机车用电力，如机车检修（起机试车、检修验收、检修试运转、水阻等）、备用机车和机械设备等用电力，严格按规定记录。转入转出非运用时，司机必须会同有关人员双方确定电能表数，并登记在"非运用机车用电通知单"内，不得遗漏。优化机车电力检查方式，可以考虑将机务口的机车电力对规对标和机车统计的抽检结合起来，实行专业优势互补，彻底堵住机车电力管理及成本列支的漏洞。建立机车统计电力消耗动态监控数据系统，可以从现行机车统计司机报单中提取原始数据按日、累计进度分机种、机车型号、区段、线路别等汇集，随时掌握机车热力状况、质量动态、乘务员单班省耗情况，从中发现问题，采取针对性措施。通过建立机务、财务、统计对机车单位能耗的监控制度，可以填补机务成本的变动部分缺乏制约的漏洞，有利于压缩铁路营运成本，提供准确的信息资料，有利于优化铁路企业管理。

本书根据影响铁路电力机车能耗的主要因素，构建数学模型计算了朔黄铁路公司电力机车能耗的理论消耗水平，并通过了实际数据的检验，同时分析了各因素对能耗的敏感性影响程度。中国地势西高东低，矿产资源大部分为由西向东运输，目前"西煤东运"的三大通道及即将建设的两大通道都和朔黄铁路的线路状况极为相似。本文的研究结论对其建设决策和运营管理都有极其重要而现实的参考意义。愿我们所有的向千家万户输送能源的铁路都成为能耗管理的模范和节约能源的先锋。

附录 1 电力机车数据

区段名称	重车	空车	区段密度	坡度	万吨单耗
肃宁北—神池南	3091.6	103549.8	48.25123	3.265	258.6
神池南—肃宁北	118674.8	347.8	2030.419	−3.265	19.1
港三—肃宁北	2479.1	32547	85.05435	0.046	79.8
肃宁北—港一	36506.3	37.6	1443.812	−0.046	62.4
肃宁北—神池南	2080.1	113938.9	31.50246	3.265	261.3
神池南—肃宁北	118263.7	13.7	2126.724	−3.265	16.9
港三—肃宁北	1744.4	37961.7	60.48913	0.046	101.7
肃宁北—港一	40071.1	88.3	1663.812	−0.046	52.8
肃宁北—神池南	2049	84466.4	31.92118	3.265	261.5
神池南—肃宁北	99493.5	0	1708.842	−3.265	19
港三—肃宁北	1870.6	28946.4	64.23913	0.046	83.6
肃宁北—港一	31001.8	40.9	1237.238	−0.046	59.7
肃宁北—神池南	1457.8	67993.5	22.78325	3.265	260.7
神池南—肃宁北	69654.4	1	1220.32	−3.265	18.9
港三—肃宁北	1392.2	22895	48.09783	0.046	88.7
肃宁北—港一	22502.4	43.2	914.4199	−0.046	60.4
肃宁北—神池南	438.6	211120.5	6.699507	3.265	263
神池南—肃宁北	188919.8	4.1	3634.483	−3.265	14.9
港三—肃宁北	466.8	79613.2	18.36957	0.046	127.4
肃宁北—港一	74576.8	327.7	3233.923	−0.046	48.1
神池南—肃宁北	627773.9	514.5	11509.98	−3.265	17.3
港三—肃宁北	8874.5	226807.2	308.3696	0.046	102.3
肃宁北—港一	237666.7	851.1	9957.79	−0.046	47.8
肃宁北—神池南	9635.5	643324	149.0148	3.265	263.3
神池南—肃宁北	651147	98.1	12078.4	−3.265	16.6
港三—肃宁北	8743.2	245582.6	303.5326	0.046	115.5
肃宁北—港一	256328.5	1187	10813.2	−0.046	47.5
肃宁北—神池南	2735	116585.1	40.71429	3.265	252
神池南—肃宁北	130623.5	89.4	2171.453	−3.265	16.6
港三—肃宁北	1223.3	40857.1	40.38043	0.046	87.2
肃宁北—港一	44489.6	157.6	1714.751	−0.046	54.3
肃宁北—神池南	2305.5	126390.6	39.26108	3.265	252.2
神池南—肃宁北	135576.8	1	2392.488	−3.265	16
港三—肃宁北	1934.2	47863.7	67.11957	0.046	98.6

区段名称	重车	空车	区段密度	坡度	万吨单耗
肃宁北—港一	48949	107.1	1972.431	−0.046	50.5
肃宁北—神池南	1651.4	101711.7	33.99015	3.265	255.8
神池南—肃宁北	110005.9	0.8	1720.074	−3.265	18.9
港三—肃宁北	1708	40953.9	60.43478	0.046	88.3
肃宁北—港一	42677.5	132.9	1600.331	−0.046	56
肃宁北—神池南	1060	78474.6	16.18227	3.265	257.1
神池南—肃宁北	82041.3	0	1339.113	−3.265	17.3
港三—肃宁北	687.7	29151.7	23.69565	0.046	101.9
肃宁北—港一	29429.1	106.6	1178.508	−0.046	52.7
肃宁北—神池南	846.2	250804.3	7.955665	3.265	252.4
神池南—肃宁北	237105.7	167.5	4458.941	−3.265	14.2
港三—肃宁北	610.5	101324.3	22.55435	0.046	125.6
肃宁北—港一	103375.2	831.6	4299.061	−0.046	45.5
肃宁北—神池南	12219.1	692437.2	198.0049	3.265	254.7977
神池南—肃宁北	697904.1	228.4	13058.72	−3.265	16.08956
港三—肃宁北	10326.6	239621.4	362.9348	0.046	97.16299
肃宁北—港一	245736.8	1425.7	10506.85	−0.046	49.83993
肃宁北—神池南	2596	108938.9	38.4	3.265	248
神池南—肃宁北	124678.4	23.4	2037.6	−3.265	16.9
港三—肃宁北	1570.5	36158.9	53.5	0.046	93
肃宁北—港一	43145	296.7	1599.2	−0.046	54.1
肃宁北—神池南	1526	127816.9	27.4	3.265	253.7
神池南—肃宁北	139013.8	0	2449.1	−3.265	16.2
港三—肃宁北	805.2	46944	28.4	0.046	101.7
肃宁北—港一	51643.3	389.6	1960.1	−0.046	52
肃宁北—神池南	2337	99152	40.2	3.265	242.4
神池南—肃宁北	103299.2	0	1771.8	−3.265	18.8
港三—肃宁北	1689.1	40224.3	58.8	0.046	96.5
肃宁北—港一	39804.1	298.8	1579.4	−0.046	56.6
肃宁北—神池南	1254.2	82530.9	18.3	3.265	246.2
神池南—肃宁北	88227	0	1516	−3.265	16.1
港三—肃宁北	506.9	28155.8	17.5	0.046	106.2
肃宁北—港一	27381.7	200	1125.7	−0.046	52.2
肃宁北—神池南	2501	234806.2	39.6	3.265	245.4
神池南—肃宁北	233488.1	354.2	4427.6	−3.265	13.9

续表

区段名称	重车	空车	区段密度	坡度	万吨单耗
港三—肃宁北	630	97632.9	23.9	0.046	129.3
肃宁北—港一	97497.3	1194.3	4067.7	−0.046	45.2
肃宁北—神池南	9613.4	669927.4	167.6	3.265	256.9
神池南—肃宁北	661842.5	163.5	12289.3	−3.265	17.1
港三—肃宁北	7015.6	230882.4	244	0.046	96.3
肃宁北—港一	234783	1546.6	9618.2	−0.046	51.1
肃宁北—神池南	3014.2	110099.6	53.6	3.265	249.5
神池南—肃宁北	114482.7	0.9	1995.1	−3.265	17.2
港三—肃宁北	1487.2	37221.4	51.7	0.046	98.9
肃宁北—港一	39228.4	328.6	1564.3	−0.046	55
肃宁北—神池南	2580.3	124757.5	42.9	3.265	255.4
神池南—肃宁北	128542.2	0	2374.7	−3.265	16.5
港三—肃宁北	1446	41093.9	49.5	0.046	109.4
肃宁北—港一	44971.4	293.8	1789.5	−0.046	52.4
肃宁北—神池南	2163.9	98233.5	40.9	3.265	256.5
神池南—肃宁北	102438.8	1	1690.9	−3.265	19.1
港三—肃宁北	1943	37270.4	68.5	0.046	91.3
肃宁北—港一	38610	186.6	1538.8	−0.046	58.3
肃宁北—神池南	1208.6	78155.3	19.1	3.265	266.4
神池南—肃宁北	74382.5	0	1363.9	−3.265	16.2
港三—肃宁北	512.5	29242.9	17.7	0.046	116
肃宁北—港一	27549.5	218.7	1102	−0.046	55.1
肃宁北—神池南	3531.4	236029.6	56.5	3.265	255.1
神池南—肃宁北	237995	175.6	4559.7	−3.265	14.4
港三—肃宁北	1217.2	89603.4	46.6	0.046	135.1
肃宁北—港一	91314.7	1079.9	3791.6	−0.046	45
肃宁北—神池南	12597.4	662533.5	214.4803	3.265	250.0619
神池南—肃宁北	672921.2	177.5	12272.13	−3.265	15.81969
港三—肃宁北	6693.9	243425	237	0.046	110.4752
肃宁北—港一	251047	2107.6	10187.48	−0.046	49.22554
肃宁北—神池南	1412.4	109821.9	23.5	3.265	259.7
神池南—肃宁北	111899.2	0.2	1997.8	−3.265	16.7
港三—肃宁北	940.9	43749.9	32.4	0.046	92.6
肃宁北—港一	41652.4	285.8	1709	−0.046	55.3
肃宁北—神池南	2237.6	126508.2	43.4	3.265	258.5

续表

区段名称	重车	空车	区段密度	坡度	万吨单耗
神池南—肃宁北	132535.4	0	2306.4	−3.265	15.8
港三—肃宁北	1143.7	42077.5	39.5	0.046	106.1
肃宁北—港一	45790.7	351.6	1724.6	−0.046	52.4
肃宁北—神池南	2001.9	94614.6	42.1	3.265	261.1
神池南—肃宁北	91797.8	9.4	1651	−3.265	16.9
港三—肃宁北	1633	36653.7	55.8	0.046	99.6
肃宁北—港一	37757.9	203.3	1497.1	−0.046	56.2
肃宁北—神池南	1532.7	66863.1	23.4	3.265	263
神池南—肃宁北	68446.2	2	1263.7	−3.265	15.8
港三—肃宁北	744.9	20617.8	25.5	0.046	117.1
肃宁北—港一	21967.6	198.6	895.7	−0.046	52.1
肃宁北—神池南	1812.6	238782.7	19.9	3.265	262.8
神池南—肃宁北	244226.9	0.8	4553.7	−3.265	14
港三—肃宁北	309.1	90402.3	12	0.046	132.3
肃宁北—港一	89640.7	824.5	3772.4	−0.046	45.4
肃宁北—神池南	9443.2	656114.5	159.0764	3.265	253.1062
神池南—肃宁北	667257.5	13.4	12114.21	−3.265	14.9722
港三—肃宁北	4843.6	243256.2	167.9293	0.046	108.8788
肃宁北—港一	246268.3	1867.8	9997.391	−0.046	48.77526
肃宁北—神池南	1861.4	103955.1	26.5	3.265	266.1
神池南—肃宁北	105001.6	0	1957.9	−3.265	16.8
港三—肃宁北	898.5	38073.7	30.9	0.046	95.9
肃宁北—港一	35519.9	8.6	1544.6	−0.046	57.3
肃宁北—神池南	1918.8	113725.9	31.2	3.265	265.5
神池南—肃宁北	117802.8	0	2161.5	−3.265	15.5
港三—肃宁北	1691.4	39767.2	57.9	0.046	106
肃宁北—港一	41555.9	0	1726.4	−0.046	52.4
肃宁北—神池南	968	90043.6	18.8	3.265	267.2
神池南—肃宁北	95364.6	0	1638.2	−3.265	17.5
港三—肃宁北	1015.3	29956	35.1	0.046	98.6
肃宁北—港一	34967.2	0	1318	−0.046	57.7
肃宁北—神池南	451.5	61876.1	6.9	3.265	270.1
神池南—肃宁北	60703.4	1	1177.3	−3.265	15.3
港三—肃宁北	117.6	18232.9	4.3	0.046	127.7
肃宁北—港一	19745.9	11.3	828	−0.046	49.3

区段名称	重车	空车	区段密度	坡度	万吨单耗
肃宁北—神池南	1515	229448.1	21	3.265	266.9
神池南—肃宁北	226086.5	0	4364.5	−3.265	13.6
港三—肃宁北	326.9	81167.6	12.2	0.046	138
肃宁北—港一	82302.8	8.6	3472.7	−0.046	46.2
肃宁北—神池南	7590.3	620509.6	122.3	3.265	272.6
神池南—肃宁北	643239.4	2.8	11398.4	−3.265	17.2
港三—肃宁北	5208.5	226057.8	178.8	0.046	104
肃宁北—港一	230396	47.8	9458.6	−0.046	58
肃宁北—神池南	1774.2	107811.8	32.7	3.265	265.5
神池南—肃宁北	110170.3	0	1942.2	−3.265	16
港三—肃宁北	1420.4	40107.5	48.3	0.046	99.9
肃宁北—港一	40179.2	224.6	1610.1	−0.046	58
肃宁北—神池南	2461.5	117972.1	35.6	3.265	268.6
神池南—肃宁北	119009	0	2228.7	−3.265	15.2
港三—肃宁北	1236.9	39065.4	42.2	0.046	111.4
肃宁北—港一	40391.2	129.6	1676.7	−0.046	54.5
肃宁北—神池南	1827.3	94297.7	30	3.265	271.8
神池南—肃宁北	100137.2	3	1713.7	−3.265	16.5
港三—肃宁北	1346.8	35009.1	46	0.046	96
肃宁北—港一	36636.4	60.5	1421	−0.046	59.5
肃宁北—神池南	794.1	66058.9	13.8	3.265	267.9
神池南—肃宁北	65932.2	0	1240	−3.265	14.6
港三—肃宁北	505	19777.5	17	0.046	113.8
肃宁北—港一	20288.5	155.5	818.4	−0.046	53.6
肃宁北—神池南	1073.4	225689.4	10.6	3.265	271.7
神池南—肃宁北	228484.2	0	4433	−3.265	13.1
港三—肃宁北	335.6	90345.8	11.8	0.046	134.9
肃宁北—港一	88922.1	354.2	3802.6	−0.046	47
肃宁北—神池南	7119.1	619551.9	120.3	3.265	274.8
神池南—肃宁北	635772.4	0.8	11327	−3.265	16.2
港三—肃宁北	5775.7	221474.9	197.4	0.046	105.9
肃宁北—港一	230476.8	855	9473.4	−0.046	56.7
肃宁北—神池南	1667.2	119258.9	32.9	3.265	255.1
神池南—肃宁北	124028.2	4.1	2105.2	−3.265	16.1
港三—肃宁北	1629.3	40941.7	55.4	0.046	92.1

续表

区段名称	重车	空车	区段密度	坡度	万吨单耗
肃宁北—港一	43727.7	283.1	1789.4	−0.046	56.7
肃宁北—神池南	1673.7	132821.7	29.4	3.265	256.8
神池南—肃宁北	134120.9	0	2497.1	−3.265	14.9
港三—肃宁北	1293.9	44383.8	44	0.046	104.8
肃宁北—港一	43879.9	267.8	1877.3	−0.046	53.7
肃宁北—神池南	2247.5	107293.3	36.1	3.265	259
神池南—肃宁北	111268.9	0	1923.1	−3.265	16.9
港三—肃宁北	1340.7	39444.9	45.5	0.046	92.3
肃宁北—港一	43540.7	212.6	1666.6	−0.046	58.8
肃宁北—神池南	528.7	68774.2	15.3	3.265	255.8
神池南—肃宁北	71235.5	0	1322.6	−3.265	13.9
港三—肃宁北	500.2	21583.8	16.9	0.046	116.8
肃宁北—港一	20936.6	125.4	920.2	−0.046	50.4
肃宁北—神池南	2146.8	246947.6	28.5	3.265	259.1
神池南—肃宁北	251501	0	4851.2	−3.265	13.4
港三—肃宁北	431.7	98425.5	14.6	0.046	130.6
肃宁北—港一	97853.2	849.8	4188	−0.046	46.5
肃宁北—神池南	9504.5	719024.6	157.6	3.265	264.4
神池南—肃宁北	732836	32.5	13200.7	−3.265	15.8
港三—肃宁北	5182.7	266928	173.5	0.046	105
肃宁北—港一	271843.1	1679.5	11104.6	−0.046	56.5
肃宁北—神池南	2731.5	106748.7	42.9	3.265	253.3
神池南—肃宁北	108281.8	0	1943.6	−3.265	16.6
港三—肃宁北	1791.5	37370.2	60.6	0.046	109.1
肃宁北—港一	41051.9	328.2	1596.8	−0.046	56.6
肃宁北—神池南	2259.4	117310.1	29.7	3.265	265.3
神池南—肃宁北	134971	0	2249.2	−3.265	15.7
港三—肃宁北	1425.7	38278.5	45.9	0.046	106.2
肃宁北—港一	40720.3	155.5	1629.4	−0.046	57.5
肃宁北—神池南	1675.2	95356.5	32.4	3.265	259.5
神池南—肃宁北	94526.8	0	1746	−3.265	17.1
港三—肃宁北	1343.4	34112.8	45.6	0.046	100
肃宁北—港一	33862.5	251.6	1461.2	−0.046	60.9
肃宁北—神池南	997.9	72157.2	14.6	3.265	263.4
神池南—肃宁北	62702.6	0	1301.4	−3.265	15

续表

区段名称	重车	空车	区段密度	坡度	万吨单耗
港三—肃宁北	690	25265.4	23.8	0.046	112.8
肃宁北—港一	22955.4	43.2	990.9	−0.046	56.6
肃宁北—神池南	1278	222268.9	12	3.265	262.4
神池南—肃宁北	219365.4	0	4215.2	−3.265	13.7
港三—肃宁北	252.8	87397.9	8.7	0.046	141.5
肃宁北—港一	84449.5	302.4	3661.8	−0.046	48.8
肃宁北—神池南	8646.1	663762.8	151.8	3.265	263.9
神池南—肃宁北	692957.3	29.3	12220.5	−3.265	16.1
港三—肃宁北	6699.5	238582.1	229.3	0.046	108.5
肃宁北—港一	250994.8	1087.5	10090.2	−0.046	58.9
肃宁北—神池南	3509.9	112270.3	49.6	3.265	252.1
神池南—肃宁北	110076.6	0	1922.3	−3.265	16.9
港三—肃宁北	1850.6	37844.5	62.4	0.046	99.1
肃宁北—港一	36961	311	1495.8	−0.046	55.3
肃宁北—神池南	1956.8	118676.1	31.9	3.265	256.3
神池南—肃宁北	118531.4	0	2082.6	−3.265	15.6
港三—肃宁北	1337.5	38960.9	45.5	0.046	117.6
肃宁北—港一	41503.8	345.4	1651.5	−0.046	51.3
肃宁北—神池南	1546.8	93384.6	25.3	3.265	258.9
神池南—肃宁北	92804.8	0	1735.7	−3.265	17.9
港三—肃宁北	1316.3	32829.2	45.3	0.046	104
肃宁北—港一	33100.2	172.6	1364.5	−0.046	57.6
肃宁北—神池南	1884.1	70906.7	21.6	3.265	266.5
神池南—肃宁北	70444.6	0	1304.1	−3.265	15.7
港三—肃宁北	458	26738.6	15.7	0.046	124
肃宁北—港一	25849.9	69.1	1030.8	−0.046	53.2
肃宁北—神池南	2889.3	225128.9	31	3.265	257.2
神池南—肃宁北	222508.1	170.5	4320.3	−3.265	13.3
港三—肃宁北	635.8	90919.6	22	0.046	144.3
肃宁北—港一	91971.1	1127.4	3946.4	−0.046	45.1
肃宁北—神池南	16221.4	653000.8	303.6	3.265	254.7
神池南—肃宁北	694490.4	318.5	12484.8	−3.265	16.6
港三—肃宁北	10275	230010.4	348.7	0.046	102.3
肃宁北—港一	245415.7	769.8	9975	−0.046	56.4
肃宁北—神池南	1735.8	108046.9	30.5	3.265	251.9

续表

区段名称	重车	空车	区段密度	坡度	万吨单耗
神池南—肃宁北	110410.8	12	1912.9	−3.265	17.2
港三—肃宁北	1124.6	37387.6	38.5	0.046	100.4
肃宁北—港一	38886.4	371.5	1576.5	−0.046	56.1
肃宁北—神池南	2177.3	121332.2	25.8	3.265	260.6
神池南—肃宁北	132807	0	2324.6	−3.265	15.9
港三—肃宁北	572.1	42740.3	19.5	0.046	119
肃宁北—港一	47875.5	233.3	1856.2	−0.046	52.4
肃宁北—神池南	1483	97436	20.9	3.265	260.1
神池南—肃宁北	93298.9	0	1734.6	−3.265	17.5
港三—肃宁北	955	35710.1	31.5	0.046	98.8
肃宁北—港一	35446.4	241.7	1455	−0.046	58.4
肃宁北—神池南	794.1	77805.2	13.8	3.265	263.8
神池南—肃宁北	76364.4	42.8	1410.4	−3.265	16
港三—肃宁北	627.6	30462	20	0.046	122.4
肃宁北—港一	30447.6	34.6	1234.6	−0.046	53.3
肃宁北—神池南	2235.4	241068.6	26.1	3.265	259.8
神池南—肃宁北	246586.1	0	4756.6	−3.265	13.2
港三—肃宁北	652.5	86725.9	22.2	0.046	144.2
肃宁北—港一	90217.5	622.9	3839.5	−0.046	44.5
肃宁北—神池南	12215.5	669552	215	3.265	259.2
神池南—肃宁北	697545.8	161.4	12465.6	−3.265	17.1
港三—肃宁北	7529.1	248090.3	258.4	0.046	104.4
肃宁北—港一	251688.3	1115.9	10270.6	−0.046	57
肃宁北—神池南	1399.3	105457.3	28.9	3.265	251.4
神池南—肃宁北	94192.2	0	1753.5	−3.265	16.9
港三—肃宁北	1283.9	36961.9	45.2	0.046	96.9
肃宁北—港一	35143.5	276.5	1434.4	−0.046	55.9
肃宁北—神池南	3529.2	155396.7	46	3.265	254.2
神池南—肃宁北	143769.4	2.3	2508.7	−3.265	15.1
港三—肃宁北	1400.8	55849.3	47.2	0.046	112.2
肃宁北—港一	49565.8	226.1	1954.1	−0.046	52
肃宁北—神池南	924.7	95004.8	19.7	3.265	266.1
神池南—肃宁北	89196.1	0	1559	−3.265	17.6
港三—肃宁北	989.4	35634.6	34.1	0.046	101.8
肃宁北—港一	29852	259.2	1270.3	−0.046	58.5

续表

区段名称	重车	空车	区段密度	坡度	万吨单耗
肃宁北—神池南	1147	89849.8	21.2	3.265	253.5
神池南—肃宁北	81200.9	2.1	1500.6	−3.265	15.9
港三—肃宁北	831.2	36226	29.6	0.046	115.4
肃宁北—港一	29547.9	138	1243.4	−0.046	52.6
肃宁北—神池南	2633.9	304385.8	22.6	3.265	257.7
神池南—肃宁北	264981.2	0	5142	−3.265	12.2
港三—肃宁北	225.7	116804.9	8	0.046	135.1
肃宁北—港一	99797.4	1066.4	4248.3	−0.046	45.3
肃宁北—神池南	10306.6	858150.2	187.1	3.265	259.7
神池南—肃宁北	769269.9	14.1	13678.3	−3.265	16.1
港三—肃宁北	6285.3	323218.8	214.1	0.046	109.2
肃宁北—港一	281281.3	1005.1	11291.5	−0.046	55.9
肃宁北—神池南	1751.5	118831.6	26.7	3.265	248.6
神池南—肃宁北	104743.1	15.3	1765	−3.265	18.1
港三—肃宁北	1154.8	38971.7	39.3	0.046	94.7
肃宁北—港一	34713.4	138.2	1284.4	−0.046	55.5
肃宁北—神池南	1366.5	155561.5	27.7	3.265	247
神池南—肃宁北	131563.4	0	2384	−3.265	15.9
港三—肃宁北	1404.3	60156.7	45.6	0.046	106.1
肃宁北—港一	45296.6	121	1908.2	−0.046	50
肃宁北—神池南	865.5	97913.5	18.7	3.265	248.6
神池南—肃宁北	88176.6	0	1625.7	−3.265	17.9
港三—肃宁北	692.7	34583.5	23.9	0.046	99.2
肃宁北—港一	29734.5	216	1223.4	−0.046	53
肃宁北—神池南	1053.4	103288.9	15.6	3.265	267.3
神池南—肃宁北	74793.7	74.3	1454.4	−3.265	16.5
港三—肃宁北	701.6	37309.3	23.9	0.046	123.2
肃宁北—港一	25963.1	103.7	1159.2	−0.046	51.9
肃宁北—神池南	2378.9	330139.4	19.3	3.265	256
神池南—肃宁北	245637.9	0	4778.5	−3.265	12.4
港三—肃宁北	312.2	135844.4	9.4	0.046	139.2
肃宁北—港一	101181.9	647.4	4339.3	−0.046	42.9
肃宁北—神池南	10833.1	865801.6	175.6	3.265	261.5
神池南—肃宁北	729372.3	44.5	13043.4	−3.265	16.6
港三—肃宁北	6001.4	320507.3	208.1	0.046	113.4

续表

区段名称	重车	空车	区段密度	坡度	万吨单耗
肃宁北—港一	261473.1	853	10503.3	−0.046	53.8
肃宁北—神池南	1545.2	111134.5	23.9	3.265	261.2
神池南—肃宁北	96662.4	0	1770.3	−3.265	16.9
港三—肃宁北	1170.7	37326.8	40.5	0.046	98.8
肃宁北—港一	30667.2	177.4	1286.2	−0.046	54.7
肃宁北—神池南	1388.7	146058.5	21.2	3.265	248.1
神池南—肃宁北	119810.3	0	2151.8	−3.265	14.8
港三—肃宁北	953.4	54614	32.5	0.046	110.4
肃宁北—港一	43750.5	207.1	1734	−0.046	49.9
肃宁北—神池南	1517.8	99615.3	27	3.265	245.2
神池南—肃宁北	79485.8	0	1526.4	−3.265	17.6
港三—肃宁北	1341.3	36393.5	45.7	0.046	97.4
肃宁北—港一	28440	103.7	1207.7	−0.046	53.5
肃宁北—神池南	994.1	104495.7	11.5	3.265	265.6
神池南—肃宁北	74284.4	0	1436.2	−3.265	15.6
港三—肃宁北	554.4	41054.8	19	0.046	121.6
肃宁北—港一	26611.6	138.1	1191.4	−0.046	51.2
肃宁北—神池南	1218	325668.5	9.1	3.265	256.6
神池南—肃宁北	236865.4	0	4619.9	−3.265	11.9
港三—肃宁北	268.5	135706	9.3	0.046	142.2
肃宁北—港一	99756.2	950.8	4296.3	−0.046	42.4
肃宁北—神池南	8777	842752.5	138.7	3.265	263.8
神池南—肃宁北	709207.4	65.1	12425.2	−3.265	15.8
港三—肃宁北	6235.5	310299.6	208.2	0.046	113.6
肃宁北—港一	248644.6	744.8	9914.7	−0.046	52.3
肃宁北—神池南	1883.4	130114.5	30.1	3.265	264.4
神池南—肃宁北	109860.3	53.9	2016.8	−3.265	17
港三—肃宁北	1488.3	47194.7	52.6	0.046	101.4
肃宁北—港一	38776.6	236.3	1581.1	−0.046	52.4
肃宁北—神池南	1511.3	143466.5	23.8	3.265	246.8
神池南—肃宁北	118789.9	0	2116.1	−3.265	16.2
港三—肃宁北	1078.9	53428.2	37.2	0.046	109.9
肃宁北—港一	41478	69	1667.9	−0.046	47.3
肃宁北—神池南	1507.9	104857.7	22.2	3.265	263.5
神池南—肃宁北	91016.2	0	1691	−3.265	18.5

续表

区段名称	重车	空车	区段密度	坡度	万吨单耗
港三—肃宁北	1065.1	37085.2	37.2	0.046	100.2
肃宁北—港一	30772.9	68.7	1324.9	−0.046	52.8
肃宁北—神池南	931.9	92142.3	10.3	3.265	274.8
神池南—肃宁北	82684.7	0	1359.1	−3.265	16
港三—肃宁北	585.8	35050.4	20.2	0.046	117.8
肃宁北—港一	29557.1	241.6	1133.3	−0.046	49.9
肃宁北—神池南	3588.4	337406.6	31.9	3.265	257.8
神池南—肃宁北	245675.1	0	4783.1	−3.265	12.3
港三—肃宁北	799.4	141987.1	22.4	0.046	143.3
肃宁北—港一	104327.1	595	4479.6	−0.046	41.5
肃宁北—神池南	0	28237.3	0	3.265	248.3
神池南—肃宁北	20445.5	0	477.3	−3.265	15.3
港三—肃宁北	16.1	11332.3	0.7	0.046	139.7
肃宁北—港一	8797.5	103.7	450	−0.046	44.8
肃宁北—神池南	10342.6	892313.6	187.7	3.265	264.9
神池南—肃宁北	725734	148.1	13096.2	−3.265	16.6
港三—肃宁北	7575.6	326742.6	258	0.046	111.7
肃宁北—港一	253800	545.5	10355.2	−0.046	51.4
肃宁北—神池南	1782.8	130170.1	32.7	3.265	260.9
神池南—肃宁北	113082	0	2022.8	−3.265	17.2
港三—肃宁北	1802.9	44685.4	60.1	0.046	98.8
肃宁北—港一	36207.6	354.1	1492.1	−0.046	53.2
肃宁北—神池南	2014.4	145655.6	35.4	3.265	246.9
神池南—肃宁北	121639.9	0	2233.5	−3.265	16.2
港三—肃宁北	1606	53065.5	54.9	0.046	104.4
肃宁北—港一	42482.9	252.7	1790.1	−0.046	50.5
肃宁北—神池南	1287.4	124024.7	19.4	3.265	259.2
神池南—肃宁北	109408.7	9.9	1901.8	−3.265	17
港三—肃宁北	1116.5	44643.5	38.5	0.046	104.8
肃宁北—港一	38335	405.4	1508.7	−0.046	53.7
肃宁北—神池南	656.6	73577.9	15.5	3.265	270.9
神池南—肃宁北	54682.4	0	1061.7	−3.265	16.7
港三—肃宁北	638.7	27625.1	22	0.046	120.8
肃宁北—港一	19782.8	259	874.6	−0.046	52.4
肃宁北—神池南	3464.8	324815.8	32	3.265	259.6

区段名称	重车	空车	区段密度	坡度	万吨单耗
神池南—肃宁北	242837.3	0	4739.4	−3.265	12.3
港三—肃宁北	592.7	137247.2	21.4	0.046	145.6
肃宁北—港一	102245.7	1717.6	4408.7	−0.046	41.7
肃宁北—神池南	755.2	27367.5	9.6	3.265	248.7
神池南—肃宁北	17710.2	0	480.2	−3.265	14.1
港三—肃宁北	15.1	11799.2	0.7	0.046	142.2
肃宁北—港一	7503.9	189.9	443.2	−0.046	44
肃宁北—神池南	9849.3	879216	163.5	3.265	263.6
神池南—肃宁北	740541.1	8.1	13113.3	−3.265	16.3
港三—肃宁北	7445.4	320330	259.5	0.046	110.8
肃宁北—港一	260712.7	1534.4	10403	−0.046	52.2
肃宁北—神池南	807.9	129557.3	14.8	3.265	270.6
神池南—肃宁北	108479.1	0	1954.8	−3.265	16.1
港三—肃宁北	698.6	45621.9	24.1	0.046	117.6
肃宁北—港一	36508.2	414.4	1510.9	−0.046	54.4
肃宁北—神池南	1221.7	145327.9	20.9	3.265	268.3
神池南—肃宁北	120725.6	0	2177.8	−3.265	15.8
港三—肃宁北	1075.6	56549.9	36.9	0.046	119.6
肃宁北—港一	45691.6	233.1	1786	−0.046	52.4
肃宁北—神池南	1511.7	115377.1	25.4	3.265	262.9
神池南—肃宁北	96202.6	0	1776.7	−3.265	16.8
港三—肃宁北	1180.4	39697.3	41	0.046	111.2
肃宁北—港一	32529.3	341.7	1344.5	−0.046	52.4
肃宁北—神池南	792	91666.5	14.4	3.265	275.2
神池南—肃宁北	69898.9	6.6	1366.5	−3.265	16.3
港三—肃宁北	794.6	33528.5	27.4	0.046	123.6
肃宁北—港一	23226.9	345.1	1081.4	−0.046	51.8
肃宁北—神池南	953.2	346432.6	8.8	3.265	266.2
神池南—肃宁北	243339.3	0	4766.4	−3.265	11.8
港三—肃宁北	200	146584.4	7.2	0.046	147.7
肃宁北—港一	104457.6	578.9	4460.7	−0.046	43.7
肃宁北—神池南	0	27137.3	0	3.265	266.1
神池南—肃宁北	16187.2	0	453.1	−3.265	14.6
港三—肃宁北	0	11067.6	0	0.046	156.5
肃宁北—港一	6848.1	181.4	420.8	−0.046	43.8

续表

区段名称	重车	空车	区段密度	坡度	万吨单耗
肃宁北—神池南	8872.4	864138.4	136.6	3.265	272.1
神池南—肃宁北	729105.4	71	12772.3	−3.265	16.2
港三—肃宁北	6675.6	303767.7	230.2	0.046	113.8
肃宁北—港一	250678.1	2248.8	9937.1	−0.046	53.7
肃宁北—神池南	2251.7	125570.8	30.9	3.265	260
神池南—肃宁北	105535.2	0	1864.2	−3.265	16.8
港三—肃宁北	1241.8	41653.3	39.1	0.046	114.9
肃宁北—港一	35505.6	428.8	1413	−0.046	51.9
肃宁北—神池南	711.4	145491.7	14.8	3.265	264.8
神池南—肃宁北	124608.4	0	2198.1	−3.265	15.5
港三—肃宁北	798.7	53483.5	27.4	0.046	123.2
肃宁北—港一	44128.5	302.2	1779.8	−0.046	49.7
肃宁北—神池南	1358.5	116784.7	22.8	3.265	267.2
神池南—肃宁北	89579.3	0	1707.8	−3.265	16.4
港三—肃宁北	1003.6	43601.6	34.4	0.046	114.3
肃宁北—港一	30153	371.5	1324.7	−0.046	53.9
肃宁北—神池南	502.7	91991.8	7.6	3.265	275.8
神池南—肃宁北	72624.7	0	1380.3	−3.265	15.8
港三—肃宁北	406.6	34008.4	14.3	0.046	126.1
肃宁北—港一	25910.1	354.1	1121.6	−0.046	51.6
肃宁北—神池南	854.2	324105.1	7.2	3.265	267.6
神池南—肃宁北	225285.8	0	4417.7	−3.265	11.7
港三—肃宁北	96	137708.4	3.4	0.046	149.4
肃宁北—港一	97043.4	1638.9	4183.1	−0.046	42.6
肃宁北—神池南	487.2	36948.7	3.6	3.265	266.8
神池南—肃宁北	23186.3	0	602	−3.265	13.6
港三—肃宁北	0	15584.5	0	0.046	140
肃宁北—港一	10107.4	224.5	564.4	−0.046	46.3
肃宁北—神池南	9987.8	839258.5	163.2	3.265	272.5
神池南—肃宁北	694101.1	20.4	12124.1	−3.265	16.6
港三—肃宁北	7534.4	289933.1	265.7	0.046	114.6
肃宁北—港一	232917.4	2049.6	9182.8	−0.046	53.8
肃宁北—神池南	1233.6	113923	28.2	3.265	257.3
神池南—肃宁北	91607.2	0	1644.5	−3.265	16
港三—肃宁北	641.2	37816.9	21.6	0.046	106.7

续表

区段名称	重车	空车	区段密度	坡度	万吨单耗
肃宁北—港一	29423.7	241.9	1212.2	−0.046	52.1
肃宁北—神池南	1323.1	138417.9	20.5	3.265	261.2
神池南—肃宁北	89161.5	0	1944.1	−3.265	14.5
港三—肃宁北	1081.9	54242.1	37.2	0.046	124.5
肃宁北—港一	32008.7	337	1625.8	−0.046	46.2
肃宁北—神池南	1374.2	98399.5	28.8	3.265	257.9
神池南—肃宁北	80204.1	0	1442.4	−3.265	16.5
港三—肃宁北	1675	34878	57.8	0.046	101.7
肃宁北—港一	26250.9	215.8	1105.5	−0.046	53.1
肃宁北—神池南	678.1	80693.1	12.4	3.265	269.6
神池南—肃宁北	59307.2	0	1134.5	−3.265	15.7
港三—肃宁北	583.7	29396.1	19.9	0.046	119.3
肃宁北—港一	20151.2	250.6	902	−0.046	50.4
肃宁北—神池南	1017.3	268296.3	9.6	3.265	264.9
神池南—肃宁北	183408.3	0	3536.2	−3.265	11.4
港三—肃宁北	495.3	110364.7	17.5	0.046	144.1
肃宁北—港一	77955.5	456.9	3315.7	−0.046	41.8
肃宁北—神池南	487.2	35687.2	3.6	3.265	263.1
神池南—肃宁北	25308.5	0	591.7	−3.265	13.7
港三—肃宁北	88.4	15030.8	3	0.046	142
肃宁北—港一	10548.6	201	546	−0.046	44
肃宁北—神池南	10734.9	706512.6	162.9	3.265	267.2
神池南—肃宁北	608206.2	24.4	10335.3	−3.265	15.8
港三—肃宁北	7089.1	247128	243.6	0.046	112.8
肃宁北—港一	205864.9	1407.5	7835.2	−0.046	51.9
肃宁北—神池南	2733.5	119139.5	49.4	3.265	252.1
神池南—肃宁北	104381.6	0	1858.6	−3.265	16.3
港三—肃宁北	2267.2	42578.9	78.5	0.046	100.8
肃宁北—港一	35837	259.2	1477.1	−0.046	53.2
肃宁北—神池南	1750.6	161090.3	25.2	3.265	261.4
神池南—肃宁北	114857.2	0	2202.6	−3.265	14.6
港三—肃宁北	1165.5	62185.8	40.2	0.046	123.4
肃宁北—港一	43022	310.2	1818.7	−0.046	49.6
肃宁北—神池南	2164	111630.8	37.2	3.265	257.4
神池南—肃宁北	87765.5	0	1700.2	−3.265	16.2

续表

区段名称	重车	空车	区段密度	坡度	万吨单耗
港三—肃宁北	1519.9	39250.9	53.6	0.046	110.7
肃宁北—港一	28840.9	328.5	1306.7	−0.046	52.8
肃宁北—神池南	2085.1	87837.2	28.1	3.265	264.1
神池南—肃宁北	67337.3	0	1342.4	−3.265	15.2
港三—肃宁北	1049.3	34172.5	36	0.046	122.2
肃宁北—港一	24211.3	306.7	1102.9	−0.046	52.2
肃宁北—神池南	3606.9	299069.4	30.4	3.265	265.4
神池南—肃宁北	210465.2	0	4091.6	−3.265	11.7
港三—肃宁北	491.9	127488.7	16.8	0.046	148.6
肃宁北—港一	89529.5	1087.8	3821.3	−0.046	43.9
肃宁北—神池南	487.2	45311.8	3.6	3.265	263.2
神池南—肃宁北	21637.1	0	706.3	−3.265	14.2
港三—肃宁北	164.3	18337.9	5.6	0.046	144.9
肃宁北—港一	9201.7	241.1	646.1	−0.046	44.7
肃宁北—神池南	12929.8	816163.7	226.4	3.265	268.1
神池南—肃宁北	716227.2	64.8	12232.3	−3.265	16
港三—肃宁北	10491.9	284124.2	354.3	0.046	109.1
肃宁北—港一	243432.3	1745.8	9381.2	−0.046	54.6
肃宁北—神池南	1726.5	128023.3	36.7	3.265	256.3
神池南—肃宁北	98616.2	0	1973.3	−3.265	16.6
港三—肃宁北	1414.5	45037.4	49.7	0.046	110.2
肃宁北—港一	34735.3	401.6	1533.6	−0.046	55.1
肃宁北—神池南	2992.5	158674.6	47.3	3.265	255.2
神池南—肃宁北	145287.2	14	2432.5	−3.265	15.3
港三—肃宁北	1833.8	62960.8	61.3	0.046	117.1
肃宁北—港一	56160.9	405.8	2093.2	−0.046	51.3
肃宁北—神池南	2391.6	116650.9	45.6	3.265	248.2
神池南—肃宁北	94468.5	0	1804.1	−3.265	16.8
港三—肃宁北	2261	41560.4	76.1	0.046	107.7
肃宁北—港一	32705.4	337	1418.8	−0.046	52
肃宁北—神池南	1023.6	98703.9	17.7	3.265	265.7
神池南—肃宁北	77066.4	0	1425.9	−3.265	14.9
港三—肃宁北	489.9	37648.6	16.9	0.046	123.8
肃宁北—港一	29095.9	392.6	1211.5	−0.046	50.6
肃宁北—神池南	3448.8	323878.7	28.1	3.265	263.3

续表

区段名称	重车	空车	区段密度	坡度	万吨单耗
神池南—肃宁北	244885.6	0	4787.1	−3.265	12.2
港三—肃宁北	353.4	136085	12.6	0.046	148.1
肃宁北—港一	104924.6	625.6	4531.9	−0.046	44
肃宁北—神池南	702.4	46334.1	5.5	3.265	261.9
神池南—肃宁北	20236.8	0	755.4	−3.265	14.7
港三—肃宁北	4.3	20561	0.2	0.046	138.1
肃宁北—港一	9162	233.3	714.6	−0.046	47.6
肃宁北—神池南	14880.8	822693.3	237	3.265	261.9
神池南—肃宁北	738109.1	76.8	12762.8	−3.265	16.2
港三—肃宁北	10511.4	285282.2	356.9	0.046	108.3
肃宁北—港一	246182.6	1848.6	9692	−0.046	54.8
肃宁北—神池南	3285	135111.2	49.7	3.265	262.1
神池南—肃宁北	104986.4	0	2117.3	−3.265	18.4
港三—肃宁北	2363.9	44290.6	81.7	0.046	106
肃宁北—港一	33639.8	203	1527	−0.046	58.8
肃宁北—神池南	2192.3	187265	36.1	3.265	263.5
神池南—肃宁北	174119.8	0	2716.2	−3.265	17
港三—肃宁北	1794.3	72738.6	63.2	0.046	124.8
肃宁北—港一	61196.6	293.6	2274	−0.046	54.5
肃宁北—神池南	2228.6	115675.7	33.2	3.265	257.8
神池南—肃宁北	88802.4	0	1794.4	−3.265	19
港三—肃宁北	1136.1	39840.2	40	0.046	114.4
肃宁北—港一	30148.8	393	1342.9	−0.046	54.7
肃宁北—神池南	1226.9	96978	21.1	3.265	267.3
神池南—肃宁北	75260.1	0	1397.7	−3.265	16.5
港三—肃宁北	923	36478.1	31.9	0.046	119.6
肃宁北—港一	29077.1	349.8	1167.1	−0.046	55.5
肃宁北—神池南	2129.5	322881.9	19	3.265	270.6
神池南—肃宁北	239804.6	740.9	4681.3	−3.265	13.2
港三—肃宁北	252.9	135857.1	9.1	0.046	152
肃宁北—港一	102291.2	1007.8	4386.1	−0.046	48.7
肃宁北—神池南	730.8	51935.5	9.1	3.265	260
神池南—肃宁北	16676.9	0	758.7	−3.265	13.9
港三—肃宁北	92.8	21542.4	3.2	0.046	148.5
肃宁北—港一	7593.5	215.8	700.7	−0.046	48.1

续表

区段名称	重车	空车	区段密度	坡度	万吨单耗
肃宁北—神池南	12334.8	869795.5	214.6	3.265	264.9
神池南—肃宁北	755003.7	95.2	13128.8	-3.265	17.6
港三—肃宁北	10387.5	304488.2	359.4	0.046	119.8
肃宁北—港一	256531.1	2127.2	10087.7	-0.046	56.2
肃宁北—神池南	2342.2	128252.4	43.2	3.265	256.6
神池南—肃宁北	90821	0	1868.3	-3.265	17.5
港三—肃宁北	2042.1	44306.7	70.9	0.046	93.6
肃宁北—港一	31926.4	219.9	1431.5	-0.046	56.5
肃宁北—神池南	1802.2	174068.5	28	3.265	262.2
神池南—肃宁北	176804.8	0	2479.1	-3.265	15.9
港三—肃宁北	1146	68122.7	39.2	0.046	115.3
肃宁北—港一	62621.1	336.8	2094.5	-0.046	52.3
肃宁北—神池南	2227.1	112006.8	44.5	3.265	254.4
神池南—肃宁北	78299.4	36.7	1657.3	-3.265	18.3
港三—肃宁北	2211.5	37955.5	76.2	0.046	91.5
肃宁北—港一	26985.5	241.7	1252.3	-0.046	56.3
肃宁北—神池南	605.8	89761.5	10.4	3.265	260.3
神池南—肃宁北	69677.2	0	1252	-3.265	15.5
港三—肃宁北	474.3	35334.7	16.3	0.046	113.2
肃宁北—港一	27200.6	272	1071.9	-0.046	51.8
肃宁北—神池南	2827.3	315678.7	21.8	3.265	266.7
神池南—肃宁北	216393.1	0	4195.1	-3.265	12.9
港三—肃宁北	186.4	129800.2	6.9	0.046	131.3
肃宁北—港一	90882.3	405.8	3877.8	-0.046	47.5
肃宁北—神池南	0	72898	0	3.265	262.2
神池南—肃宁北	29054.4	0	954.6	-3.265	14.7
港三—肃宁北	20.5	29108.1	0.9	0.046	119.2
肃宁北—港一	12460.9	241.6	863.2	-0.046	49.7
肃宁北—神池南	14082.6	873372.9	224	3.265	262.4
神池南—肃宁北	727344.7	104	12923.9	-3.265	16.7
港三—肃宁北	10822.3	306658.8	371.6	0.046	102.7
肃宁北—港一	246178.1	1505.1	9897.9	-0.046	54.9
肃宁北—神池南	2247.7	130668.3	40.5	3.265	259.3
神池南—肃宁北	102562.7	1.2	2060.7	-3.265	17.3
港三—肃宁北	1652.7	45576.6	57.9	0.046	93.6

续表

区段名称	重车	空车	区段密度	坡度	万吨单耗
肃宁北—港一	33804.8	79.4	1535.6	−0.046	57.8
肃宁北—神池南	1759.8	175519.7	25.8	3.265	267.5
神池南—肃宁北	171057.3	0	2532	−3.265	15.5
港三—肃宁北	1185.4	68234.1	41.4	0.046	115.2
肃宁北—港一	60538.8	302.2	2143.6	−0.046	52.8
肃宁北—神池南	1929.3	115449.9	29.9	3.265	253
神池南—肃宁北	83970.2	0	1685.5	−3.265	17.6
港三—肃宁北	1508.8	38585.9	51.4	0.046	101
肃宁北—港一	29057.3	285.1	1283.1	−0.046	53.2
肃宁北—神池南	682.6	95101.9	13.2	3.265	261.3
神池南—肃宁北	66683.8	0	1307.1	−3.265	14.4
港三—肃宁北	459.8	37854.3	15.1	0.046	112.5
肃宁北—港一	25559.2	310.9	1128	−0.046	51.7
肃宁北—神池南	2175.9	339332.5	21.9	3.265	264
神池南—肃宁北	239432.9	0	4639	−3.265	12.5
港三—肃宁北	769	139345.9	27.3	0.046	125.4
肃宁北—港一	97873.1	284.5	4189.7	−0.046	48.5
肃宁北—神池南	566.2	71521.4	5.3	3.265	266.4
神池南—肃宁北	40217.9	0	1056.3	−3.265	14.2
港三—肃宁北	88.4	29904.3	3	0.046	130.3
肃宁北—港一	17258.4	241.7	947.2	−0.046	50
肃宁北—神池南	18158.9	902954.1	292.9	3.265	261.4
神池南—肃宁北	760826.9	0	13597.3	−3.265	16.1
港三—肃宁北	13190.5	314129.3	454.9	0.046	101
肃宁北—港一	253127.9	1285.8	10204	−0.046	55.4
肃宁北—神池南	1867.5	126892.8	29.5	3.265	262.5
神池南—肃宁北	96011	0	1902.9	−3.265	16.8
港三—肃宁北	1895.4	41584.8	65.8	0.046	96
肃宁北—港一	32117.2	142.6	1414.7	−0.046	56.6
肃宁北—神池南	1900.2	177363.4	29.8	3.265	261.8
神池南—肃宁北	170259.2	0	2532.7	−3.265	15.4
港三—肃宁北	1993.6	70060.3	69.3	0.046	110.5
肃宁北—港一	61119.5	285.1	2138.4	−0.046	53.3
肃宁北—神池南	2166.4	103452.6	42.6	3.265	243.5
神池南—肃宁北	78945.1	10.4	1617	−3.265	17.1

续表

区段名称	重车	空车	区段密度	坡度	万吨单耗
港三—肃宁北	2039.8	34955.1	69.7	0.046	94.4
肃宁北—港一	27501.2	190.1	1230.8	−0.046	53.6
肃宁北—神池南	535.6	86336.8	8.3	3.265	257.7
神池南—肃宁北	63433.8	12.2	1262.4	−3.265	14.6
港三—肃宁北	617.7	34294.7	21.1	0.046	110.9
肃宁北—港一	23243.2	264.2	1082.9	−0.046	53.5
肃宁北—神池南	1192.4	314222.8	12.7	3.265	263.1
神池南—肃宁北	217844	0	4245.8	−3.265	12.2
港三—肃宁北	348.2	131304.9	12.2	0.046	136.5
肃宁北—港一	91827.2	198.7	3936.1	−0.046	46.8
肃宁北—神池南	441.6	60100.2	4.9	3.265	269.9
神池南—肃宁北	38128.8	0	931.5	−3.265	14.1
港三—肃宁北	149.2	24522.7	5.1	0.046	126.4
肃宁北—港一	15731.3	237.4	830.8	−0.046	50.8
肃宁北—神池南	12782.7	858358.6	198.1	3.265	263.4
神池南—肃宁北	706009.8	67.5	12601.8	−3.265	16
港三—肃宁北	9784.3	298832.1	337.7	0.046	105.2
肃宁北—港一	236789.8	1469.9	9580.4	−0.046	55.1
肃宁北—神池南	2055.4	128221.4	39.4	3.265	254.5
神池南—肃宁北	97903.6	0	1832.2	−3.265	17
港三—肃宁北	1844.1	43685.6	63.4	0.046	89.7
肃宁北—港一	34266.9	123	1398	−0.046	58.6
肃宁北—神池南	3565.2	168097	48.3	3.265	254.7
神池南—肃宁北	152417	0	2392.7	−3.265	15.4
港三—肃宁北	2313.6	64177.8	82.2	0.046	106.7
肃宁北—港一	53500.2	316	1980.7	−0.046	52.2
肃宁北—神池南	2155.9	100766.2	34.1	3.265	246
神池南—肃宁北	84438.9	1.3	1606.5	−3.265	17.5
港三—肃宁北	1607.5	37679.8	57.6	0.046	96
肃宁北—港一	28992.5	270.5	1255.4	−0.046	54.4
肃宁北—神池南	1074.5	109534.8	14.8	3.265	254.2
神池南—肃宁北	78599.1	6.1	1636.3	−3.265	14.7
港三—肃宁北	619.1	41724.4	21.2	0.046	106.6
肃宁北—港一	29565.4	396.3	1357	−0.046	52.3
肃宁北—神池南	1131.9	311481	13.6	3.265	258.5

续表

区段名称	重车	空车	区段密度	坡度	万吨单耗
神池南—肃宁北	220164.6	0	4262.8	−3.265	12.4
港三—肃宁北	515.2	129815	18	0.046	126.9
肃宁北—港一	91184.5	448.7	3895.2	−0.046	48
肃宁北—神池南	553.2	67465.2	6.5	3.265	260.3
神池南—肃宁北	35736.9	0	1004.9	−3.265	14.6
港三—肃宁北	271.8	26630.9	9.4	0.046	122.3
肃宁北—港一	14503.8	86.4	902.1	−0.046	48.8
肃宁北—神池南	11877.7	823229.5	181.8	3.265	261.3
神池南—肃宁北	689569.4	51.8	12066.6	−3.265	16.2
港三—肃宁北	9659	290133.1	331.1	0.046	104.7
肃宁北—港一	236635.8	1141.4	9327.6	−0.046	54.1

附录 2　电力机车普列数据

区段名称	重车	空车	区段密度	坡度	万吨单耗
肃宁北—神池南	3091.6	38008.8	48.25123	3.265	240.5
神池南—肃宁北	57638.2	0	953.4975	−3.265	20.9
港三—肃宁北	2468.3	6314.5	84.56522	0.046	64.1
肃宁北—港一	19676.1	11.7	743.8674	−0.046	67.9
肃宁北—神池南	2080.1	23120.9	31.50246	3.265	244.8
神池南—肃宁北	32720.9	13.7	540.5665	−3.265	20.4
港三—肃宁北	1669.4	2709.1	57.22826	0.046	61.2
肃宁北—港一	10623.2	10.5	406.4641	−0.046	66.2
肃宁北—神池南	2049	30109.7	31.92118	3.265	240.5
神池南—肃宁北	41377.9	0	678.4236	−3.265	20.7
港三—肃宁北	1860.8	3571.1	63.80435	0.046	63
肃宁北—港一	14550.3	15	549.6133	−0.046	66.1
肃宁北—神池南	1457.8	17329.8	22.78325	3.265	244.6
神池南—肃宁北	27575.4	1	466.3547	−3.265	21.3
港三—肃宁北	1379.2	2111.2	47.5	0.046	62
肃宁北—港一	8594.9	0	336.6298	−0.046	68.6
肃宁北—神池南	195	2309.5	3.029557	3.265	273
神池南—肃宁北	22007.1	4.1	376.2562	−3.265	19.5
港三—肃宁北	253.3	2078.6	8.967391	0.046	87.5
肃宁北—港一	8114.6	5.4	325.4696	−0.046	72.8
肃宁北—神池南	11818.9	133277.1	178.9655	3.265	249.2
神池南—肃宁北	201064.5	76	3363.941	−3.265	21.6
港三—肃宁北	8376.2	19514.7	286.6304	0.046	88.1
肃宁北—港一	65999	94.6	2557.182	−0.046	61
肃宁北—神池南	9635.5	104288.8	149.0148	3.265	246.6
神池南—肃宁北	156778.1	98.1	2628.571	−3.265	21.1
港三—肃宁北	8105.8	16566.3	277.3913	0.046	85.4
肃宁北—港一	53561.9	131.4	2066.685	−0.046	62.8
肃宁北—神池南	4203.7	42641.5	65	3.265	233
神池南—肃宁北	55561.2	16.2	897.4	−3.265	19.7
港三—肃宁北	2948.5	7015.4	100.7	0.046	62.3
肃宁北—港一	17156.9	32.3	630.2	−0.046	67.2
肃宁北—神池南	1636.8	29875.4	25.3	3.265	254.3
神池南—肃宁北	49920.1	1.1	813.8	−3.265	21.8

续表

区段名称	重车	空车	区段密度	坡度	万吨单耗
港三—肃宁北	1216.9	5780.1	41.7	0.046	69.2
肃宁北—港一	15321	19.9	572	−0.046	70
肃宁北—神池南	2410.9	32143.8	37.3	3.265	239.3
神池南—肃宁北	43470.5	173.7	703.4	−3.265	20.5
港三—肃宁北	1975.4	5187.2	67.5	0.046	62.3
肃宁北—港一	13993.2	7.7	514.6	−0.046	68.9
肃宁北—神池南	1035.6	20402.6	16	3.265	255.2
神池南—肃宁北	31561.8	0	512.2	−3.265	21.8
港三—肃宁北	772.6	3568.8	26.3	0.046	69.7
肃宁北—港一	9207.1	1.1	341.9	−0.046	70.9
肃宁北—神池南	1412.2	8168.2	21.6	3.265	241.7
神池南—肃宁北	30598.3	44.5	497.6	−3.265	19.8
港三—肃宁北	951.1	2646.8	32.6	0.046	64.9
肃宁北—港一	9245.1	5.2	347.3	−0.046	62.8
肃宁北—神池南	11123.1	118904	171.9	3.265	249
神池南—肃宁北	174521.5	73.2	2838.1	−3.265	21.1
港三—肃宁北	8327	22340.8	285.1	0.046	83.3
肃宁北—港一	55657.3	218.2	2074.3	−0.046	62.7
肃宁北—神池南	3218.2	35452.9	49.8	3.265	233.7
神池南—肃宁北	41771.1	19.4	682.7	−3.265	20.3
港三—肃宁北	2761.7	5871.6	94.4	0.046	64.1
肃宁北—港一	14557.5	21.2	540.1	−0.046	68.7
肃宁北—神池南	2129.5	27385.8	32.6	3.265	241.8
神池南—肃宁北	39034.2	4.1	644.8	−3.265	20.7
港三—肃宁北	1225.6	4646.3	42	0.046	67.3
肃宁北—港一	10830.5	27	409.5	−0.046	71.8
肃宁北—神池南	2466.2	28342	38.4	3.265	228.4
神池南—肃宁北	37903.5	4.1	617.2	−3.265	20.4
港三—肃宁北	1893.5	5075.8	65	0.046	61.6
肃宁北—港一	13221.5	9.9	486.8	−0.046	66.9
肃宁北—神池南	2499	22151.1	37.7	3.265	224.2
神池南—肃宁北	29908.5	21.7	480.8	−3.265	20.9
港三—肃宁北	1244.2	3976.5	42.6	0.046	66.6
肃宁北—港一	9238.5	1.2	337.1	−0.046	68.5
肃宁北—神池南	2644.6	9317.3	40	3.265	209.5

续表

区段名称	重车	空车	区段密度	坡度	万吨单耗
神池南—肃宁北	41171.5	3.2	679.5	−3.265	20
港三—肃宁北	933.9	2244	32.2	0.046	73.5
肃宁北—港一	11001.6	1.6	418.9	−0.046	66.8
肃宁北—神池南	10161.3	121769.9	152.9	3.265	245.1
神池南—肃宁北	150426.4	70.4	2442.2	−3.265	21
港三—肃宁北	7802.9	21045.5	265.1	0.046	79.4
肃宁北—港一	47055.8	186.3	1745.2	−0.046	63.2
肃宁北—神池南	3218.2	35452.9	49.8	3.265	233.7
神池南—肃宁北	41771.1	19.4	682.7	−3.265	20.3
港三—肃宁北	2761.7	5871.6	94.4	0.046	64.1
肃宁北—港一	14557.5	21.2	540.1	−0.046	68.7
肃宁北—神池南	2129.5	27385.8	32.6	3.265	241.8
神池南—肃宁北	39034.2	4.1	644.8	−3.265	20.7
港三—肃宁北	1225.6	4646.3	42	0.046	67.3
肃宁北—港一	10830.5	27	409.5	−0.046	71.8
肃宁北—神池南	2466.2	28342	38.4	3.265	228.4
神池南—肃宁北	37903.5	4.1	617.2	−3.265	20.4
港三—肃宁北	1893.5	5075.8	65	0.046	61.6
肃宁北—港一	13221.5	9.9	486.8	−0.046	66.9
肃宁北—神池南	2499	22151.1	37.7	3.265	224.2
神池南—肃宁北	29908.5	21.7	480.8	−3.265	20.9
港三—肃宁北	1244.2	3976.5	42.6	0.046	66.6
肃宁北—港一	9238.5	1.2	337.1	−0.046	68.5
肃宁北—神池南	2644.6	9317.3	40	3.265	209.5
神池南—肃宁北	41171.5	3.2	679.5	−3.265	20
港三—肃宁北	933.9	2244	32.2	0.046	73.5
肃宁北—港一	11001.6	1.6	418.9	−0.046	66.8
肃宁北—神池南	10161.3	121769.9	152.9	3.265	245.1
神池南—肃宁北	150426.4	70.4	2442.2	−3.265	21
港三—肃宁北	7802.9	21045.5	265.1	0.046	79.4
肃宁北—港一	47055.8	186.3	1745.2	−0.046	63.2
肃宁北—神池南	2355.8	16201.8	42.4	3.265	209.2
神池南—肃宁北	41801.3	2	697.7	−3.265	20.4
港三—肃宁北	2236.3	1615.7	77.7	0.046	57.2
肃宁北—港一	13836.7	20	524.6	−0.046	65.5

续表

区段名称	重车	空车	区段密度	坡度	万吨单耗
肃宁北—神池南	1751.6	17850.8	23.5	3.265	235.9
神池南—肃宁北	33463.2	36.9	550.1	−3.265	20.5
港三—肃宁北	1205.7	2544.8	38.8	0.046	61.5
肃宁北—港一	11714.2	2.2	438.5	−0.046	68.4
肃宁北—神池南	1431.5	16031.9	25.3	3.265	225.9
神池南—肃宁北	38167.4	0.5	631.5	−3.265	20.7
港三—肃宁北	1290.1	1990.3	44.3	0.046	60.3
肃宁北—港一	12994.6	8	488.3	−0.046	65.6
肃宁北—神池南	1741	11498.5	26.9	3.265	211.4
神池南—肃宁北	22405.6	0	374.8	−3.265	21.3
港三—肃宁北	1095.2	1004	37.7	0.046	60.8
肃宁北—港一	8409.1	0	315.5	−0.046	66.2
肃宁北—神池南	1624.3	12066.9	23.4	3.265	227.6
神池南—肃宁北	34374.2	0	566.3	−3.265	20.8
港三—肃宁北	942.9	1525.5	33.7	0.046	65.3
肃宁北—港一	9125.4	9.7	341.3	−0.046	65.2
肃宁北—神池南	11554.6	89826.7	185.7	3.265	227
神池南—肃宁北	189026	406	3119.8	−3.265	21.4
港三—肃宁北	8663.2	12532.9	299.3	0.046	59.5
肃宁北—港一	64194	191.6	2420.6	−0.046	64.5
肃宁北—神池南	2735	20987.6	40.7	3.265	226.5
神池南—肃宁北	44600.8	89.4	744.5	−3.265	20.3
港三—肃宁北	1214.7	2775.2	40	0.046	57.9
肃宁北—港一	15381.7	4.4	585.8	−0.046	61.8
肃宁北—神池南	2305.5	18310.7	39.3	3.265	212.6
神池南—肃宁北	32322	1	533.8	−3.265	21.9
港三—肃宁北	1871.4	3140	64.4	0.046	59.1
肃宁北—港一	11232.8	3.6	424.6	−0.046	64.6
肃宁北—神池南	1651.4	19635.9	34	3.265	225.7
神池南—肃宁北	42300.3	0.8	719.1	−3.265	21
港三—肃宁北	1680	3241.8	59.2	0.046	59.2
肃宁北—港一	15320.5	11	576.8	−0.046	65.2
肃宁北—神池南	1060	9592.5	16.2	3.265	224.1
神池南—肃宁北	21060.4	0	352	−3.265	23
港三—肃宁北	663	1666.5	22.6	0.046	59.7

续表

区段名称	重车	空车	区段密度	坡度	万吨单耗
肃宁北—港一	7727.5	3.1	292.2	−0.046	63.4
肃宁北—神池南	846.2	8379.6	8	3.265	284.1
神池南—肃宁北	32282.9	167.5	536.3	−3.265	21.1
港三—肃宁北	434.2	1481.1	14.8	0.046	81.8
肃宁北—港一	9532.4	11.4	366.8	−0.046	64.7
肃宁北—神池南	12219.1	99637.3	193.9	3.265	230.7
神池南—肃宁北	196954.3	228.4	3326.6	−3.265	20.7
港三—肃宁北	9791.6	13328.7	339.6	0.046	57.7
肃宁北—港一	64164.5	171.5	2463.8	−0.046	63.4
肃宁北—神池南	1351.7	19967.4	24.7	3.265	236.9
神池南—肃宁北	37663.8	16.9	658.1	−3.265	20.4
港三—肃宁北	1211.1	2609.9	38.8	0.046	66.4
肃宁北—港一	12389.5	11	488.6	−0.046	63.2
肃宁北—神池南	1560.4	16329.5	24.3	3.265	232.3
神池南—肃宁北	28594.3	0	483.2	−3.265	21
港三—肃宁北	1308.8	2370.7	45.1	0.046	58.5
肃宁北—港一	11155.3	7.6	430.7	−0.046	61.6
肃宁北—神池南	1529.7	18214.4	27.3	3.265	227.7
神池南—肃宁北	36772.7	16.5	640	−3.265	20
港三—肃宁北	1289.1	2597	43.9	0.046	61.1
肃宁北—港一	13064.5	9.1	512.8	−0.046	65.4
肃宁北—神池南	1649.4	9470.9	25.5	3.265	203
神池南—肃宁北	19511.6	0	335.4	−3.265	22.7
港三—肃宁北	1184.4	1457.1	40.5	0.046	57.8
肃宁北—港一	7200.5	0	280	−0.046	61.5
肃宁北—神池南	1380.2	7247.7	20.5	3.265	223.7
神池南—肃宁北	26258.1	0	461.2	−3.265	20.5
港三—肃宁北	622.3	1478.3	22.2	0.046	79.2
肃宁北—港一	8887.1	8.6	354.8	−0.046	61.8
肃宁北—神池南	7471.4	71229.9	122.3153	3.265	2267.514
神池南—肃宁北	148800.5	33.4	2577.98	−3.265	207.3296
港三—肃宁北	5615.7	10513	190.3261	0.046	632.673
肃宁北—港一	52696.9	36.3	2066.851	−0.046	629.2732
肃宁北—神池南	2596	22473.7	34.1	3.265	228.4
神池南—肃宁北	35246.3	23.4	589.7	−3.265	20.6

续表

区段名称	重车	空车	区段密度	坡度	万吨单耗
港三—肃宁北	1556.5	3259.6	52.8	0.046	64.3
肃宁北—港一	12399.1	7.9	458.9	−0.046	64.1
肃宁北—神池南	1526	18925.7	27.4	3.265	230.5
神池南—肃宁北	31762.2	0	534.6	−3.265	21.5
港三—肃宁北	783.6	2325.4	27.5	0.046	64.8
肃宁北—港一	10446.7	1.1	401.8	−0.046	68.2
肃宁北—神池南	2337	20517.1	40.2	3.265	220.7
神池南—肃宁北	33724.3	0	561.4	−3.265	22.8
港三—肃宁北	1666.4	3734.8	57.8	0.046	65.7
肃宁北—港一	12044	4.7	448.6	−0.046	68.4
肃宁北—神池南	1254.2	10187	18.3	3.265	224.8
神池南—肃宁北	16644.6	0	276.7	−3.265	23.1
港三—肃宁北	479.5	2076	16.3	0.046	63.9
肃宁北—港一	5092.7	1.3	194.2	−0.046	69
肃宁北—神池南	2062.5	6852	31	3.265	197.6
神池南—肃宁北	23629.7	0	393.6	−3.265	22.4
港三—肃宁北	372.6	1370.9	12.7	0.046	76
肃宁北—港一	6876.2	33	260.2	−0.046	63.3
肃宁北—神池南	9613.4	107598.4	163.9	3.265	238.6
神池南—肃宁北	186388.6	163.5	3139.8	−3.265	21.9
港三—肃宁北	6786	13850.5	234.1	0.046	57.9
肃宁北—港一	64034.2	236.3	2397	−0.046	60.3
肃宁北—神池南	3014.2	22008.1	53.6	3.265	215.5
神池南—肃宁北	32171	0.9	521.2	−3.265	21.5
港三—肃宁北	1473.3	3465.2	51	0.046	65.6
肃宁北—港一	10128.3	9.4	364.3	−0.046	65.9
肃宁北—神池南	2580.3	20303.9	42.9	3.265	226.7
神池南—肃宁北	30145.4	0	497.6	−3.265	22.6
港三—肃宁北	1413.6	3388.5	48.1	0.046	70.1
肃宁北—港一	9398.6	0	346.7	−0.046	65.3
肃宁北—神池南	2163.9	17879.4	40.9	3.265	221.7
神池南—肃宁北	32791.6	1	535.5	−3.265	22.5
港三—肃宁北	1928	2736.3	67.8	0.046	61.1
肃宁北—港一	10063.4	4	369.5	−0.046	67.8
肃宁北—神池南	1208.6	8721.9	19.1	3.265	233.8

续表

区段名称	重车	空车	区段密度	坡度	万吨单耗
神池南—肃宁北	13695.7	0	222.9	−3.265	24.8
港三—肃宁北	488.8	1087.8	16.6	0.046	70.1
肃宁北—港一	5445.4	2.7	198.5	−0.046	73.7
肃宁北—神池南	3531.4	7820.4	56.5	3.265	199.1
神池南—肃宁北	16954.4	175.6	292.4	−3.265	22.8
港三—肃宁北	722.4	1293.3	25.1	0.046	68.1
肃宁北—港一	5155.3	1.6	204.8	−0.046	68.8
肃宁北—神池南	12498.4	76733.7	212.9433	3.265	218.6547
神池南—肃宁北	125758.1	177.5	2069.714	−3.265	22.56833
港三—肃宁北	6026.1	11971.1	208.6739	0.046	66.08024
肃宁北—港一	40191	17.7	1483.848	−0.046	67.6617
肃宁北—神池南	1412.4	18532.1	23.5	3.265	245
神池南—肃宁北	33201.9	0.2	547.7	−3.265	21.4
港三—肃宁北	925.8	2870.3	31.8	0.046	68.8
肃宁北—港一	11252.1	18.8	419.7	−0.046	64.9
肃宁北—神池南	2237.6	17959.2	43.4	3.265	222.6
神池南—肃宁北	26175.5	0	430.4	−3.265	23.6
港三—肃宁北	1126.5	2814.2	38.7	0.046	67.7
肃宁北—港一	8202.8	2.2	304.3	−0.046	68.2
肃宁北—神池南	2001.9	14602.6	42.1	3.265	210.6
神池南—肃宁北	29549.6	9.4	483.5	−3.265	20.7
港三—肃宁北	1612.5	1634.6	54.9	0.046	59.3
肃宁北—港一	9106.9	4.6	332.8	−0.046	67.2
肃宁北—神池南	1532.7	7342.1	23.4	3.265	216.2
神池南—肃宁北	12489	2	209.7	−3.265	23.1
港三—肃宁北	730.9	1118.5	24.8	0.046	67.5
肃宁北—港一	4000.7	0	151.8	−0.046	67.9
肃宁北—神池南	1812.6	8353.7	19.9	3.265	267.3
神池南—肃宁北	16002.1	0.8	267.6	−3.265	23.1
港三—肃宁北	157.4	1252	5.3	0.046	79.3
肃宁北—港一	5867.6	4.3	221.9	−0.046	65.8
肃宁北—神池南	8997.2	66789.7	152.234	3.265	229.8902
神池南—肃宁北	117418.1	12.4	1939	−3.265	22.11703
港三—肃宁北	4553.1	9689.6	155.5489	0.046	66.30476
肃宁北—港一	38430.1	29.9	1430.467	−0.046	66.6014

区段名称	重车	空车	区段密度	坡度	万吨单耗
肃宁北—神池南	1861.4	23927.2	26.5	3.265	263.3
神池南—肃宁北	39067.9	0	643.9	−3.265	21
港三—肃宁北	868.3	3685.3	29.6	0.046	66.1
肃宁北—港一	12928.5	0	479.7	−0.046	68.1
肃宁北—神池南	1918.8	19395.5	31.2	3.265	246.3
神池南—肃宁北	26649	0	437.2	−3.265	21.3
港三—肃宁北	1675.2	3357.2	57.2	0.046	65.4
肃宁北—港一	7581.2	0	282.5	−0.046	70.1
肃宁北—神池南	968	20052.5	18.8	3.265	249.3
神池南—肃宁北	32058.4	0	529.3	−3.265	22.2
港三—肃宁北	992.6	3865.2	34.1	0.046	71.7
肃宁北—港一	9731.6	0	362.7	−0.046	70.1
肃宁北—神池南	451.5	8298.5	6.9	3.265	273.1
神池南—肃宁北	12239.7	1	202.1	−3.265	23.1
港三—肃宁北	88.4	1189.6	3	0.046	100.2
肃宁北—港一	3782.1	2.7	139.4	−0.046	67.4
肃宁北—神池南	1515	7218.6	21	3.265	246.3
神池南—肃宁北	13018.3	0	219.1	−3.265	22.5
港三—肃宁北	247	1520.7	8.7	0.046	105.3
肃宁北—港一	5145.8	0	199.7	−0.046	68.6
肃宁北—神池南	7151.8	134962.7	122.3	3.265	265
神池南—肃宁北	215132.3	2.8	3538.2	−3.265	21.7
港三—肃宁北	5116.7	22487.3	175.2	0.046	71.1
肃宁北—港一	63428.7	0.4	2359.6	−0.046	70.7
肃宁北—神池南	1774.2	21668.5	32.7	3.265	243.7
神池南—肃宁北	35818.8	0	578.8	−3.265	19.6
港三—肃宁北	1406.3	3360.3	47.6	0.046	65.2
肃宁北—港一	11058.3	0	402.1	−0.046	68.9
肃宁北—神池南	2461.5	21230.5	35.6	3.265	251.4
神池南—肃宁北	32005.8	0	518.7	−3.265	20.5
港三—肃宁北	1219.6	3291.1	41.5	0.046	66.1
肃宁北—港一	9259	0	333.7	−0.046	72.2
肃宁北—神池南	1827.3	22191.2	30	3.265	247.3
神池南—肃宁北	30852.7	3	502.3	−3.265	20.6
港三—肃宁北	1346.8	2861.9	46	0.046	66

续表

区段名称	重车	空车	区段密度	坡度	万吨单耗
肃宁北—港一	9587.7	0	350.1	−0.046	68.5
肃宁北—神池南	794.1	8342	13.8	3.265	243
神池南—肃宁北	11426.6	0	188	−3.265	21.4
港三—肃宁北	500.7	1342.7	16.9	0.046	68.3
肃宁北—港一	3670.5	0	134.6	−0.046	69.9
肃宁北—神池南	1073.4	5598.3	10.6	3.265	309.2
神池南—肃宁北	9944	0	175.7	−3.265	25.1
港三—肃宁北	321.7	1153.9	11.2	0.046	80.4
肃宁北—港一	4217	0	163.1	−0.046	66.4
肃宁北—神池南	7119.1	113056.7	120.3	3.265	265
神池南—肃宁北	189357.7	0.8	3094.6	−3.265	20.9
港三—肃宁北	5746.2	18308.4	195.8	0.046	72.4
肃宁北—港一	56622.3	2.2	2072.8	−0.046	71.5
肃宁北—神池南	1667.2	19732.9	32.9	3.265	230.3
神池南—肃宁北	39208.6	4.1	636.7	−3.265	19.7
港三—肃宁北	1629.3	3129.8	55.4	0.046	64.4
肃宁北—港一	12742	6.7	458	−0.046	69.1
肃宁北—神池南	1673.7	19136.7	29.4	3.265	235.6
神池南—肃宁北	32459.6	0	527.2	−3.265	20.2
港三—肃宁北	1293.9	2696.5	44	0.046	68.3
肃宁北—港一	10037.5	0	366	−0.046	67.3
肃宁北—神池南	1760.3	21515.3	32.4	3.265	231.9
神池南—肃宁北	39271.6	0	648.2	−3.265	21.9
港三—肃宁北	1337.5	3184.2	45.3	0.046	62.2
肃宁北—港一	11770.1	0	431.7	−0.046	65.8
肃宁北—神池南	528.7	6021.3	15.3	3.265	219.4
神池南—肃宁北	12830.7	0	211.5	−3.265	21.1
港三—肃宁北	482.9	977	16.2	0.046	74.6
肃宁北—港一	3680	4.6	137.3	−0.046	67.9
肃宁北—神池南	2146.8	8987.8	28.5	3.265	249.1
神池南—肃宁北	9928.9	0	161.6	−3.265	19.4
港三—肃宁北	431.7	1773	14.6	0.046	78.1
肃宁北—港一	3511.5	4.3	136.5	−0.046	64.7
肃宁北—神池南	9504.5	116707.1	157.6	3.265	248
神池南—肃宁北	216635.9	32.5	3547.4	−3.265	20.5

续表

区段名称	重车	空车	区段密度	坡度	万吨单耗
港三—肃宁北	5150.8	18773.2	172.3	0.046	72.9
肃宁北—港一	66344.8	2.5	2432.8	−0.046	70.1
肃宁北—神池南	2731.5	18049.2	42.9	3.265	222.5
神池南—肃宁北	36502.4	0	594.4	−3.265	21.5
港三—肃宁北	1791.5	2097.6	60.6	0.046	67.7
肃宁北—港一	10756	0	391	−0.046	70.7
肃宁北—神池南	2259.4	18311.9	29.7	3.265	253.2
神池南—肃宁北	29755.5	0	481.2	−3.265	21.9
港三—肃宁北	1425.7	2341.5	45.9	0.046	65.3
肃宁北—港一	9479.4	0	344.2	−0.046	70.5
肃宁北—神池南	1675.2	17780.1	32.4	3.265	231.2
神池南—肃宁北	32515.8	0	524.5	−3.265	20.7
港三—肃宁北	1336.9	2757	45.3	0.046	66.8
肃宁北—港一	10364.7	1.2	374	−0.046	67.1
肃宁北—神池南	997.9	9204.1	14.6	3.265	231.2
神池南—肃宁北	14949.5	0	247.6	−3.265	22.1
港三—肃宁北	684.6	1565.5	23.5	0.046	65.3
肃宁北—港一	5003.2	0	182.7	−0.046	77.3
肃宁北—神池南	1278	6849.3	12	3.265	289.1
神池南—肃宁北	12946.3	0	214.8	−3.265	21.7
港三—肃宁北	252.8	873	8.7	0.046	93.1
肃宁北—港一	4171.4	0	158.7	−0.046	69
肃宁北—神池南	8646.1	95582.3	151.8	3.265	244
神池南—肃宁北	191718	29.3	3139.5	−3.265	21
港三—肃宁北	6652	14661.3	227.2	0.046	68.7
肃宁北—港一	60536.1	24.8	2214.5	−0.046	71.6
肃宁北—神池南	3509.9	16589.5	49.6	3.265	222.9
神池南—肃宁北	29630.9	0	480.1	−3.265	21.3
港三—肃宁北	1850.6	1814	62.4	0.046	62.2
肃宁北—港一	8502.1	0	308.2	−0.046	68.1
肃宁北—神池南	1956.8	13958.3	31.9	3.265	224.2
神池南—肃宁北	24955.6	0	394.6	−3.265	21.2
港三—肃宁北	1334.2	1921.8	45.4	0.046	59.3
肃宁北—港一	7502.7	0	269.3	−0.046	68.8
肃宁北—神池南	1546.8	16891.8	25.3	3.265	235.8

续表

区段名称	重车	空车	区段密度	坡度	万吨单耗
神池南—肃宁北	32536	0	518.9	−3.265	23
港三—肃宁北	1316.3	3050.1	45.3	0.046	65.3
肃宁北—港一	9916.3	0	359.9	−0.046	70.1
肃宁北—神池南	1884.1	7664.2	21.6	3.265	235.4
神池南—肃宁北	11913.1	0	189.7	−3.265	22.1
港三—肃宁北	447.2	661.8	15.2	0.046	64.5
肃宁北—港一	4116.9	0	148.3	−0.046	73.2
肃宁北—神池南	2889.3	4302.1	31	3.265	228.2
神池南—肃宁北	6738.7	170.5	113.7	−3.265	21.3
港三—肃宁北	631.5	754.3	21.8	0.046	91.4
肃宁北—港一	2442.2	4.3	95	−0.046	66.7
肃宁北—神池南	16221.4	105252.3	303.6	3.265	220.3
神池南—肃宁北	182054	318.5	2989.3	−3.265	21.1
港三—肃宁北	10226.4	13897.5	346.6	0.046	63.4
肃宁北—港一	57943.5	0	2103.3	−0.046	68.7
肃宁北—神池南	1735.8	18502.6	30.5	3.265	228.1
神池南—肃宁北	32674.3	12	517.2	−3.265	21.2
港三—肃宁北	1124.6	2396	38.5	0.046	62.6
肃宁北—港一	10948.8	0	385.1	−0.046	66.8
肃宁北—神池南	2177.3	11411.3	25.8	3.265	240.5
神池南—肃宁北	25439.7	0	411.6	−3.265	21.8
港三—肃宁北	572.1	1283.3	19.5	0.046	68.2
肃宁北—港一	7725.1	0	282.5	−0.046	67.3
肃宁北—神池南	1483	14360.9	20.9	3.265	232.6
神池南—肃宁北	25943.4	0	402.2	−3.265	21.6
港三—肃宁北	931.2	1452.5	30.4	0.046	64.2
肃宁北—港一	9117.8	0	326.1	−0.046	67.8
肃宁北—神池南	794.1	7198.1	13.8	3.265	234.9
神池南—肃宁北	13333	42.8	211.8	−3.265	23.2
港三—肃宁北	616.1	1199.3	19.5	0.046	77.6
肃宁北—港一	4043.9	0	144.8	−0.046	70.4
肃宁北—神池南	2235.4	6240.2	26.1	3.265	254.8
神池南—肃宁北	12752	0	203.6	−3.265	20.7
港三—肃宁北	634.2	1264	21.4	0.046	69.6
肃宁北—港一	3552	0	128.3	−0.046	57.4

续表

区段名称	重车	空车	区段密度	坡度	万吨单耗
肃宁北—神池南	12215.5	89198.2	215	3.265	219.6
神池南—肃宁北	167365.8	161.4	2705.9	−3.265	22.4
港三—肃宁北	7327.4	10191.5	249.5	0.046	64
肃宁北—港一	54410.2	1.2	1939.6	−0.046	69.2
肃宁北—神池南	1399.3	14329.9	28.9	3.265	217.1
神池南—肃宁北	28656.8	0	468.9	−3.265	20.8
港三—肃宁北	1283.9	1769.6	45.1	0.046	58.9
肃宁北—港一	8738.5	0	315.6	−0.046	66.6
肃宁北—神池南	3529.2	15530.2	46	3.265	227.5
神池南—肃宁北	27839.3	2.3	446.1	−3.265	20.1
港三—肃宁北	1400.8	1523.6	47.2	0.046	58.4
肃宁北—港一	9330.2	0.4	333	−0.046	65.7
肃宁北—神池南	924.7	13524.2	19.7	3.265	231.1
神池南—肃宁北	23040.2	0	377.1	−3.265	21.9
港三—肃宁北	989.4	1639.5	34.1	0.046	63.6
肃宁北—港一	8099.8	0	286.6	−0.046	67.5
肃宁北—神池南	1147	7897.4	21.2	3.265	218.6
神池南—肃宁北	14541.4	2.1	230.2	−3.265	21.9
港三—肃宁北	823.6	1011.4	29.2	0.046	63.4
肃宁北—港一	4970.9	0	175.2	−0.046	68.8
肃宁北—神池南	2633.9	4813	22.6	3.265	267.3
神池南—肃宁北	13153.9	0	210.9	−3.265	20.3
港三—肃宁北	209.5	889.1	7.3	0.046	83.4
肃宁北—港一	4306	4.3	155.6	−0.046	65.1
肃宁北—神池南	10306.6	84034.1	187.1	3.265	230.5
神池南—肃宁北	160252	14.1	2552.2	−3.265	21.3
港三—肃宁北	6241.1	9026	211.9	0.046	64.4
肃宁北—港一	54248.6	2.8	1920.7	−0.046	69.2
肃宁北—神池南	1751.5	16479.9	26.7	3.265	237
神池南—肃宁北	31547.3	15.3	504.2	−3.265	22.1
港三—肃宁北	1154.8	1573.5	39.2	0.046	57.2
肃宁北—港一	9456.6	0	337.5	−0.046	68.7
肃宁北—神池南	1265.6	14430.2	26.8	3.265	211.7
神池南—肃宁北	30107	0	481	−3.265	19.9
港三—肃宁北	1365.5	1462.9	43.9	0.046	51.9

续表

区段名称	重车	空车	区段密度	坡度	万吨单耗
肃宁北—港一	9784.3	0	353.5	−0.046	62.2
肃宁北—神池南	865.5	14936.7	18.7	3.265	240.7
神池南—肃宁北	23032.5	0	366.6	−3.265	23.3
港三—肃宁北	689.4	1059.6	23.8	0.046	62.4
肃宁北—港一	7876.4	0	280.9	−0.046	66.7
肃宁北—神池南	1053.4	8980.8	15.6	3.265	243.9
神池南—肃宁北	13592.9	74.3	216.1	−3.265	22.8
港三—肃宁北	701.6	872.7	23.9	0.046	57
肃宁北—港一	4681.7	0	162.4	−0.046	74.3
肃宁北—神池南	2378.9	1407.8	19.3	3.265	270.1
神池南—肃宁北	4131.7	0	70.6	−3.265	19.6
港三—肃宁北	294.9	869.3	8.7	0.046	74.9
肃宁北—港一	1779.7	0	69.8	−0.046	61.2
肃宁北—神池南	10833.1	82890.9	175.6	3.265	237.9
神池南—肃宁北	149209.2	44.5	2391.4	−3.265	21.8
港三—肃宁北	5972.2	8371.8	206.8	0.046	60.7
肃宁北—港一	47896.7	10.8	1694.8	−0.046	67.8
肃宁北—神池南	1545.2	16084.5	23.9	3.265	251.2
神池南—肃宁北	32570.6	0	528	−3.265	20.9
港三—肃宁北	1170.7	1709.5	40.5	0.046	59
肃宁北—港一	9742.9	5.3	357.3	−0.046	66
肃宁北—神池南	1388.7	13693.5	21.2	3.265	219.7
神池南—肃宁北	29693.5	0	470.3	−3.265	19.9
港三—肃宁北	953.4	1696.1	32.5	0.046	50
肃宁北—港一	9456.6	0	340.3	−0.046	62.6
肃宁北—神池南	1517.8	12085.3	27	3.265	213.7
神池南—肃宁北	29506.9	0	469.2	−3.265	21.1
港三—肃宁北	1337	1310.6	45.5	0.046	53.4
肃宁北—港一	11168.4	0	389.1	−0.046	70.5
肃宁北—神池南	994.1	7323.3	11.5	3.265	254.9
神池南—肃宁北	14479.4	0	236.3	−3.265	21.4
港三—肃宁北	554.4	702.3	19	0.046	56.8
肃宁北—港一	4308.9	0	158.4	−0.046	68.6
肃宁北—神池南	1218	1378	9.1	3.265	302.8
神池南—肃宁北	3049.6	0	43.8	−3.265	20.9

续表

区段名称	重车	空车	区段密度	坡度	万吨单耗
港三—肃宁北	244.7	861.4	8.3	0.046	78.4
肃宁北—港一	897.7	0	34.9	−0.046	68.2
肃宁北—神池南	8777	75662.8	138.7	3.265	245.6
神池南—肃宁北	160135.3	65.1	2583.6	−3.265	21
港三—肃宁北	5964.2	8965.2	202.7	0.046	60.5
肃宁北—港一	50848.9	1.2	1835.3	−0.046	68.5
肃宁北—神池南	1883.4	17667.8	30.1	3.265	249.6
神池南—肃宁北	32083.8	53.9	507.5	−3.265	21.5
港三—肃宁北	1384.6	1923.4	48.3	0.046	57.4
肃宁北—港一	9238.6	3.8	328	−0.046	65.1
肃宁北—神池南	1511.3	16358.2	23.8	3.265	231
神池南—肃宁北	34179.5	0	540.6	−3.265	20.9
港三—肃宁北	1008.9	1529.9	34.1	0.046	56.9
肃宁北—港一	9224.4	0	328.4	−0.046	61.4
肃宁北—神池南	1507.9	15508	22.2	3.265	249.2
神池南—肃宁北	26018.4	0	422.8	−3.265	22.9
港三—肃宁北	1061.9	1723.3	37	0.046	68
肃宁北—港一	8735.8	25.5	311.7	−0.046	65.4
肃宁北—神池南	931.9	8614.1	10.3	3.265	265.9
神池南—肃宁北	14017.6	0	224.6	−3.265	22.1
港三—肃宁北	535.1	1136.9	18	0.046	61.1
肃宁北—港一	4677.9	0	166.9	−0.046	66.3
肃宁北—神池南	3588.4	2528	31.9	3.265	237.4
神池南—肃宁北	7703.1	0	126	−3.265	20.4
港三—肃宁北	749.9	743.3	20.3	0.046	69.9
肃宁北—港一	1980.9	0	71.3	−0.046	52.9
神池南—肃宁北	95.7	0	1.7	−3.265	15
港三—肃宁北	5.4	182.2	0.2	0.046	147.3
肃宁北—港一	261.6	0	10.6	−0.046	68.4
肃宁北—神池南	10342.6	83732	187.7	3.265	239.3
神池南—肃宁北	159042.4	148.1	2510.8	−3.265	21.9
港三—肃宁北	7513.9	10525.8	255.2	0.046	60.4
肃宁北—港一	47566.1	70	1688.5	−0.046	67
肃宁北—神池南	1782.8	26173.4	32.7	3.265	252.5
神池南—肃宁北	42211.6	0	661.7	−3.265	21.6

续表

区段名称	重车	空车	区段密度	坡度	万吨单耗
港三—肃宁北	1791.1	2402.2	59.5	0.046	58.1
肃宁北—港一	10975.2	0	390.1	−0.046	66.4
肃宁北—神池南	2014.4	18167.3	35.4	3.265	220.6
神池南—肃宁北	33820.9	0	532.6	−3.265	21.1
港三—肃宁北	1587.6	2551.5	54.1	0.046	60.5
肃宁北—港一	10339.2	2.3	370.5	−0.046	65.8
肃宁北—神池南	1287.4	18279.5	19.4	3.265	249.5
神池南—肃宁北	27915.3	9.9	460.6	−3.265	23
港三—肃宁北	1113.3	2609.6	38.4	0.046	68.4
肃宁北—港一	9133.4	0	329.5	−0.046	66
肃宁北—神池南	656.6	7113.3	15.5	3.265	235.9
神池南—肃宁北	12323.7	0	193.3	−3.265	22.9
港三—肃宁北	632.2	1156	21.7	0.046	59.8
肃宁北—港一	3447.8	8.6	123.8	−0.046	69
肃宁北—神池南	3464.8	5155	32	3.265	258.7
神池南—肃宁北	7077.7	0	111.3	−3.265	21.1
港三—肃宁北	507.4	1004.5	17.7	0.046	62.5
肃宁北—港一	1842.3	0	67.5	−0.046	67.1
肃宁北—神池南	755.2	203.8	9.6	3.265	176.4
神池南—肃宁北	45.2	0	0.8	−3.265	16.8
港三—肃宁北	0	43.6	0	0.046	61.2
肃宁北—港一	20	0	0.8	−0.046	55.6
肃宁北—神池南	9849.3	87317.9	163.5	3.265	240.3
神池南—肃宁北	163436.3	8.1	2605.6	−3.265	21.5
港三—肃宁北	7307.5	11467.1	251.2	0.046	60.5
肃宁北—港一	50023.2	16.7	1798.6	−0.046	68.8
肃宁北—神池南	807.9	20274.9	14.8	3.265	266.2
神池南—肃宁北	44419.1	0	725.1	−3.265	19.6
港三—肃宁北	682.4	1883	23.4	0.046	63.9
肃宁北—港一	12356.1	0	453.4	−0.046	72
肃宁北—神池南	1221.7	12823	20.9	3.265	245
神池南—肃宁北	39417.1	0	646.4	−3.265	20.8
港三—肃宁北	1055	1877.3	36	0.046	62.5
肃宁北—港一	12680.2	0	465.1	−0.046	67.7
肃宁北—神池南	1511.7	19122.7	25.4	3.265	245.7

区段名称	重车	空车	区段密度	坡度	万吨单耗
神池南—肃宁北	37771.3	0	600.8	−3.265	21.4
港三—肃宁北	1177.2	2421.4	40.8	0.046	59.2
肃宁北—港一	11141.2	4.9	401	−0.046	67.1
肃宁北—神池南	792	10978.3	14.4	3.265	250.1
神池南—肃宁北	19915.8	6.6	325.3	−3.265	21.9
港三—肃宁北	770.9	1382.4	26.4	0.046	60.9
肃宁北—港一	5994.7	0	219.3	−0.046	73
肃宁北—神池南	953.2	937.6	8.8	3.265	236.5
神池南—肃宁北	657.3	0	9.5	−3.265	24.3
港三—肃宁北	164.3	568.8	5.6	0.046	72.5
肃宁北—港一	1193.6	0	52.5	−0.046	64.8
港三—肃宁北	0	42	0	0.046	377.7
肃宁北—港一	110.7	0	4.6	−0.046	76.9
肃宁北—神池南	8872.4	94720.6	136.6	3.265	253.9
神池南—肃宁北	208675.1	71	3396.1	−3.265	20.8
港三—肃宁北	6628.1	13000.3	228.1	0.046	61.8
肃宁北—港一	64817.4	0	2390.9	−0.046	69.5
肃宁北—神池南	2251.7	19794	30.9	3.265	247
神池南—肃宁北	42060.5	0	674.8	−3.265	21
港三—肃宁北	1241.8	1998.5	39.1	0.046	63.1
肃宁北—港一	11747.9	48.6	426.3	−0.046	66.8
肃宁北—神池南	711.4	17576.3	14.8	3.265	269.9
神池南—肃宁北	35649.2	0	598.4	−3.265	21.6
港三—肃宁北	798.7	1875.7	27.4	0.046	66.4
肃宁北—港一	10505	0	399.3	−0.046	67.1
肃宁北—神池南	1358.5	15931.8	22.8	3.265	248.1
神池南—肃宁北	36186.9	0	592.9	−3.265	21.3
港三—肃宁北	991.7	1242.1	33.8	0.046	66.4
肃宁北—港一	10220	0	385.5	−0.046	70.1
肃宁北—神池南	502.7	9528.7	7.6	3.265	275.6
神池南—肃宁北	18425.4	0	299.7	−3.265	22
港三—肃宁北	388.5	993.7	13.5	0.046	70.7
肃宁北—港一	5682.1	0	211.8	−0.046	71.6
肃宁北—神池南	854.2	207.8	7.2	3.265	267.3
神池南—肃宁北	1185.1	0	20	−3.265	18

续表

区段名称	重车	空车	区段密度	坡度	万吨单耗
港三—肃宁北	88.4	713	3	0.046	74.3
肃宁北—港一	839.2	0	34	−0.046	69.8
肃宁北—神池南	487.2	477.3	3.6	3.265	295.5
神池南—肃宁北	504.4	0	7.1	−3.265	25.5
港三—肃宁北	0	143.4	0	0.046	130.7
肃宁北—港一	567	0	21.3	−0.046	71.1
肃宁北—神池南	9987.8	105090.3	163.2	3.265	255.1
神池南—肃宁北	208898.2	20.4	3416.6	−3.265	21.3
港三—肃宁北	7489	10727.2	263.8	0.046	63.6
肃宁北—港一	62273.5	11	2302.7	−0.046	72.3
肃宁北—神池南	1233.6	12383.6	28.2	3.265	221.9
神池南—肃宁北	35633.1	0	581.2	−3.265	20.8
港三—肃宁北	641.2	942.4	21.6	0.046	58.3
肃宁北—港一	9996.8	0	368.9	−0.046	66.7
肃宁北—神池南	1323.1	12378.5	20.5	3.265	247.9
神池南—肃宁北	28630	0	490.4	−3.265	20.8
港三—肃宁北	1081.9	1328.7	37.2	0.046	60.3
肃宁北—港一	8812.6	0	345.2	−0.046	63.9
肃宁北—神池南	1374.2	14066.3	28.8	3.265	228.3
神池南—肃宁北	38367.6	0	630.1	−3.265	20.9
港三—肃宁北	1675	1497.9	57.8	0.046	55.3
肃宁北—港一	11372.4	0	426.1	−0.046	67.9
肃宁北—神池南	678.1	5911.3	12.4	3.265	225.4
神池南—肃宁北	18768.2	0	312.2	−3.265	22.1
港三—肃宁北	583.7	874.9	19.9	0.046	64.9
肃宁北—港一	5660.3	0	212.1	−0.046	70.1
肃宁北—神池南	1017.3	504	9.6	3.265	236.9
神池南—肃宁北	5836	0	92.3	−3.265	18.8
港三—肃宁北	495.3	349.7	17.5	0.046	57.9
肃宁北—港一	1578.5	0	59.7	−0.046	70
肃宁北—神池南	487.2	40.6	3.6	3.265	268.5
神池南—肃宁北	1996	0	30.4	−3.265	21.3
港三—肃宁北	88.4	95.4	3	0.046	53.7
肃宁北—港一	405	2.6	15	−0.046	55
肃宁北—神池南	10734.9	81872.8	162.9	3.265	241.4

续表

区段名称	重车	空车	区段密度	坡度	万吨单耗
神池南—肃宁北	198867.7	24.4	3249.9	−3.265	21.1
港三—肃宁北	7089.1	8236.9	243.6	0.046	61.3
肃宁北—港一	54971.3	6.9	2041.9	−0.046	69.6
肃宁北—神池南	2733.5	16460.6	49.4	3.265	209.2
神池南—肃宁北	33434	0	539.8	−3.265	20
港三—肃宁北	2267.2	2501	78.5	0.046	59.3
肃宁北—港一	11358.9	0	410.9	−0.046	65.8
肃宁北—神池南	1750.6	11772.6	25.2	3.265	239.9
神池南—肃宁北	28495	0	477.5	−3.265	20.7
港三—肃宁北	1165.5	1322.8	40.2	0.046	56.8
肃宁北—港一	8682.7	0	332.7	−0.046	69.1
肃宁北—神池南	2164	15603.9	37.2	3.265	231.8
神池南—肃宁北	35344.8	0	570.9	−3.265	20.8
港三—肃宁北	1519.9	1328.3	53.6	0.046	60.8
肃宁北—港一	10905.9	9.2	400.5	−0.046	66.9
肃宁北—神池南	2085.1	8250.4	28.1	3.265	231.6
神池南—肃宁北	19145.6	0	317.3	−3.265	21.9
港三—肃宁北	1049.3	1168.7	36	0.046	61.4
肃宁北—港一	5703.9	4.3	214.5	−0.046	70.7
肃宁北—神池南	3606.9	2419.7	30.4	3.265	255.6
神池南—肃宁北	4566.2	0	72.4	−3.265	18.8
港三—肃宁北	491.9	1048.3	16.8	0.046	88.2
肃宁北—港一	1728	0	65.6	−0.046	72.7
肃宁北—神池南	487.2	552.2	3.6	3.265	268.3
神池南—肃宁北	900.9	0	15.9	−3.265	19.6
港三—肃宁北	164.3	200	5.6	0.046	93.5
肃宁北—港一	719.8	0	28.5	−0.046	73.1
肃宁北—神池南	12929.8	90386.6	226.4	3.265	230.8
神池南—肃宁北	216567.8	64.8	3525.6	−3.265	20.7
港三—肃宁北	10491.9	11375.3	354.3	0.046	60.2
肃宁北—港一	67923.3	23.6	2505.4	−0.046	69.6
肃宁北—神池南	1726.5	20780.6	36.7	3.265	234.7
神池南—肃宁北	31269.4	0	495.2	−3.265	21.1
港三—肃宁北	1414.5	2689.6	49.7	0.046	62.4
肃宁北—港一	9526.8	4.6	338	−0.046	68.5

续表

区段名称	重车	空车	区段密度	坡度	万吨单耗
肃宁北—神池南	2992.5	11663.9	47.3	3.265	219.8
神池南—肃宁北	24974.7	0	401.5	−3.265	22.1
港三—肃宁北	1826.2	1855.3	61	0.046	57
肃宁北—港一	8306.6	8.6	300.7	−0.046	65.1
肃宁北—神池南	2391.6	17545.4	45.6	3.265	211.1
神池南—肃宁北	34624.6	0	544.9	−3.265	20.4
港三—肃宁北	2256.7	1794.1	75.9	0.046	55.8
肃宁北—港一	10871.4	0	383.7	−0.046	66.4
肃宁北—神池南	1023.6	8830.4	17.7	3.265	231
神池南—肃宁北	17115.3	0	270.3	−3.265	20.9
港三—肃宁北	483.5	1312.6	16.7	0.046	64.9
肃宁北—港一	5406.9	4.6	190.2	−0.046	67.1
肃宁北—神池南	3448.8	1211.6	28.1	3.265	257.8
神池南—肃宁北	1771.9	0	24.3	−3.265	24.5
港三—肃宁北	327.8	842.1	11.5	0.046	79.7
肃宁北—港一	726.5	0	28.1	−0.046	68.5
肃宁北—神池南	702.4	124.5	5.5	3.265	278.6
神池南—肃宁北	95.7	0	1.7	−3.265	13.8
港三—肃宁北	0	155.5	0	0.046	73.4
肃宁北—港一	229.3	0	9	−0.046	76.1
肃宁北—神池南	14880.8	95600.1	237	3.265	231.3
神池南—肃宁北	168860.2	76.8	2668.8	−3.265	20.9
港三—肃宁北	10492	13346.4	356.2	0.046	62.5
肃宁北—港一	52892.1	27.4	1873.7	−0.046	70
肃宁北—神池南	3285	24789.3	49.7	3.265	237.6
神池南—肃宁北	40499.1	0	639.3	−3.265	23.3
港三—肃宁北	2363.9	3172	81.7	0.046	63.8
肃宁北—港一	11468.2	56.2	407.7	−0.046	70.5
肃宁北—神池南	2192.3	19413	36.1	3.265	235.2
神池南—肃宁北	30279.6	0	490.2	−3.265	24
港三—肃宁北	1794.3	3571.8	63	0.046	63.1
肃宁北—港一	9880.3	0	359.2	−0.046	71.2
肃宁北—神池南	2228.6	20960.9	33.2	3.265	245.4
神池南—肃宁北	36204.5	0	578.9	−3.265	24.2
港三—肃宁北	1136.1	2677.6	40	0.046	68.6

区段名称	重车	空车	区段密度	坡度	万吨单耗
肃宁北—港一	10482.1	0	370.5	−0.046	65.7
肃宁北—神池南	1226.9	10106.2	21.1	3.265	237.4
神池南—肃宁北	13434	0	211.8	−3.265	21.9
港三—肃宁北	903.5	1747.4	31.1	0.046	63.8
肃宁北—港一	4887.6	4.2	167.1	−0.046	74.5
肃宁北—神池南	2129.5	1390.2	19	3.265	256.8
神池南—肃宁北	1915.9	45.4	30.6	−3.265	20.6
港三—肃宁北	242.1	1175.3	8.6	0.046	116.8
肃宁北—港一	1123.6	8.6	42.3	−0.046	78.8
肃宁北—神池南	730.8	56.8	9.1	3.265	173.1
神池南—肃宁北	541.5	0	8.2	−3.265	28.3
港三—肃宁北	88.4	66.4	3	0.046	84
肃宁北—港一	547.8	0	19.5	−0.046	88.5
肃宁北—神池南	12334.8	116250.4	214.6	3.265	238.6
神池南—肃宁北	181242.7	95.2	2881.5	−3.265	22.7
港三—肃宁北	10333.5	16913.8	356.9	0.046	64.5
肃宁北—港一	57543.7	24.4	2044.1	−0.046	72
肃宁北—神池南	2342.2	25157.6	43.2	3.265	234.6
神池南—肃宁北	43692.9	0	729.5	−3.265	21
港三—肃宁北	2042.1	2591.6	70.9	0.046	57.4
肃宁北—港一	14335.5	4.3	532.3	−0.046	65.4
肃宁北—神池南	1802.2	18301.3	28	3.265	237.4
神池南—肃宁北	29084.9	0	489.8	−3.265	23.5
港三—肃宁北	1141.7	2359.6	39	0.046	60.1
肃宁北—港一	10582	0	400	−0.046	69.6
肃宁北—神池南	2227.1	20633.8	44.5	3.265	222
神池南—肃宁北	39575.1	36.7	637.5	−3.265	23.3
港三—肃宁北	2205	2547.6	75.9	0.046	57.3
肃宁北—港一	12297.1	0	445.7	−0.046	67.6
肃宁北—神池南	605.8	9124.1	10.4	3.265	249.5
神池南—肃宁北	13837.7	0	223.2	−3.265	20.8
港三—肃宁北	474.3	1659.1	16.3	0.046	63.4
肃宁北—港一	4868.1	13	175.3	−0.046	64.4
肃宁北—神池南	2827.3	3268.2	21.8	3.265	272.7
神池南—肃宁北	7645.4	0	127.9	−3.265	21.6

续表

区段名称	重车	空车	区段密度	坡度	万吨单耗
港三—肃宁北	164.8	1179.5	5.9	0.046	92.8
肃宁北—港一	2770.3	0	110	−0.046	78.7
肃宁北—神池南	0	791.2	0	3.265	325.2
神池南—肃宁北	1645.9	0	27.1	−3.265	21.1
港三—肃宁北	0	370.3	0	0.046	72.4
肃宁北—港一	767.9	0	30.3	−0.046	79.8
肃宁北—神池南	14082.6	126644.3	224	3.265	240.9
神池南—肃宁北	221556.8	104	3670.7	−3.265	21.5
港三—肃宁北	10766.2	18410.8	369.1	0.046	60.3
肃宁北—港一	70783	6.5	2643.4	−0.046	66.7
肃宁北—神池南	2247.7	23544.1	40.5	3.265	245.3
神池南—肃宁北	40942	1.2	654	−3.265	21.5
港三—肃宁北	1652.7	3058.6	57.9	0.046	57.4
肃宁北—港一	11322.9	2.2	412.1	−0.046	67.6
肃宁北—神池南	1759.8	16845.6	25.8	3.265	254.1
神池南—肃宁北	25520.6	0	404.6	−3.265	21.9
港三—肃宁北	1185.4	2925.7	41.4	0.046	62.4
肃宁北—港一	7664.5	0	278.9	−0.046	68.4
肃宁北—神池南	1929.3	18330.5	29.9	3.265	238.6
神池南—肃宁北	30903.9	0	508.1	−3.265	23.2
港三—肃宁北	1508.8	1940.3	51.4	0.046	63.2
肃宁北—港一	8769.4	0	326.2	−0.046	61.9
肃宁北—神池南	682.6	7878.9	13.2	3.265	232.2
神池南—肃宁北	12136.8	0	191.4	−3.265	21.8
港三—肃宁北	459.8	1209.4	15.1	0.046	64.4
肃宁北—港一	3835	0	138.1	−0.046	62.4
肃宁北—神池南	2175.9	3973.3	21.9	3.265	245.7
神池南—肃宁北	6778.3	0	112	−3.265	21
港三—肃宁北	757.1	1105.6	26.8	0.046	69
肃宁北—港一	2562.4	0	102.4	−0.046	75.4
肃宁北—神池南	566.2	1698	5.3	3.265	273.2
神池南—肃宁北	983.9	0	16	−3.265	23.1
港三—肃宁北	88.4	467.4	3	0.046	74.8
肃宁北—港一	998.5	0	42.4	−0.046	83.6
肃宁北—神池南	18158.9	120627	292.9	3.265	231.6

区段名称	重车	空车	区段密度	坡度	万吨单耗
神池南—肃宁北	184821.7	0	3008.9	−3.265	21
港三—肃宁北	13135	16126.6	452.7	0.046	57.1
肃宁北—港一	58342.7	8	2141.4	−0.046	67.8
肃宁北—神池南	1867.5	25939.3	29.5	3.265	253.2
神池南—肃宁北	38720.5	0	629	−3.265	20.8
港三—肃宁北	1891.1	4079.7	65.6	0.046	60.7
肃宁北—港一	12066	4.3	441.6	−0.046	65.5
肃宁北—神池南	1900.2	15583.1	29.8	3.265	234.9
神池南—肃宁北	25048.2	0	415.6	−3.265	20.9
港三—肃宁北	1974.2	2690.4	68.5	0.046	60.3
肃宁北—港一	8286.1	0	314.8	−0.046	67.3
肃宁北—神池南	2166.4	20484.7	42.6	3.265	217.3
神池南—肃宁北	33968.4	10.4	563.2	−3.265	21.8
港三—肃宁北	2028	3110.3	69.2	0.046	60.5
肃宁北—港一	10070.8	0	374.5	−0.046	63.8
肃宁北—神池南	535.6	6841.5	8.3	3.265	239.8
神池南—肃宁北	9657.1	12.2	158	−3.265	20.8
港三—肃宁北	617.7	1568.7	21.1	0.046	63.4
肃宁北—港一	3288.2	5.4	122.7	−0.046	69.3
肃宁北—神池南	1192.4	2086.5	12.7	3.265	230.1
神池南—肃宁北	4590.1	0	78	−3.265	24.3
港三—肃宁北	345	646.6	12.1	0.046	69.3
肃宁北—港一	2531.8	0	101.3	−0.046	72.1
肃宁北—神池南	441.6	776.8	4.9	3.265	266.3
神池南—肃宁北	1108.4	0	20.6	−3.265	19.7
港三—肃宁北	144.9	316.2	4.9	0.046	59
肃宁北—港一	783	4.3	30.2	−0.046	81.1
肃宁北—神池南	12782.7	118087.1	198.1	3.265	241.8
神池南—肃宁北	185776.6	67.5	3012.2	−3.265	21
港三—肃宁北	9750.7	18691.7	336.4	0.046	61.8
肃宁北—港一	59422.1	2.9	2179.4	−0.046	67.8
肃宁北—神池南	2055.4	22788.8	39.4	3.265	227.7
神池南—肃宁北	38119.2	0	620.5	−3.265	21.5
港三—肃宁北	1844.1	3921.4	63.4	0.046	58.3
肃宁北—港一	12363.1	19.4	452	−0.046	70

续表

区段名称	重车	空车	区段密度	坡度	万吨单耗
肃宁北—神池南	3565.2	16857.5	48.3	3.265	220.8
神池南—肃宁北	24541.3	0	406.9	−3.265	21.8
港三—肃宁北	2309.3	2250.9	82	0.046	61.6
肃宁北—港一	7152.6	4.3	271	−0.046	68.8
肃宁北—神池南	2155.9	19264.9	34.1	3.265	228.5
神池南—肃宁北	36033.6	1.3	576.6	−3.265	22.7
港三—肃宁北	1607.5	3901.9	57.6	0.046	58.6
肃宁北—港一	11961.4	2.7	431.3	−0.046	62.7
肃宁北—神池南	1074.5	8449	14.8	3.265	226.4
神池南—肃宁北	14233.6	6.1	231.9	−3.265	20
港三—肃宁北	619.1	1392.9	21.2	0.046	61
肃宁北—港一	4508.8	9	168.1	−0.046	66.7
肃宁北—神池南	1131.9	2138.4	13.6	3.265	202.5
神池南—肃宁北	4027.8	0	68.7	−3.265	18.5
港三—肃宁北	503.4	766.7	17.5	0.046	68.4
肃宁北—港一	2801.6	0	112.7	−0.046	74.1
肃宁北—神池南	553.2	566	6.5	3.265	223.2
神池南—肃宁北	621.4	0	10.1	−3.265	21.8
港三—肃宁北	265.3	209.4	9.1	0.046	46.4
肃宁北—港一	274.2	0	10.6	−0.046	70.2
肃宁北—神池南	11877.7	108942.9	181.8	3.265	242.4
神池南—肃宁北	181281	51.8	2940.9	−3.265	21.2
港三—肃宁北	9620.1	16885.6	329.4	0.046	60
肃宁北—港一	60850.9	10.8	2232.2	−0.046	66.9

附录 3　电力机车万吨数据

区段名称	重车	空车	区段密度	坡度	万吨单耗
肃宁北—神池南	0	65541	0	3.265	273.5
神池南—肃宁北	61036.6	347.8	1076.921	−3.265	17.2
港三—肃宁北	10.8	26232.6	0.48913	0.046	90.5
肃宁北—港一	16830.2	25.9	699.9448	−0.046	55.9
肃宁北—神池南	0	90727.2	0	3.265	267.7
神池南—肃宁北	85542.9	0	1586.158	−3.265	15.6
港三—肃宁北	75	35252.6	3.26087	0.046	112.9
肃宁北—港一	29447.9	77.8	1257.348	−0.046	48.5
肃宁北—神池南	0	54356.7	0	3.265	277.2
神池南—肃宁北	58115.6	0	1030.419	−3.265	17.7
港三—肃宁北	9.7	25375.3	0.434783	0.046	93.3
肃宁北—港一	16451.6	25.9	687.6243	−0.046	53.8
肃宁北—神池南	0	50663.6	0	3.265	269.3
神池南—肃宁北	42079	0	753.9655	−3.265	17.2
港三—肃宁北	13	20783.8	0.597826	0.046	100.2
肃宁北—港一	13907.5	43.2	577.7901	−0.046	55.2
肃宁北—神池南	243.6	208811	3.669951	3.265	262.8
神池南—肃宁北	166912.7	0	3258.227	−3.265	14.3
港三—肃宁北	213.5	77537.8	9.402174	0.046	129.1
肃宁北—港一	66462.2	330.9	2908.453	−0.046	45.2
肃宁北—神池南	438.5	494433.6	8.64532	3.265	267.4
神池南—肃宁北	426709.4	438.5	8146.034	−3.265	15.5
港三—肃宁北	498.3	207292.5	21.73913	0.046	106.5
肃宁北—港一	171667.7	756.5	7400.608	−0.046	43.1
肃宁北—神池南	0	539035.2	0	3.265	268
神池南—肃宁北	494368.9	0	9449.828	−3.265	15.3
港三—肃宁北	637.4	229016.2	26.19565	0.046	122.2
肃宁北—港一	202766.7	1055.7	8746.519	−0.046	43.7
肃宁北—神池南	0	84914	0	3.265	272.8
神池南—肃宁北	76721.7	0	1335.8	−3.265	17
港三—肃宁北	12.9	31052.5	0.6	0.046	94.8
肃宁北—港一	23606.8	43.2	956.1	−0.046	56.7
肃宁北—神池南	0	94661.6	0	3.265	270.9
神池南—肃宁北	72845.7	0	1344.3	−3.265	16.4

续表

区段名称	重车	空车	区段密度	坡度	万吨单耗
港三—肃宁北	38.8	41655.1	1.7	0.046	99.4
肃宁北—港一	27653.3	86.2	1173	−0.046	52.9
肃宁北—神池南	0	75401.9	0	3.265	281
神池南—肃宁北	73103.5	0	1287	−3.265	17.2
港三—肃宁北	18.2	28651.9	0.8	0.046	96.5
肃宁北—港一	23450.9	51.8	953.2	−0.046	55.9
肃宁北—神池南	0	59470.5	0	3.265	277.7
神池南—肃宁北	54057.7	0	952.8	−3.265	18.4
港三—肃宁北	16.2	22258.7	0.7	0.046	103.1
肃宁北—港一	16920.3	25.9	693.9	−0.046	55
肃宁北—神池南	0	250114.2	0	3.265	260.5
神池南—肃宁北	209376.2	0	4092.3	−3.265	14
港三—肃宁北	503.2	97983.1	22	0.046	137.8
肃宁北—神池南	0	592421.1	0	3.265	270.7
神池南—肃宁北	292759.9	0	5439.4	−3.265	18.3
港三—肃宁北	944.8	239771.6	40.6	0.046	123.1
肃宁北—港一	115976.5	781.6	4919	−0.046	49.9
肃宁北—神池南	0	66494.5	0	3.265	272.7
神池南—肃宁北	80642.3	0	1389.7	−3.265	17.6
港三—肃宁北	30.2	26684.5	1.3	0.046	95.4
肃宁北—港一	22613.7	25.9	914.1	−0.046	58.2
肃宁北—神池南	0	92442.9	0	3.265	275.4
神池南—肃宁北	75983.9	0	1405.7	−3.265	16.1
港三—肃宁北	42.1	37377.2	1.9	0.046	111.7
肃宁北—港一	28187.2	129.4	1198.3	−0.046	51.7
肃宁北—神池南	0	66501.7	0	3.265	281.2
神池南—肃宁北	66109.1	0	1154.2	−3.265	17.8
港三—肃宁北	29.7	25472.1	1.3	0.046	98.9
肃宁北—港一	20091.3	51.7	818.8	−0.046	55.4
肃宁北—神池南	0	47104.8	0	3.265	270.5
神池南—肃宁北	48681.2	0	867	−3.265	17.9
港三—肃宁北	24.8	19743.8	1.1	0.046	97.5
肃宁北—港一	14741.4	8.6	609.9	−0.046	55.6
肃宁北—神池南	0	239628.2	0	3.265	259.8
神池南—肃宁北	176389.9	0	3451.9	−3.265	14

续表

区段名称	重车	空车	区段密度	坡度	万吨单耗
港三—肃宁北	559.9	92952.4	24.4	0.046	138.4
肃宁北—港一	74776.6	423	3280.7	−0.046	43.2
肃宁北—神池南	0	561230.9	0	3.265	269.2
神池南—肃宁北	301986.4	0	5632.9	−3.265	18
港三—肃宁北	1021.1	226163.3	44.5	0.046	124.5
肃宁北—港一	117350.3	777.8	4986.7	−0.046	49.1
肃宁北—神池南	0	66494.5	0	3.265	272.7
神池南—肃宁北	80642.3	0	1389.7	−3.265	17.6
港三—肃宁北	30.2	26684.5	1.3	0.046	95.4
肃宁北—港一	22613.7	25.9	914.1	−0.046	58.2
肃宁北—神池南	0	92442.9	0	3.265	275.4
神池南—肃宁北	75983.9	0	1405.7	−3.265	16.1
港三—肃宁北	42.1	37377.2	1.9	0.046	111.7
肃宁北—港一	28187.2	129.4	1198.3	−0.046	51.7
肃宁北—神池南	0	66501.7	0	3.265	281.2
神池南—肃宁北	66109.1	0	1154.2	−3.265	17.8
港三—肃宁北	29.7	25472.1	1.3	0.046	98.9
肃宁北—港一	20091.3	51.7	818.8	−0.046	55.4
肃宁北—神池南	0	47104.8	0	3.265	270.5
神池南—肃宁北	48681.2	0	867	−3.265	17.9
港三—肃宁北	24.8	19743.8	1.1	0.046	97.5
肃宁北—港一	14741.4	8.6	609.9	−0.046	55.6
肃宁北—神池南	0	239628.2	0	3.265	259.8
神池南—肃宁北	176389.9	0	3451.9	−3.265	14
港三—肃宁北	559.9	92952.4	24.4	0.046	138.4
肃宁北—港一	74776.6	423	3280.7	−0.046	43.2
肃宁北—神池南	0	561230.9	0	3.265	269.2
神池南—肃宁北	301986.4	0	5632.9	−3.265	18
港三—肃宁北	1021.1	226163.3	44.5	0.046	124.5
肃宁北—港一	117350.3	777.8	4986.7	−0.046	49.1
肃宁北—神池南	0	99024.9	0	3.265	264.3
神池南—肃宁北	66243.5	0	974	−3.265	17.9
港三—肃宁北	35.6	37423.4	1.6	0.046	98.4
肃宁北—港一	25490.1	182.8	954.1	−0.046	55.7
肃宁北—神池南	0	101629.1	0	3.265	262.4

续表

区段名称	重车	空车	区段密度	坡度	万吨单耗
神池南—肃宁北	54470.3	0	953.1	−3.265	17.7
港三—肃宁北	51.7	45410.3	2.3	0.046	112.4
肃宁北—港一	22711.2	137.8	982.4	−0.046	53.2
肃宁北—神池南	0	79031.5	0	3.265	263.8
神池南—肃宁北	53358.1	0	891.1	−3.265	17.5
港三—肃宁北	39.9	33504.6	1.7	0.046	103
肃宁北—港一	22503	135.7	939.1	−0.046	53.9
肃宁北—神池南	0	62368.9	0	3.265	265.3
神池南—肃宁北	28253	0	457.7	−3.265	18.5
港三—肃宁北	20.5	25014.7	0.9	0.046	99.2
肃宁北—港一	10814	86.4	454.6	−0.046	54.7
肃宁北—神池南	0	228097.2	0	3.265	251.1
神池南—肃宁北	118234.3	0	2321.1	−3.265	15.1
港三—肃宁北	230.3	97102.9	10.1	0.046	134.3
肃宁北—港一	65155.1	681.8	2860.7	−0.046	45.2
肃宁北—神池南	0	585075	0	3.265	259.4
神池南—肃宁北	222899.3	0	4276	−3.265	18.1
港三—肃宁北	558.9	214653	24.3	0.046	109.9
肃宁北—港一	100974.5	1122.5	4392.5	−0.046	55.4
肃宁北—神池南	0	95597.5	0	3.265	261.2
神池南—肃宁北	41525.2	0	578.1	−3.265	18.2
港三—肃宁北	8.6	38082	0.4	0.046	93.4
肃宁北—港一	16506.3	153.2	631.5	−0.046	54.3
肃宁北—神池南	0	108079.9	0	3.265	263.5
神池南—肃宁北	55285.9	0	897.1	−3.265	17
港三—肃宁北	62.7	44723.7	2.8	0.046	108.6
肃宁北—港一	24596.3	103.5	996.4	−0.046	50.7
肃宁北—神池南	0	82075.8	0	3.265	268.1
神池南—肃宁北	58976.6	0	847.1	−3.265	18.2
港三—肃宁北	28	37712.2	1.2	0.046	96.8
肃宁北—港一	24296.9	121.9	907.8	−0.046	52.5
肃宁北—神池南	0	68882.1	0	3.265	264.6
神池南—肃宁北	32195.5	0	492.1	−3.265	18.4
港三—肃宁北	24.7	27485.1	1.1	0.046	109.1
肃宁北—港一	14818.6	103.5	572.5	−0.046	54.2

区段名称	重车	空车	区段密度	坡度	万吨单耗
肃宁北—神池南	0	242424.7	0	3.265	250.9
神池南—肃宁北	100007.1	0	1968.3	−3.265	14.7
港三—肃宁北	176.3	99843.2	7.8	0.046	127.1
肃宁北—港一	61266.8	820.2	2672.4	−0.046	45
肃宁北—神池南	0	592800	4.2	3.265	261.2855
神池南—肃宁北	180841.2	0	3452.4	−3.265	17.97503
港三—肃宁北	535	226292.7	23.3	0.046	106.7557
肃宁北—港一	90578	1249.9	4025.9	−0.046	53.21196
肃宁北—神池南	0	84154.4	0	3.265	262.2
神池南—肃宁北	36123.7	0	485.8	−3.265	18.6
港三—肃宁北	18.4	36857.7	0.8	0.046	104.7
肃宁北—港一	18749.9	225.6	660.8	−0.046	54.3
肃宁北—神池南	0	112296.1	0	3.265	255.3
神池南—肃宁北	36083.5	0	690.1	−3.265	17.6
港三—肃宁北	45.3	42739.8	2	0.046	106.7
肃宁北—港一	15505.4	224.2	719.2	−0.046	52
肃宁北—神池南	0	83754.9	0	3.265	270
神池南—肃宁北	44271.4	0	734.9	−3.265	17
港三—肃宁北	27	37478.5	1.2	0.046	99.8
肃宁北—港一	21996.6	181.4	868.3	−0.046	51.7
肃宁北—神池南	487.2	64927	3.6	3.265	255.1
神池南—肃宁北	18179.3	0	301.9	−3.265	18.2
港三—肃宁北	9.6	21784.5	0.4	0.046	108.3
肃宁北—港一	9103.3	94.9	315.3	−0.046	54.1
肃宁北—神池南	0	220313.6	4.3	3.265	253.4
神池南—肃宁北	75215.2	0	1444.1	−3.265	14.8
港三—肃宁北	190.8	88543.9	8.4	0.046	126.5
肃宁北—港一	49159.9	780.2	2162.1	−0.046	46.9
肃宁北—神池南	487.2	565446	7.931034	3.265	257.5538
神池南—肃宁北	209873.1	0	3656.823	−3.265	16.5795
港三—肃宁北	291.1	227404.4	12.82609	0.046	113.2975
肃宁北—港一	114515.1	1506.3	4725.691	−0.046	50.11893
肃宁北—神池南	0	86465.1	4.3	3.265	255.7
神池南—肃宁北	41418.6	0	632.9	−3.265	19.6
港三—肃宁北	14	32899.3	0.7	0.046	101.6

续表

区段名称	重车	空车	区段密度	坡度	万吨单耗
肃宁北—港一	17847.6	288.8	672.7	-0.046	56.5
肃宁北—神池南	0	108891.2	0	3.265	259.6
神池南—肃宁北	44321.6	0	660.4	-3.265	19.5
港三—肃宁北	21.6	44618.7	1	0.046	106.5
肃宁北—港一	21052.8	388.5	745.6	-0.046	55.9
肃宁北—神池南	0	78634.9	0	3.265	251.4
神池南—肃宁北	53050.7	0	893.4	-3.265	18.3
港三—肃宁北	22.7	36489.5	1	0.046	106.1
肃宁北—港一	22509.9	294.1	901.3	-0.046	54.4
肃宁北—神池南	0	72343.9	0	3.265	250.9
神池南—肃宁北	24330.7	0	382.7	-3.265	20.2
港三—肃宁北	27.3	26079.8	1.2	0.046	112.9
肃宁北—港一	10781.9	198.7	403.3	-0.046	57.9
肃宁北—神池南	438.5	227954.2	8.6	3.265	248.7
神池南—肃宁北	88023.8	354.2	1699.1	-3.265	15
港三—肃宁北	257.4	96261.9	11.3	0.046	131
肃宁北—港一	53591.6	1161.3	2287	-0.046	46.6
肃宁北—神池南	0	562328.9	3.6	3.265	262.2
神池南—肃宁北	197116.9	0	3654.3	-3.265	19.6
港三—肃宁北	229.6	217031.9	10	0.046	103.9
肃宁北—港一	94445.7	1310.3	3943.8	-0.046	55.1
肃宁北—神池南	0	88091.5	0	3.265	264.6
神池南—肃宁北	38164.2	0	619.6	-3.265	20.1
港三—肃宁北	13.9	33756.2	0.6	0.046	108.9
肃宁北—港一	18229.7	319.2	715.1	-0.046	57.4
肃宁北—神池南	0	104453.6	0	3.265	264.5
神池南—肃宁北	31155.1	0	511.6	-3.265	19.9
港三—肃宁北	32.3	37705.4	1.4	0.046	119.3
肃宁北—港一	17044.4	293.8	662.6	-0.046	58.4
肃宁北—神池南	0	80354.1	0	3.265	269.2
神池南—肃宁北	48657	0	829.3	-3.265	18.5
港三—肃宁北	15	34534.1	0.7	0.046	100.9
肃宁北—港一	23854.9	182.6	980.7	-0.046	56.8
肃宁北—神池南	0	69433.4	0	3.265	273.9
神池南—肃宁北	17918.8	0	302.8	-3.265	20.3

续表

区段名称	重车	空车	区段密度	坡度	万吨单耗
港三—肃宁北	23.7	28155.1	1	0.046	121.8
肃宁北—港一	10822.1	216	445.2	−0.046	58.8
肃宁北—神池南	0	228209.2	0	3.265	261
神池南—肃宁北	88473.5	0	1701.9	−3.265	16
港三—肃宁北	494.8	88310.1	21.5	0.046	138.5
肃宁北—港一	52689.5	1078.2	2237.3	−0.046	45.2
肃宁北—神池南	0	570541.8	0	3.265	264.937
神池南—肃宁北	224368.6	0	3965.214	−3.265	18.03689
港三—肃宁北	579.7	222460.9	25.29891	0.046	122.8481
肃宁北—港一	122640.6	2089.8	5040.832	−0.046	52.17882
肃宁北—神池南	0	91289.7	0	3.265	264.1
神池南—肃宁北	29749.9	0	568.6	−3.265	18.1
港三—肃宁北	15.1	40879.6	0.7	0.046	97.1
肃宁北—港一	19843.7	267	839.9	−0.046	57.1
肃宁北—神池南	0	108549	0	3.265	269.4
神池南—肃宁北	29431	0	467.7	−3.265	18.6
港三—肃宁北	17.3	39263.4	0.8	0.046	113.9
肃宁北—港一	17572.4	349.4	678.5	−0.046	56.3
肃宁北—神池南	0	80012	0	3.265	278.8
神池南—肃宁北	37754.2	0	653.1	−3.265	17.8
港三—肃宁北	20.5	35019.1	0.9	0.046	109.9
肃宁北—港一	21517.9	198.7	860.5	−0.046	56.9
肃宁北—神池南	0	59521	0	3.265	274.5
神池南—肃宁北	15779.4	0	231.8	−3.265	20.6
港三—肃宁北	14	19499.2	0.6	0.046	127.9
肃宁北—港一	8937.6	198.6	345.8	−0.046	56.8
肃宁北—神池南	0	230429	0	3.265	262.5
神池南—肃宁北	82818.3	0	1589.6	−3.265	15.2
港三—肃宁北	151.7	89150.3	6.7	0.046	133.5
肃宁北—港一	47954.1	820.2	2057.2	−0.046	46.6
肃宁北—神池南	0	569800.7	0	3.265	267.5684
神池南—肃宁北	195532.8	0	3510.798	−3.265	16.99374
港三—肃宁北	218.6	223811.6	9.625	0.046	119.7624
肃宁北—港一	115825.7	1833.9	4781.848	−0.046	52.44788
肃宁北—神池南	0	80027.9	0	3.265	267.3

续表

区段名称	重车	空车	区段密度	坡度	万吨单耗
神池南—肃宁北	21233.1	0	436.8	−3.265	18.9
港三—肃宁北	30.2	34388.3	1.3	0.046	102.8
肃宁北—港一	12661	8.6	632.8	−0.046	58.5
肃宁北—神池南	0	94330.4	0	3.265	271.6
神池南—肃宁北	29795.1	0	547	−3.265	17.9
港三—肃宁北	16.2	36410.1	0.7	0.046	118
肃宁北—港一	16882.1	0	699	−0.046	55.5
肃宁北—神池南	0	69991.1	0	3.265	274.2
神池南—肃宁北	30866.8	0	481.3	−3.265	18.7
港三—肃宁北	22.7	26090.9	1	0.046	107
肃宁北—港一	18021.7	0	683.2	−0.046	58
肃宁北—神池南	0	53577.6	0	3.265	269.5
神池南—肃宁北	7266.8	0	131.7	−3.265	19.9
港三—肃宁北	29.2	17043.3	1.3	0.046	130.3
肃宁北—港一	6853.5	8.6	272.7	−0.046	54.4
肃宁北—神池南	0	222229.5	0	3.265	268.1
神池南—肃宁北	73344.7	0	1398.4	−3.265	14.8
港三—肃宁北	79.9	79647	3.5	0.046	139.1
肃宁北—港一	44420.2	8.6	1867.8	−0.046	47.6
肃宁北—神池南	438.5	485546.9	0	3.265	275.5
神池南—肃宁北	191490.3	0	3340.2	−3.265	18.9
港三—肃宁北	91.8	203570.4	3.7	0.046	111.4
肃宁北—港一	106872.9	47.4	4552.8	−0.046	60
肃宁北—神池南	0	86143.3	0	3.265	274.2
神池南—肃宁北	35482.3	0	611.5	−3.265	17.2
港三—肃宁北	14	36747.3	0.7	0.046	109.3
肃宁北—港一	20573.8	224.6	826.2	−0.046	59.1
肃宁北—神池南	0	96741.7	0	3.265	274.5
神池南—肃宁北	27386.2	0	505.2	−3.265	17.5
港三—肃宁北	17.3	35774.3	0.8	0.046	122.1
肃宁北—港一	18923.6	129.6	736.5	−0.046	56
肃宁北—神池南	0	72106.5	0	3.265	282.8
神池南—肃宁北	38599	0	635.8	−3.265	17.6
港三—肃宁北	0	32147.2	0	0.046	104.4
肃宁北—港一	19654.3	60.5	785.5	−0.046	62

区段名称	重车	空车	区段密度	坡度	万吨单耗
肃宁北—神池南	0	57717	0	3.265	273.7
神池南—肃宁北	15066.7	0	284.2	−3.265	16.8
港三—肃宁北	4.3	18434.8	0.2	0.046	122.8
肃宁北—港一	8247.3	155.5	363.4	−0.046	58.2
肃宁北—神池南	0	220091.1	0	3.265	270.2
神池南—肃宁北	81467.6	0	1561	−3.265	14.2
港三—肃宁北	13.9	89191.9	0.6	0.046	136.5
肃宁北—港一	46563.1	354.2	1986.2	−0.046	48.6
肃宁北—神池南	0	506495.3	0	3.265	277.8
神池南—肃宁北	199148.6	0	3517.9	−3.265	17.9
港三—肃宁北	29.5	203166.5	1.6	0.046	113.2
肃宁北—港一	109126.5	852.9	4653.3	−0.046	59.6
肃宁北—神池南	0	99526	0	3.265	262.8
神池南—肃宁北	32184.7	0	588	−3.265	17.8
港三—肃宁北	0	37811.9	0	0.046	99.6
肃宁北—港一	20751	276.5	923.3	−0.046	56.2
肃宁北—神池南	0	113684.9	0	3.265	262.3
神池南—肃宁北	28792.9	0	511.9	−3.265	18.4
港三—肃宁北	0	41687.3	0	0.046	112.1
肃宁北—港一	16875	267.8	763.9	−0.046	56.2
肃宁北—神池南	487.2	85778	3.7	3.265	269.2
神池南—肃宁北	32261.5	0	551.3	−3.265	17.6
港三—肃宁北	3.2	36260.7	0.1	0.046	99.5
肃宁北—港一	22568.1	212.6	891.3	−0.046	61
肃宁北—神池南	0	62752.8	0	3.265	262
神池南—肃宁北	13076.1	0	198.8	−3.265	17.5
港三—肃宁北	17.3	20606.8	0.8	0.046	122.9
肃宁北—港一	8028.9	120.8	323.1	−0.046	56.6
肃宁北—神池南	0	237959.8	0	3.265	259.8
神池南—肃宁北	116653.5	0	2236.6	−3.265	14.5
港三—肃宁北	0	96652.6	0	0.046	132.6
肃宁北—港一	67633	845.5	2892.5	−0.046	47
肃宁北—神池南	0	602317.5	0	3.265	269.1
神池南—肃宁北	190644.8	0	3381.5	−3.265	18.3
港三—肃宁北	31.9	248154.7	1.2	0.046	110.5

续表

区段名称	重车	空车	区段密度	坡度	万吨单耗
肃宁北—港一	125316.4	1677	5289.6	−0.046	59.6
肃宁北—神池南	0	88699.5	0	3.265	264.2
神池南—肃宁北	28307.8	0	534.5	−3.265	18.1
港三—肃宁北	0	35272.6	0	0.046	120.6
肃宁北—港一	19466.3	328.2	785.6	−0.046	57.3
肃宁北—神池南	0	98998.2	0	3.265	268.9
神池南—肃宁北	26776.3	0	460.3	−3.265	18.9
港三—肃宁北	0	35937	0	0.046	115.8
肃宁北—港一	13870	155.5	610.8	−0.046	62.3
肃宁北—神池南	0	77576.3	0	3.265	269.7
神池南—肃宁北	32990.7	0	568.8	−3.265	18.7
港三—肃宁北	6.5	31355.9	0.3	0.046	109
肃宁北—港一	18306.2	250.4	815.4	−0.046	63.2
肃宁北—神池南	0	62953.1	0	3.265	270.7
神池南—肃宁北	14469.2	0	253.9	−3.265	18.1
港三—肃宁北	5.4	23699.9	0.3	0.046	122.1
肃宁北—港一	9673.3	43.2	384.3	−0.046	59.7
肃宁北—神池南	0	215419.7	0	3.265	261.1
神池南—肃宁北	90029.4	0	1729.3	−3.265	14.7
港三—肃宁北	0	86524.8	0	0.046	142.7
肃宁北—港一	54401.1	302.4	2359.2	−0.046	49.7
肃宁北—神池南	0	568180.6	0	3.265	269.1
神池南—肃宁北	183381.4	0	3172.6	−3.265	18.4
港三—肃宁北	47.5	223920.8	2.2	0.046	116.3
肃宁北—港一	112372.6	1062.7	4671.5	−0.046	62.3
肃宁北—神池南	0	95680.8	0	3.265	262.6
神池南—肃宁北	40037	0	688.8	−3.265	18.3
港三—肃宁北	0	36030.6	0	0.046	109.5
肃宁北—港一	17265.5	311	701.6	−0.046	57.7
肃宁北—神池南	0	104717.7	0	3.265	263.9
神池南—肃宁北	31405	0	543.7	−3.265	18.4
港三—肃宁北	3.2	37039.2	0.1	0.046	129.8
肃宁北—港一	13200.9	345.4	543.5	−0.046	57.2
肃宁北—神池南	0	76492.8	0	3.265	266.2
神池南—肃宁北	34493.6	0	607.2	−3.265	18.3

区段名称	重车	空车	区段密度	坡度	万吨单耗
港三—肃宁北	0	29779.1	0	0.046	115.6
肃宁北—港一	16012.5	172.6	615.6	−0.046	61
肃宁北—神池南	0	63242.5	0	3.265	273.9
神池南—肃宁北	21075.1	0	366.4	−3.265	19.4
港三—肃宁北	10.8	26076.7	0.5	0.046	130.2
肃宁北—港一	9080.6	69.1	360.2	−0.046	58.6
肃宁北—神池南	0	220826.7	0	3.265	258.9
神池南—肃宁北	88138.3	0	1695	−3.265	15.1
港三—肃宁北	4.3	90165.3	0.2	0.046	146.3
肃宁北—港一	48241.9	1123	2058	−0.046	47.3
肃宁北—神池南	0	547748.5	0	3.265	266.9
神池南—肃宁北	223418.2	0	3945.3	−3.265	19
港三—肃宁北	48.6	216112.9	2.1	0.046	112.5
肃宁北—港一	98045.9	769.8	4063.4	−0.046	60.6
肃宁北—神池南	0	89544.3	0	3.265	259.6
神池南—肃宁北	38206.9	0	667.4	−3.265	18.4
港三—肃宁北	0	34991.6	0	0.046	108.3
肃宁北—港一	17934.5	371.5	774.8	−0.046	56.6
肃宁北—神池南	0	109921	0	3.265	264.1
神池南—肃宁北	38724.3	0	639.5	−3.265	17.9
港三—肃宁北	0	41457	0	0.046	123.5
肃宁北—港一	21747.4	233.3	782.2	−0.046	55.9
肃宁北—神池南	0	83075.2	0	3.265	267.4
神池南—肃宁北	40210.3	0	671.8	−3.265	19.1
港三—肃宁北	23.8	34257.5	1.1	0.046	104.1
肃宁北—港一	18464.5	241.7	747	−0.046	60.6
肃宁北—神池南	0	70607.1	0	3.265	268.6
神池南—肃宁北	22413.8	0	443.1	−3.265	17.9
港三—肃宁北	11.6	29262.7	0.5	0.046	128.2
肃宁北—港一	13995.8	34.6	597.6	−0.046	57.1
肃宁北—神池南	0	234828.4	0	3.265	260.1
神池南—肃宁北	62035.3	0	1182.1	−3.265	15.6
港三—肃宁北	18.4	85461.8	0.8	0.046	147.7
肃宁北—港一	35067.9	622.9	1511.4	−0.046	46.5
肃宁北—神池南	0	580353.8	0	3.265	270.1

续表

区段名称	重车	空车	区段密度	坡度	万吨单耗
神池南—肃宁北	214289.7	0	3835.7	−3.265	19.3
港三—肃宁北	201.7	236369.5	8.9	0.046	111.5
肃宁北—港一	112748	1114.7	4830.5	−0.046	61.6
肃宁北—神池南	0	70977.7	0	3.265	260.5
神池南—肃宁北	37492.9	0	674.1	−3.265	18
港三—肃宁北	0	26413.1	0.1	0.046	95.8
肃宁北—港一	16549.2	276.5	666.6	−0.046	58
肃宁北—神池南	0	93525.6	0	3.265	260.3
神池南—肃宁北	35371.6	0	600.7	−3.265	17.9
港三—肃宁北	0	32588.3	0	0.046	102.6
肃宁北—港一	13594.1	225.7	529.3	−0.046	58.6
肃宁北—神池南	0	65744	0	3.265	277
神池南—肃宁北	43424	0	700.9	−3.265	18.5
港三—肃宁北	0	25994.7	0	0.046	100.8
肃宁北—港一	14731.9	259.2	643.1	−0.046	61.4
肃宁北—神池南	0	57462.5	0	3.265	259.7
神池南—肃宁北	22556.8	0	366.5	−3.265	19
港三—肃宁北	7.6	23391	0.3	0.046	114.2
肃宁北—港一	9344.8	138	403.5	−0.046	57.6
肃宁北—神池南	0	229578.4	0	3.265	257
神池南—肃宁北	30175.6	0	585.2	−3.265	15.3
港三—肃宁北	16.2	81577.8	0.7	0.046	130.8
肃宁北—港一	21507.9	1062.1	931.4	−0.046	47.6
肃宁北—神池南	0	541250.8	0	3.265	265.6
神池南—肃宁北	254068	0	4464.5	−3.265	18.5
港三—肃宁北	44.3	206571.6	2.2	0.046	103.2
肃宁北—港一	107894.4	1002.3	4410.4	−0.046	60.6
肃宁北—神池南	0	72608.1	0	3.265	253.3
神池南—肃宁北	44013.7	0	752.2	−3.265	18.1
港三—肃宁北	0	24429.5	0.1	0.046	84.1
肃宁北—港一	14020.7	138.2	514.1	−0.046	55.4
肃宁北—神池南	100.9	78124.2	0.9	3.265	253.1
神池南—肃宁北	40990.8	0	682.9	−3.265	18.2
港三—肃宁北	38.9	31225.2	1.7	0.046	87.9
肃宁北—港一	11931.6	121	513.2	−0.046	53.4

续表

区段名称	重车	空车	区段密度	坡度	万吨单耗
肃宁北—神池南	0	58450.4	0	3.265	248.1
神池南—肃宁北	42096.7	0	791.2	−3.265	18.3
港三—肃宁北	3.2	22833.1	0.1	0.046	89.2
肃宁北—港一	13109.1	216	543.5	−0.046	53.5
肃宁北—神池南	0	50529.1	0	3.265	277.1
神池南—肃宁北	21366.5	0	429.1	−3.265	19.2
港三—肃宁北	0	17359.5	0	0.046	108.4
肃宁北—港一	5742.6	103.7	308.6	−0.046	58.5
肃宁北—神池南	0	165133	0	3.265	254.3
神池南—肃宁北	34575.7	0	667.2	−3.265	15.5
港三—肃宁北	17.3	63194.5	0.8	0.046	123
肃宁北—港一	21278.4	647.4	914.8	−0.046	45.5
肃宁北—神池南	0	449592.8	0	3.265	266.2
神池南—肃宁北	228152.5	0	3898.2	−3.265	19.4
港三—肃宁北	29.2	165687.5	1.4	0.046	99
肃宁北—港一	78200.7	842.2	3126.1	−0.046	60.1
肃宁北—神池南	0	66126.5	0	3.265	263.8
神池南—肃宁北	39536.9	0	661.3	−3.265	17.6
港三—肃宁北	0	22911.5	0	0.046	91.5
肃宁北—港一	11442	172.1	454.6	−0.046	57.2
肃宁北—神池南	0	75451.9	0	3.265	249.6
神池南—肃宁北	28568.4	0	522.2	−3.265	16.4
港三—肃宁北	0	28106.1	0	0.046	92.6
肃宁北—港一	10457.9	207.1	402.8	−0.046	52.3
肃宁北—神池南	0	57782.3	0	3.265	253.3
神池南—肃宁北	27918.1	0	549.3	−3.265	18.1
港三—肃宁北	4.3	22491.2	0.2	0.046	87.7
肃宁北—港一	8187.1	103.7	367.7	−0.046	51.8
肃宁北—神池南	0	47266.9	0	3.265	271.3
神池南—肃宁北	22997.1	0	408.5	−3.265	18.8
港三—肃宁北	0	18969.2	0	0.046	98.5
肃宁北—港一	8082.3	138.1	340	−0.046	57.8
肃宁北—神池南	0	159235.6	0	3.265	254.3
神池南—肃宁北	33162.4	0	642.6	−3.265	14.7
港三—肃宁北	23.8	62410.9	1	0.046	128

续表

区段名称	重车	空车	区段密度	坡度	万吨单耗
肃宁北—港一	20648.1	950.8	888.1	−0.046	44.7
肃宁北—神池南	0	406713.7	0	3.265	268
神池南—肃宁北	194755.1	0	3280.7	−3.265	18.5
港三—肃宁北	271.3	145812.5	5.6	0.046	94.9
肃宁北—港一	59893	743.6	2438.1	−0.046	57.5
肃宁北—神池南	0	68655.6	0	3.265	269.6
神池南—肃宁北	38353.9	0	701.8	−3.265	18.5
港三—肃宁北	103.7	26180.1	4.4	0.046	89.1
肃宁北—港一	13796	232.6	524.4	−0.046	58.1
肃宁北—神池南	0	65051.2	0	3.265	245.1
神池南—肃宁北	32078	0	564.3	−3.265	17.1
港三—肃宁北	70	24847.4	3.1	0.046	88
肃宁北—港一	10715.6	69	434.3	−0.046	49.5
肃宁北—神池南	0	55245.6	0	3.265	268.6
神池南—肃宁北	43628.5	0	728	−3.265	19
港三—肃宁北	3.2	20111.6	0.2	0.046	87.1
肃宁北—港一	13109.6	43.2	516.6	−0.046	56.9
肃宁北—神池南	0	46805.5	0	3.265	282.4
神池南—肃宁北	24007.1	0	370.9	−3.265	19.4
港三—肃宁北	50.8	18286.2	2.2	0.046	104.5
肃宁北—港一	7203.7	241.6	288.9	−0.046	60.4
肃宁北—神池南	0	148984.9	0	3.265	257.3
神池南—肃宁北	40087.6	0	780.8	−3.265	15.9
港三—肃宁北	49.6	58907	2.2	0.046	124.2
肃宁北—港一	22678.6	595	972	−0.046	43.6
肃宁北—神池南	0	23893.1	0	3.265	247.4
神池南—肃宁北	20349.8	0	398.5	−3.265	16
港三—肃宁北	10.7	9256.2	0.5	0.046	135.6
肃宁北—港一	8535.9	103.7	369.3	−0.046	45
肃宁北—神池南	0	456092.4	0	3.265	272.5
神池南—肃宁北	243757.5	0	4450.8	−3.265	19.2
港三—肃宁北	61.7	159490.4	2.8	0.046	97.2
肃宁北—港一	75190.7	475.5	3219.8	−0.046	58.5
肃宁北—神池南	0	64630.9	0	3.265	263.5
神池南—肃宁北	34967.8	0	586.6	−3.265	18.7

续表

区段名称	重车	空车	区段密度	坡度	万吨单耗
港三—肃宁北	11.9	24739	0.5	0.046	87.1
肃宁北—港一	9988.5	354.1	386	−0.046	57.9
肃宁北—神池南	0	75918.1	0	3.265	251.5
神池南—肃宁北	44549.7	0	780.6	−3.265	17.6
港三—肃宁北	18.4	28413.8	0.8	0.046	95.5
肃宁北—港一	14950.2	250.4	596.7	−0.046	51.7
肃宁北—神池南	0	68125.3	0	3.265	261.2
神池南—肃宁北	44906.4	0	789.9	−3.265	17.6
港三—肃宁北	3.2	24877.4	0.1	0.046	93.2
肃宁北—港一	14340.9	405.4	596.3	−0.046	58.5
肃宁北—神池南	0	40208.6	0	3.265	286.3
神池南—肃宁北	15242	0	318.6	−3.265	20.2
港三—肃宁北	6.5	15026.1	0.3	0.046	119.1
肃宁北—港一	5290.8	250.3	255.3	−0.046	67
肃宁北—神池南	0	151371.3	0	3.265	259.2
神池南—肃宁北	46565.7	0	902.6	−3.265	14.4
港三—肃宁北	85.3	62996.5	3.7	0.046	133.2
肃宁北—港一	25070	1717.6	1076.9	−0.046	42.6
肃宁北—神池南	0	21033	0	3.265	257.9
神池南—肃宁北	17665	0	342.9	−3.265	15.1
港三—肃宁北	15.1	8318.2	0.7	0.046	138
肃宁北—港一	7483.9	189.9	321	−0.046	45.3
肃宁北—神池南	0	447892	0	3.265	270.7
神池南—肃宁北	250777.9	0	4487.2	−3.265	18.2
港三—肃宁北	138	159811.2	8.3	0.046	97.4
肃宁北—港一	78000.8	1517.7	3222.1	−0.046	58.5
肃宁北—神池南	0	61999.7	0	3.265	272.5
神池南—肃宁北	30765.9	0	491.6	−3.265	17.2
港三—肃宁北	16.2	21978.5	0.7	0.046	97.7
肃宁北—港一	10510.2	414.4	400.7	−0.046	54.2
肃宁北—神池南	0	68531.6	0	3.265	273
神池南—肃宁北	23481.9	0	480.4	−3.265	17.1
港三—肃宁北	20.5	26014.5	0.9	0.046	100.6
肃宁北—港一	10218.7	233.1	426.1	−0.046	53.8
肃宁北—神池南	0	49840.5	0	3.265	267.6

续表

区段名称	重车	空车	区段密度	坡度	万吨单耗
神池南—肃宁北	30978.8	0	502.8	−3.265	17.1
港三—肃宁北	3.2	16650.1	0.1	0.046	97.1
肃宁北—港一	10005.9	336.8	349.5	−0.046	53.4
肃宁北—神池南	0	50051.4	0	3.265	286.1
神池南—肃宁北	34218.1	0	612.6	−3.265	16.3
港三—肃宁北	23.8	18403.8	1	0.046	120.5
肃宁北—港一	11183.1	345.1	483.8	−0.046	50.4
肃宁北—神池南	0	148455.1	0	3.265	265.3
神池南—肃宁北	51719.9	0	998.1	−3.265	14
港三—肃宁北	35.6	60853.9	1.5	0.046	127.6
肃宁北—港一	25278.5	578.9	1083.1	−0.046	45.8
肃宁北—神池南	0	20907.3	0	3.265	261
神池南—肃宁北	16187.2	0	315.3	−3.265	15.8
港三—肃宁北	0	7970.5	0	0.046	145.1
肃宁北—港一	6737.4	181.4	289.8	−0.046	45.7
肃宁北—神池南	0	443631.2	0	3.265	277.5
神池南—肃宁北	201442.1	0	3648.7	−3.265	18
港三—肃宁北	47.5	147983.3	2.2	0.046	98.4
肃宁北—港一	59826.2	2248.8	2579.9	−0.046	56.8
肃宁北—神池南	0	59334.4	0	3.265	262.6
神池南—肃宁北	28634.6	0	503.3	−3.265	17.5
港三—肃宁北	0	20561.8	0	0.046	110
肃宁北—港一	9044.9	380.2	371.2	−0.046	50
肃宁北—神池南	0	68371.4	0	3.265	260.3
神池南—肃宁北	30123.4	0	509.2	−3.265	16.5
港三—肃宁北	0	25938.3	0	0.046	111.2
肃宁北—港一	10127.8	302.2	430.9	−0.046	49.3
肃宁北—神池南	0	50107	0	3.265	275.3
神池南—肃宁北	19417.8	0	389.1	−3.265	17.4
港三—肃宁北	11.9	20618.6	0.5	0.046	93.7
肃宁北—港一	6088.8	371.5	292.4	−0.046	56.8
肃宁北—神池南	0	48318.6	0	3.265	279.2
神池南—肃宁北	31414.5	0	608.5	−3.265	15.9
港三—肃宁北	18.1	17746.7	0.8	0.046	120.4
肃宁北—港一	11626.7	354.1	504.6	−0.046	50.9

续表

区段名称	重车	空车	区段密度	坡度	万吨单耗
肃宁北—神池南	0	137343.6	0	3.265	267.1
神池南—肃宁北	38412.5	0	741.9	-3.265	14.2
港三—肃宁北	7.6	55676.3	0.3	0.046	129.4
肃宁北—港一	20820.8	1638.9	891.4	-0.046	44.9
肃宁北—神池南	0	25087.2	0	3.265	265.8
神池南—肃宁北	22681.9	0	440.7	-3.265	14.3
港三—肃宁北	0	10860.3	0	0.046	135.5
肃宁北—港一	9540.4	224.5	410.9	-0.046	45.8
肃宁北—神池南	0	398325.6	0	3.265	278.7
神池南—肃宁北	199348.9	0	3469.2	-3.265	19.2
港三—肃宁北	45.4	132914.7	1.9	0.046	100
肃宁北—港一	57931.6	2038.6	2328.8	-0.046	55
肃宁北—神池南	0	61329.1	0	3.265	267
神池南—肃宁北	22566	0	384.5	-3.265	16.6
港三—肃宁北	0	18955.1	0	0.046	94.3
肃宁北—港一	5551.3	241.9	223	-0.046	51
肃宁北—神池南	0	48193	0	3.265	259.5
神池南—肃宁北	14994.5	0	268	-3.265	17
港三—肃宁北	0	18975.4	0	0.046	103.7
肃宁北—港一	4211.3	337	197	-0.046	44.8
肃宁北—神池南	0	46692.9	0	3.265	270.2
神池南—肃宁北	18199.2	0	271.7	-3.265	16.1
港三—肃宁北	0	17356.3	0	0.046	94.2
肃宁北—港一	4956	215.8	177.8	-0.046	48.1
肃宁北—神池南	0	37129.4	0	3.265	279.9
神池南—肃宁北	16885.4	0	290.2	-3.265	16
港三—肃宁北	0	12870.9	0	0.046	106.8
肃宁北—港一	4705.9	250.6	209.4	-0.046	50.7
肃宁北—神池南	0	110166.9	0	3.265	263.8
神池南—肃宁北	29613.6	0	572.2	-3.265	13.5
港三—肃宁北	0	43202.8	0	0.046	128.4
肃宁北—港一	15823.3	456.9	678.2	-0.046	40.8
肃宁北—神池南	0	28630.9	0	3.265	263.4
神池南—肃宁北	23312.5	0	449.9	-3.265	13.7
港三—肃宁北	0	11112.2	0	0.046	142.5

续表

区段名称	重车	空车	区段密度	坡度	万吨单耗
肃宁北—港一	10143.6	198.4	431.8	−0.046	44.6
肃宁北—神池南	0	318923.4	0	3.265	275.2
神池南—肃宁北	145679.3	0	2620.8	−3.265	16.1
港三—肃宁北	0	104590.6	0	0.046	99.2
肃宁北—港一	40836.8	1400.6	1698.3	−0.046	50.3
肃宁北—神池南	0	60609.2	0	3.265	267.1
神池南—肃宁北	35901.7	0	606.9	−3.265	17.7
港三—肃宁北	0	21737.2	0	0.046	93.5
肃宁北—港一	10331.8	259.2	433.7	−0.046	53.1
肃宁北—神池南	0	61133.4	0	3.265	261.1
神池南—肃宁北	16278.5	0	336.8	−3.265	17.6
港三—肃宁北	0	22678.8	0	0.046	98.5
肃宁北—港一	5593	310.2	239.7	−0.046	53.4
肃宁北—神池南	0	53989.7	0	3.265	264
神池南—肃宁北	23505.4	0	425.8	−3.265	17
港三—肃宁北	0	19978.3	0	0.046	96.9
肃宁北—港一	5962.5	319.3	253.3	−0.046	56.1
肃宁北—神池南	0	41885.6	0	3.265	273.5
神池南—肃宁北	21589.8	0	389.1	−3.265	15.3
港三—肃宁北	0	15806.5	0	0.046	112.8
肃宁北—港一	8023.9	302.4	332.8	−0.046	55.3
肃宁北—神池南	0	123198.3	0	3.265	264
神池南—肃宁北	50015.3	0	968.4	−3.265	13.6
港三—肃宁北	0	47771	0	0.046	126.8
肃宁北—港一	24065.6	1087.8	1029.5	−0.046	44.1
肃宁北—神池南	0	28146.1	0	3.265	262.8
神池南—肃宁北	20736.2	0	398.3	−3.265	15.1
港三—肃宁北	0	11277.4	0	0.046	143.2
肃宁北—港一	8481.9	241.1	360.9	−0.046	44.9
肃宁北—神池南	0	415064.2	0	3.265	279.7
神池南—肃宁北	215849.2	0	3729.1	−3.265	17.1
港三—肃宁北	0	139455.6	0	0.046	96.3
肃宁北—港一	59767.1	1722.2	2431.7	−0.046	57.2
肃宁北—神池南	0	71328	0	3.265	263.3
神池南—肃宁北	34939.9	0	747.9	−3.265	17.7

续表

区段名称	重车	空车	区段密度	坡度	万吨单耗
港三—肃宁北	0	26690.4	0	0.046	110.4
肃宁北—港一	12218	397	551.8	−0.046	58.1
肃宁北—神池南	0	80483.6	0	3.265	261.4
神池南—肃宁北	36242.1	14	556.6	−3.265	18.7
港三—肃宁北	7.6	32481.1	0.3	0.046	109.3
肃宁北—港一	13984.1	397.1	499.2	−0.046	59.1
肃宁北—神池南	0	58818.1	0	3.265	262.2
神池南—肃宁北	27437.1	0	483.7	−3.265	18.4
港三—肃宁北	4.3	21632.4	0.2	0.046	104
肃宁北—港一	8602.8	337	362.8	−0.046	56
肃宁北—神池南	0	47848.5	0	3.265	277.2
神池南—肃宁北	13529.1	0	238.1	−3.265	18.5
港三—肃宁北	6.5	17628.9	0.3	0.046	111.3
肃宁北—港一	5189.2	388	226.7	−0.046	58
肃宁北—神池南	0	169410.1	0	3.265	261.2
神池南—肃宁北	53117.8	0	1030.5	−3.265	14.5
港三—肃宁北	25.6	70333.5	1.1	0.046	137
肃宁北—港一	29165	625.6	1258.1	−0.046	44.6
肃宁北—神池南	0	29547.4	0	3.265	262.4
神池南—肃宁北	20141.1	0	385.6	−3.265	17.2
港三—肃宁北	4.3	12762.6	0.2	0.046	127.5
肃宁北—港一	8932.7	233.3	377.6	−0.046	50.6
肃宁北—神池南	0	478369.5	0	3.265	271.2
神池南—肃宁北	276330.6	0	4778.7	−3.265	17.7
港三—肃宁北	10.8	162547.7	0.5	0.046	102.4
肃宁北—港一	78549.6	1821.2	3200.7	−0.046	59.4
肃宁北—神池南	0	73157.6	0	3.265	272.4
神池南—肃宁北	36449	0	782.4	−3.265	18.9
港三—肃宁北	0	25547	0	0.046	108.3
肃宁北—港一	11145.1	146.9	516.4	−0.046	61
肃宁北—神池南	0	75028.2	0	3.265	270.5
神池南—肃宁北	48401.8	0	526.2	−3.265	22.1
港三—肃宁北	0	28309.8	0.2	0.046	112.1
肃宁北—港一	13593.8	293.6	439	−0.046	61.2
肃宁北—神池南	0	57090.8	0	3.265	261

续表

区段名称	重车	空车	区段密度	坡度	万吨单耗
神池南—肃宁北	25460.8	0	563.3	-3.265	20
港三—肃宁北	0	20760.1	0	0.046	104.3
肃宁北—港一	8970.5	393	394.3	-0.046	56.6
肃宁北—神池南	0	46560.1	0	3.265	275
神池南—肃宁北	16337.8	0	330.3	-3.265	19.2
港三—肃宁北	19.4	17156.4	0.8	0.046	121.4
肃宁北—港一	5961.5	345.6	268.1	-0.046	58.6
肃宁北—神池南	0	155242.8	0	3.265	269.2
神池南—肃宁北	53991.1	695.5	1036.4	-3.265	16
港三—肃宁北	10.8	61428.6	0.5	0.046	134.4
肃宁北—港一	27699.3	999.2	1180.5	-0.046	50.4
肃宁北—神池南	0	28261.7	0	3.265	269
神池南—肃宁北	16135.4	0	312.7	-3.265	15.3
港三—肃宁北	4.3	10797.6	0.2	0.046	136.5
肃宁北—港一	7045.7	215.8	300.7	-0.046	50.3
肃宁北—神池南	0	448065.2	0	3.265	271.5
神池南—肃宁北	264159.7	0	4639.3	-3.265	19.4
港三—肃宁北	53.9	150970.3	2.5	0.046	113.7
肃宁北—港一	75017.1	2102.8	3076.4	-0.046	58.6
肃宁北—神池南	0	59372.6	0	3.265	267.5
神池南—肃宁北	23507	0	531.1	-3.265	17.2
港三—肃宁北	0	20742.4	0	0.046	93
肃宁北—港一	7708.3	215.6	345.9	-0.046	52.1
肃宁北—神池南	0	62151.7	0	3.265	266.6
神池南—肃宁北	39475.4	0	364.2	-3.265	20.4
港三—肃宁北	4.3	25329.2	0.2	0.046	98.6
肃宁北—港一	9209.9	336.8	284	-0.046	56.9
肃宁北—神池南	0	58949.8	0	3.265	269.9
神池南—肃宁北	17746.3	0	453.8	-3.265	17.9
港三—肃宁北	6.5	21655	0.3	0.046	89.7
肃宁北—港一	6114.4	241.7	320.5	-0.046	54.2
肃宁北—神池南	0	30817.1	0	3.265	257.1
神池南—肃宁北	12056.5	0	214.4	-3.265	17.9
港三—肃宁北	0	11577.2	0	0.046	99.8
肃宁北—港一	5299.5	259	204.3	-0.046	56.8

续表

区段名称	重车	空车	区段密度	坡度	万吨单耗
肃宁北—神池南	0	128533	0	3.265	264.2
神池南—肃宁北	45787.1	0	874	−3.265	14.7
港三—肃宁北	21.6	49239.7	0.9	0.046	119.1
肃宁北—港一	20855.2	405.8	882.6	−0.046	49
肃宁北—神池南	0	29382.1	0	3.265	258.5
神池南—肃宁北	17770.1	0	327.9	−3.265	17.8
港三—肃宁北	20.5	11183	0.9	0.046	103.1
肃宁北—港一	7479.3	241.6	312.3	−0.046	52.5
肃宁北—神池南	0	398908.9	0	3.265	268.7
神池南—肃宁北	224028.4	0	3962.5	−3.265	17.4
港三—肃宁北	56.1	136025.3	2.4	0.046	95.5
肃宁北—港一	64911.5	1498.6	2648.8	−0.046	54.3
肃宁北—神池南	0	67762.5	0	3.265	263.9
神池南—肃宁北	30816.4	0	736.6	−3.265	17.7
港三—肃宁北	0	25361.3	0	0.046	89.4
肃宁北—港一	10515.4	77.3	549.3	−0.046	57.4
肃宁北—神池南	0	72171.8	0	3.265	270.9
神池南—肃宁北	50604.1	0	520.6	−3.265	20
港三—肃宁北	0	27407.5	0	0.046	102.7
肃宁北—港一	15381.7	302.2	449.8	−0.046	59.5
肃宁北—神池南	0	53324.2	0	3.265	257.5
神池南—肃宁北	21375.1	0	490.4	−3.265	18
港三—肃宁北	0	17177.3	0	0.046	87.6
肃宁北—港一	8078.1	285.1	362.7	−0.046	54.1
肃宁北—神池南	0	33085.7	0	3.265	262.7
神池南—肃宁北	12271.5	0	253.1	−3.265	17.2
港三—肃宁北	0	13346.4	0	0.046	94.7
肃宁北—港一	4769.6	310.9	226	−0.046	57.9
肃宁北—神池南	0	139900.4	0	3.265	262.3
神池南—肃宁北	51176.2	0	974.8	−3.265	15
港三—肃宁北	11.9	51648.3	0.5	0.046	115.2
肃宁北—港一	27355.6	284.5	1159	−0.046	51.9
肃宁北—神池南	0	34846.4	0	3.265	264.5
神池南—肃宁北	26136.5	0	501.5	−3.265	15.7
港三—肃宁北	0	13813.1	0	0.046	118.5

续表

区段名称	重车	空车	区段密度	坡度	万吨单耗
肃宁北—港一	10351.1	241.7	438.8	−0.046	51.6
肃宁北—神池南	0	426478.1	0	3.265	270.8
神池南—肃宁北	268919	0	4780.8	−3.265	17.4
港三—肃宁北	55.5	143147.3	2.2	0.046	93
肃宁北—港一	74253.4	1277.8	3049	−0.046	57.8
肃宁北—神池南	0	60977.5	0	3.265	266.3
神池南—肃宁北	31038.6	0	691.5	−3.265	17
港三—肃宁北	4.3	19964.5	0.2	0.046	87.5
肃宁北—港一	9663.1	138.2	477.5	−0.046	58.1
肃宁北—神池南	0	70706.4	0	3.265	266.2
神池南—肃宁北	44671.3	0	503.1	−3.265	20.2
港三—肃宁北	19.4	26437	0.8	0.046	97.9
肃宁北—港一	13813.1	285.1	431.6	−0.046	61.6
肃宁北—神池南	0	43581.8	0	3.265	251.2
神池南—肃宁北	19985.9	0	441.2	−3.265	18.1
港三—肃宁北	11.8	14959.9	0.5	0.046	91
肃宁北—港一	7638.5	190.1	325.6	−0.046	53.6
肃宁北—神池南	0	37478.4	0	3.265	256.3
神池南—肃宁北	19389.7	0	356.6	−3.265	16.7
港三—肃宁北	0	15169.4	0	0.046	99.8
肃宁北—港一	6518.3	258.8	298.7	−0.046	58.8
肃宁北—神池南	0	128962.9	0	3.265	261.7
神池南—肃宁北	46797	0	900.5	−3.265	14
港三—肃宁北	3.2	50758.8	0.1	0.046	120.9
肃宁北—港一	24457	198.7	1043.4	−0.046	48.4
肃宁北—神池南	0	35706	0	3.265	270.8
神池南—肃宁北	23009.3	0	435.3	−3.265	16.1
港三—肃宁北	4.3	13894.5	0.2	0.046	115.6
肃宁北—港一	9783.9	233.1	408.7	−0.046	53.4
肃宁北—神池南	0	396954.2	0	3.265	269.6
神池南—肃宁北	231833.6	0	4037	−3.265	17.1
港三—肃宁北	33.6	130778.2	1.4	0.046	97.5
肃宁北—港一	65258.9	1467	2674.5	−0.046	56.8
肃宁北—神池南	0	61710.4	0	3.265	267.1
神池南—肃宁北	21303.7	0	536	−3.265	17.3

续表

区段名称	重车	空车	区段密度	坡度	万吨单耗
港三—肃宁北	0	20978.4	0	0.046	88.4
肃宁北—港一	7317	103.7	371.5	−0.046	57.3
肃宁北—神池南	0	64267.8	0	3.265	263.8
神池南—肃宁北	41235.3	0	432.8	−3.265	20.1
港三—肃宁北	4.3	24474.7	0.2	0.046	97.7
肃宁北—港一	12543	311.7	389.4	−0.046	60.1
肃宁北—神池南	0	44780.2	0	3.265	247
神池南—肃宁北	23923.5	0	472.5	−3.265	17.4
港三—肃宁北	0	16630.2	0	0.046	93.8
肃宁北—港一	7832.4	267.8	346.1	−0.046	54.4
肃宁北—神池南	0	62015.2	0	3.265	257.2
神池南—肃宁北	32843.6	0	623.9	−3.265	15.5
港三—肃宁北	0	22410.3	0	0.046	93.5
肃宁北—港一	12870.4	387.4	528.3	−0.046	55.1
肃宁北—神池南	0	135837.6	0	3.265	258.8
神池南—肃宁北	57541	0	1090.3	−3.265	14.2
港三—肃宁北	11.9	50989.5	0.5	0.046	114.3
肃宁北—港一	26293.8	448.7	1107	−0.046	50.8
肃宁北—神池南	0	37482	0	3.265	259.9
神池南—肃宁北	25477.1	0	481	−3.265	16.9
港三—肃宁北	6.5	13820.9	0.3	0.046	113.4
肃宁北—港一	10690.8	86.4	447.8	−0.046	50.6
肃宁北—神池南	0	377346.6	0	3.265	267.2
神池南—肃宁北	226506.5	0	3972.7	−3.265	17.2
港三—肃宁北	38.9	127330.6	1.7	0.046	95.5
肃宁北—港一	63919	1130.6	2614.4	−0.046	55.5

附录4 电力机车两万吨数据

区段名称	重车	空车	区段密度	坡度	万吨单耗
神池南—肃宁北	13081.3	0	255.7	−3.265	11
肃宁北—港一	4214.2	0	185.1	−0.046	47.4
肃宁北—神池南	0	203	0	3.265	30.8
神池南—肃宁北	260749.4	0	5106.3	−3.265	12.5
港三—肃宁北	0	0	0	0.046	32.3
肃宁北—港一	107700.8	0	4730.4	−0.046	36.2
肃宁北—神池南	0	203	0	3.265	30.8
神池南—肃宁北	273830.7	0	5362	−3.265	23.5
港三—肃宁北	0	0	0	0.046	32.3
肃宁北—港一	111915	0	4915.5	−0.046	83.6
肃宁北—神池南	0	43.1	0	3.265	208.3
神池南—肃宁北	6130.6	0	120.6	−3.265	7.9
肃宁北—港一	2324.9	0	102.5	−0.046	29.9
神池南—肃宁北	9614.1	0	187.3	−3.265	11.4
肃宁北—港一	3843.3	0	168.2	−0.046	39.9
神池南—肃宁北	4384.8	0	85.9	−3.265	11.2
肃宁北—港一	1844.6	0	81	−0.046	40.7
神池南—肃宁北	14015.1	0	274.8	−3.265	10.2
港三—肃宁北	0	62.1	0	0.046	28
肃宁北—港一	6099	0	268.2	−0.046	34.4
神池南—肃宁北	214278.7	0	4200	−3.265	12
肃宁北—港一	89692.1	284.1	3943	−0.046	35.8
肃宁北—神池南	0	43.1	0	3.265	208.3
神池南—肃宁北	248423.3	0	4868.6	−3.265	52.7
港三—肃宁北	0	62.1	0	0.046	28
肃宁北—港一	103803.9	284.1	4562.9	−0.046	180.7
肃宁北—神池南	0	43.1	0	3.265	208.3
神池南—肃宁北	6130.6	0	120.6	−3.265	7.9
肃宁北—港一	2324.9	0	102.5	−0.046	29.9
神池南—肃宁北	9614.1	0	187.3	−3.265	11.4
肃宁北—港一	3843.3	0	168.2	−0.046	39.9
神池南—肃宁北	4384.8	0	85.9	−3.265	11.2
肃宁北—港一	1844.6	0	81	−0.046	40.7
神池南—肃宁北	14015.1	0	274.8	−3.265	10.2

续表

区段名称	重车	空车	区段密度	坡度	万吨单耗
港三—肃宁北	0	62.1	0	0.046	28
肃宁北—港一	6099	0	268.2	−0.046	34.4
神池南—肃宁北	214278.7	0	4200	−3.265	12
肃宁北—港一	89692.1	284.1	3943	−0.046	35.8
肃宁北—神池南	0	43.1	0	3.265	208.3
神池南—肃宁北	248423.3	0	4868.6	−3.265	52.7
港三—肃宁北	0	62.1	0	0.046	28
肃宁北—港一	103803.9	284.1	4562.9	−0.046	180.7
神池南—肃宁北	28858.5	0	489.1	−3.265	13.2
肃宁北—港一	8117.6	0	313.5	−0.046	41.6
神池南—肃宁北	29654.2	0	633.2	−3.265	11.6
肃宁北—港一	9388.6	0	455.5	−0.046	41.1
神池南—肃宁北	10474.8	0	179.8	−3.265	12.1
肃宁北—港一	1806.3	0	98.4	−0.046	38.4
神池南—肃宁北	23515.5	0	419	−3.265	11.6
肃宁北—港一	5571.4	0	227.3	−0.046	40.3
神池南—肃宁北	85643.7	438.5	1446.1	−3.265	11.6
肃宁北—港一	26710.4	0	973.7	−0.046	38.7
神池南—肃宁北	271171.2	0	5309.7	−3.265	12
肃宁北—港一	71032.2	0	3145.2	−0.046	39
神池南—肃宁北	44497.6	0	848.9	−3.265	12.1
肃宁北—港一	12601.7	0	497.4	−0.046	44.8
神池南—肃宁北	47968.9	0	961.6	−3.265	11.7
肃宁北—港一	13119.9	0	551.4	−0.046	38.6
神池南—肃宁北	8729	0	153.9	−3.265	12.2
肃宁北—港一	3060.1	0	115.7	−0.046	36.1
神池南—肃宁北	28785.4	0	495	−3.265	11.8
肃宁北—港一	6883	0	313.8	−0.046	39.3
神池南—肃宁北	104815.8	0	1954.3	−3.265	11.7
肃宁北—港一	32576.1	0	1259.9	−0.046	40.6
神池南—肃宁北	320108.5	0	6279.8	−3.265	12.4
肃宁北—港一	90994.3	4.3	4017.3	−0.046	37.6
神池南—肃宁北	48013.6	0	815	−3.265	11.9
肃宁北—港一	12898.3	0	467.6	−0.046	40.1
神池南—肃宁北	62930	0	1254.2	−3.265	11.9

续表

区段名称	重车	空车	区段密度	坡度	万吨单耗
肃宁北—港一	20143.8	0	812.7	−0.046	40
神池南—肃宁北	16524.2	0	317	−3.265	12.6
肃宁北—港一	5250.2	0	229.5	−0.046	41.1
神池南—肃宁北	47251.7	0	856.5	−3.265	11.8
肃宁北—港一	11507.2	0	528.2	−0.046	41.3
神池南—肃宁北	121834.6	0	2334.9	−3.265	11.7
肃宁北—港一	37029.5	0	1520.5	−0.046	39.9
神池南—肃宁北	278336.9	0	5495.2	−3.265	12.5
肃宁北—港一	76303.1	0	3277.5	−0.046	38.9
神池南—肃宁北	44147.5	0	854.3	−3.265	12.2
肃宁北—港一	10870.5	0	484.9	−0.046	42.6
神池南—肃宁北	67241.7	0	1365.4	−3.265	12.8
肃宁北—港一	18528.4	0	780.2	−0.046	41
神池南—肃宁北	20990.2	0	326.1	−3.265	14.7
肃宁北—港一	4691.8	0	188.6	−0.046	45.9
神池南—肃宁北	42768	0	838.1	−3.265	12.2
肃宁北—港一	11282.1	0	458.3	−0.046	42.7
神池南—肃宁北	132567.1	0	2565.4	−3.265	12.4
肃宁北—港一	33469.9	0	1349.6	−0.046	40.9
神池南—肃宁北	307714.5	0	5949.212	−3.265	12.55367
肃宁北—港一	78842.7	0	3261.473	−0.046	41.7402
神池南—肃宁北	48947.4	0	881.5	−3.265	12.7
肃宁北—港一	10556.6	0	449.4	−0.046	42.5
神池南—肃宁北	76928.9	0	1408.3	−3.265	12.2
肃宁北—港一	20015.5	0	741.8	−0.046	42
神池南—肃宁北	24494	0	514.4	−3.265	11.8
肃宁北—港一	7133.1	0	303.8	−0.046	41.3
神池南—肃宁北	40177.8	0	822.1	−3.265	12.4
肃宁北—港一	9029.3	0	398.1	−0.046	41.6
神池南—肃宁北	145406.5	0	2696.5	−3.265	12.3
肃宁北—港一	35818.9	0	1493.3	−0.046	40.6
神池南—肃宁北	335954.6	0	6322.813	−3.265	12.30222
肃宁北—港一	82553.4	0	3386.467	−0.046	41.32544
神池南—肃宁北	44700.6	0	877.2	−3.265	12.3
肃宁北—港一	9930.3	0	432	−0.046	43

续表

区段名称	重车	空车	区段密度	坡度	万吨单耗
神池南—肃宁北	61358.8	0	1177.3	−3.265	12
肃宁北—港一	17092.7	0	744.9	−0.046	42.4
神池南—肃宁北	32439.4	0	627.6	−3.265	12.3
肃宁北—港一	7213.9	0	272.1	−0.046	39.5
神池南—肃宁北	41196.8	0	843.5	−3.265	12.6
肃宁北—港一	9110.4	0	415.8	−0.046	39.6
神池南—肃宁北	139723.6	0	2747	−3.265	12.2
肃宁北—港一	32736.8	0	1405.1	−0.046	41.1
神池南—肃宁北	236616.8	0	4520	−3.265	12.1
肃宁北—港一	60094.4	0	2546.1	−0.046	41.9
神池南—肃宁北	38869.2	0	751.9	−3.265	12
肃宁北—港一	8547.1	0	381.9	−0.046	43.1
神池南—肃宁北	59617	0	1204.8	−3.265	11.7
肃宁北—港一	12208.6	0	606.5	−0.046	42.1
神池南—肃宁北	30685.5	0	575.6	−3.265	11.5
肃宁北—港一	7394.3	0	285.4	−0.046	40.8
神池南—肃宁北	39438.8	0	767.9	−3.265	12
肃宁北—港一	8370.7	0	320.5	−0.046	41.1
神池南—肃宁北	137072.5	0	2696.3	−3.265	11.6
肃宁北—港一	38142.1	0	1653.4	−0.046	43
神池南—肃宁北	247266.2	0	4714.6	−3.265	11.6
肃宁北—港一	64728	0	2747.4	−0.046	39.7
神池南—肃宁北	52635	0	880.5	−3.265	12.1
肃宁北—港一	10234.7	0	408.1	−0.046	42.9
神池南—肃宁北	72868.3	0	1457.9	−3.265	11.6
肃宁北—港一	16967.4	0	747.4	−0.046	44
神池南—肃宁北	39735.8	0	723.6	−3.265	11.5
肃宁北—港一	9202.6	0	343.6	−0.046	44
神池南—肃宁北	45328.7	0	912.4	−3.265	11.3
肃宁北—港一	9227.7	0	459.9	−0.046	40.3
神池南—肃宁北	124918.6	0	2453	−3.265	11.9
肃宁北—港一	26708.7	0	1159.1	−0.046	43
神池南—肃宁北	325555.3	0	6271.9	−3.265	11.6
肃宁北—港一	80181.9	0	3382.2	−0.046	41.2
神池南—肃宁北	43471.6	0	814.7	−3.265	11.8

续表

区段名称	重车	空车	区段密度	坡度	万吨单耗
肃宁北—港一	10829.6	0	420.3	−0.046	41.4
神池南—肃宁北	78439.2	0	1307.7	−3.265	12.1
肃宁北—港一	17371	0	674.4	−0.046	45.9
神池南—肃宁北	29020.3	0	652.6	−3.265	12.4
肃宁北—港一	5191.5	0	271.8	−0.046	44.4
神池南—肃宁北	33283.9	0	799.9	−3.265	11.6
肃宁北—港一	8278.8	0	424	−0.046	44.2
神池南—肃宁北	116389.8	0	2271.2	−3.265	12
肃宁北—港一	25877	0	1143.9	−0.046	43.9
神池南—肃宁北	317857.9	0	5908.4	−3.265	11.9
肃宁北—港一	78086.1	0	3204.3	−0.046	44.3
神池南—肃宁北	40408.6	0	753.4	−3.265	12.5
肃宁北—港一	11193.5	0	486.1	−0.046	43
神池南—肃宁北	62170.8	0	1144.3	−3.265	12.1
肃宁北—港一	20800.2	0	838.7	−0.046	41.4
神池南—肃宁北	25775.2	0	609.7	−3.265	12.9
肃宁北—港一	7171.4	0	389	−0.046	39.7
神池南—肃宁北	37456.4	0	748	−3.265	12.1
肃宁北—港一	12652.4	0	522.3	−0.046	43.2
神池南—肃宁北	127631.2	0	2511.7	−3.265	11.6
肃宁北—港一	41287	0	1793.3	−0.046	41.3
神池南—肃宁北	289018.2	0	5550.2	−3.265	12.3
肃宁北—港一	89426.3	0	3808.2	−0.046	44.4
神池南—肃宁北	39529.6	0	728.3	−3.265	12.9
肃宁北—港一	10003.1	0	416.6	−0.046	44.6
神池南—肃宁北	68643	0	1273.6	−3.265	12.7
肃宁北—港一	18403	0	791.5	−0.046	43.1
神池南—肃宁北	27145.2	0	660.6	−3.265	13.3
肃宁北—港一	7864.1	0	381.9	−0.046	45.4
神池南—肃宁北	40617.6	0	755.6	−3.265	12.6
肃宁北—港一	12407.9	0	492.2	−0.046	43.3
神池南—肃宁北	171798.7	0	3370.8	−3.265	11.9
肃宁北—港一	51597.6	0	2199.8	−0.046	42.3
神池南—肃宁北	315890.3	0	5923.9	−3.265	12.9
港三—肃宁北	0	1529.3	0	0.046	136.5

续表

区段名称	重车	空车	区段密度	坡度	万吨单耗
肃宁北—港一	84530.2	0	3500.5	−0.046	43.4
肃宁北—神池南	0	20149.8	0	3.265	265.6
神池南—肃宁北	28042.4	0	610.5	−3.265	12.3
港三—肃宁北	0	8779.2	0	0.046	170.4
肃宁北—港一	9855.9	0	452.2	−0.046	44.8
肃宁北—神池南	0	46340.8	0	3.265	264.5
神池南—肃宁北	80558.5	0	1461.8	−3.265	12.2
港三—肃宁北	0	21737.4	0	0.046	181
肃宁北—港一	26641.5	0	1091.9	−0.046	44.3
肃宁北—神池南	0	15736.6	0	3.265	265.9
神池南—肃宁北	22731.9	0	481	−3.265	12.5
港三—肃宁北	0	8000.4	0	0.046	166.4
肃宁北—港一	7020.4	0	340.5	−0.046	45
肃宁北—神池南	0	24489.9	0	3.265	264.9
神池南—肃宁北	44102.7	0	903.9	−3.265	13
港三—肃宁北	0	11823.6	0	0.046	163.1
肃宁北—港一	15232.3	0	664.6	−0.046	44.9
肃宁北—神池南	0	69994.4	0	3.265	259.5
神池南—肃宁北	221651.6	0	4345.9	−3.265	11.3
港三—肃宁北	0	34338	0	0.046	162.6
肃宁北—港一	73983.5	0	3161.3	−0.046	43.5
肃宁北—神池南	0	232865.4	0	3.265	268.1
神池南—肃宁北	354949.8	0	6661.7	−3.265	12.2
港三—肃宁北	0	107621.3	0	0.046	164.5
肃宁北—港一	119138.3	0	4960.4	−0.046	46.1
肃宁北—神池南	0	29743.6	0	3.265	246.8
神池南—肃宁北	29182	0	508.6	−3.265	13.6
港三—肃宁北	0	12968.8	0	0.046	174.5
肃宁北—港一	11236	0	432.8	−0.046	44.6
肃宁北—神池南	0	63007.1	0	3.265	258.7
神池南—肃宁北	60465.6	0	1220.2	−3.265	12.8
港三—肃宁北	0	27468.6	0	0.046	176.5
肃宁北—港一	23580.7	0	1041.5	−0.046	43.8
肃宁北—神池南	0	24526.5	0	3.265	265.5
神池南—肃宁北	23047.4	0	467.9	−3.265	12.7

续表

区段名称	重车	空车	区段密度	坡度	万吨单耗
港三—肃宁北	0	10690.8	0	0.046	174.5
肃宁北—港一	8749.1	0	399	−0.046	41.7
肃宁北—神池南	0	43779	0	3.265	260.7
神池南—肃宁北	39834.4	0	809.2	−3.265	13.2
港三—肃宁北	0	19077.1	0	0.046	178.1
肃宁北—港一	15538.7	0	688.2	−0.046	43.1
肃宁北—神池南	0	163598.6	0	3.265	258.5
神池南—肃宁北	206930.6	0	4040.6	−3.265	11.8
港三—肃宁北	0	71780.6	0	0.046	172.9
肃宁北—港一	78123.8	0	3354.7	−0.046	41.7
肃宁北—神池南	0	333317.9	0	3.265	268.5
神池南—肃宁北	352010.5	0	6753.8	−3.265	12.8
港三—肃宁北	0	146448	0	0.046	173.8
肃宁北—港一	135375.7	0	5682.5	−0.046	45.7
肃宁北—神池南	0	28923.4	0	3.265	266.3
神池南—肃宁北	24554.9	0	581	−3.265	12
港三—肃宁北	0	12705.9	0	0.046	170.3
肃宁北—港一	9482.4	0	474.3	−0.046	43.1
肃宁北—神池南	0	56913.1	0	3.265	265.4
神池南—肃宁北	61548.4	0	1159.3	−3.265	11.9
港三—肃宁北	0	24811.9	0	0.046	180.6
肃宁北—港一	23836.1	0	990.9	−0.046	44.3
肃宁北—神池南	0	29747.6	0	3.265	257.9
神池南—肃宁北	22060.8	0	507.9	−3.265	13.6
港三—肃宁北	0	12591.8	0	0.046	184
肃宁北—港一	9084.5	0	450.9	−0.046	39.1
肃宁北—神池南	0	49905.5	0	3.265	259.9
神池南—肃宁北	36808	0	791.3	−3.265	12
港三—肃宁北	0	21383.4	0	0.046	181.9
肃宁北—港一	14220.3	0	693	−0.046	43.7
肃宁北—神池南	0	165055	0	3.265	259
神池南—肃宁北	200653.3	0	3933.5	−3.265	11.3
港三—肃宁北	0	72433.7	0	0.046	171.4
肃宁北—港一	78210.5	0	3373.4	−0.046	41.4
肃宁北—神池南	0	360376	0	3.265	266.3

续表

区段名称	重车	空车	区段密度	坡度	万吨单耗
神池南—肃宁北	354316.9	0	6560.9	−3.265	12.2
港三—肃宁北	0	155521.9	0	0.046	175.4
肃宁北—港一	137902.7	0	5641.3	−0.046	44.4
肃宁北—神池南	0	43791.2	0	3.265	267
神池南—肃宁北	39422.6	0	807.5	−3.265	12.6
港三—肃宁北	0	19091.2	0	0.046	175.5
肃宁北—港一	15742.1	0	728.6	−0.046	42
肃宁北—神池南	0	62057.1	0	3.265	263.7
神池南—肃宁北	52532.3	0	1011.2	−3.265	12.9
港三—肃宁北	0	27050.9	0	0.046	174.6
肃宁北—港一	21538.1	0	905.1	−0.046	40.8
肃宁北—神池南	0	34104	0	3.265	264.7
神池南—肃宁北	21369.3	0	540.2	−3.265	14.2
港三—肃宁北	0	15250.3	0	0.046	168.5
肃宁北—港一	8927.4	0	496.7	−0.046	39.9
肃宁北—神池南	0	36722.7	0	3.265	261.4
神池南—肃宁北	44660	0	763.6	−3.265	12.3
港三—肃宁北	0	15627.3	0	0.046	175.6
肃宁北—港一	17675.5	0	677.4	−0.046	41
肃宁北—神池南	0	185893.7	0	3.265	261.4
神池南—肃宁北	197884.4	0	3876.4	−3.265	11.3
港三—肃宁北	0	82336.9	0	0.046	178.4
肃宁北—港一	79667.6	0	3436.4	−0.046	40.6
肃宁北—神池南	0	4344.2	0	3.265	258.7
神池南—肃宁北	0	0	77.2	−3.265	11.7
港三—肃宁北	0	1893.9	0	0.046	181.2
肃宁北—港一	0	0	70.2	−0.046	40.3
肃宁北—神池南	0	352489.2	0	3.265	266.3
神池南—肃宁北	322934.1	0	6134.6	−3.265	12.3
港三—肃宁北	0	156726.4	0	0.046	171.6
肃宁北—港一	131043.3	0	5446.9	−0.046	42
肃宁北—神池南	0	39365.8	0	3.265	268.9
神池南—肃宁北	35902.6	0	774.4	−3.265	12
港三—肃宁北	0	17544.2	0	0.046	180.9
肃宁北—港一	15243.9	0	716	−0.046	42.7

续表

区段名称	重车	空车	区段密度	坡度	万吨单耗
肃宁北—神池南	0	51570.1	0	3.265	263.8
神池南—肃宁北	43269.3	0	920.2	−3.265	12
港三—肃宁北	0	22100.2	0	0.046	167.2
肃宁北—港一	17193.6	0	822.9	−0.046	42.2
肃宁北—神池南	0	37620	0	3.265	265
神池南—肃宁北	36587	0	651.3	−3.265	11.8
港三—肃宁北	0	17156.6	0	0.046	173.6
肃宁北—港一	14860.7	0	582.9	−0.046	41.2
肃宁北—神池南	0	26256	0	3.265	259
神池南—肃宁北	27116.7	0	549.7	−3.265	12.1
港三—肃宁北	0	11443.1	0	0.046	168.3
肃宁北—港一	11044.1	0	495.5	−0.046	40.2
肃宁北—神池南	0	168289.5	0	3.265	260.6
神池南—肃宁北	189194	0	3725.5	−3.265	11.5
港三—肃宁北	0	73246.1	0	0.046	175.5
肃宁北—港一	75333.4	0	3264.3	−0.046	40.8
肃宁北—神池南	0	6130.6	0	3.265	251.5
神池南—肃宁北	0	0	136.5	−3.265	11.7
港三—肃宁北	0	3437.3	0	0.046	165.9
肃宁北—港一	0	0	121.3	−0.046	40.7
肃宁北—神池南	0	344006.1	0	3.265	263.8
神池南—肃宁北	326327	0	6020.4	−3.265	12.4
港三—肃宁北	0	149051.7	0	0.046	171.4
肃宁北—港一	132688.7	0	5382.2	−0.046	42.4
肃宁北—神池南	0	47282.8	0	3.265	270.1
神池南—肃宁北	33294.1	0	738.1	−3.265	11.7
港三—肃宁北	0	21760.4	0	0.046	186.7
肃宁北—港一	13641.9	0	656.8	−0.046	41.6
肃宁北—神池南	0	63973.4	0	3.265	273
神池南—肃宁北	57826.6	0	1051	−3.265	11.8
港三—肃宁北	0	28658.1	0	0.046	182.1
肃宁北—港一	22792.7	0	894.8	−0.046	43.2
肃宁北—神池南	0	46413.9	0	3.265	272.7
神池南—肃宁北	27452.5	0	673	−3.265	12
港三—肃宁北	0	20625.8	0	0.046	177.1

续表

区段名称	重车	空车	区段密度	坡度	万吨单耗
肃宁北—港一	11382.2	0	594	−0.046	41.3
肃宁北—神池南	0	30636.8	0	3.265	267
神池南—肃宁北	15765	0	428.6	−3.265	11.6
港三—肃宁北	0	13742.3	0	0.046	177.4
肃宁北—港一	6049.1	0	378.2	−0.046	40.7
肃宁北—神池南	0	197039.9	0	3.265	268.7
神池南—肃宁北	190962.1	0	3758.8	−3.265	11.1
港三—肃宁北	0	85161.8	0	0.046	180
肃宁北—港一	77985.6	0	3325.1	−0.046	42.6
肃宁北—神池南	0	6230	0	3.265	303.2
神池南—肃宁北	0	0	137.8	−3.265	11.8
港三—肃宁北	0	3055	0	0.046	212.3
肃宁北—港一	0	0	126.5	−0.046	38.1
肃宁北—神池南	0	325786.6	0	3.265	273.2
神池南—肃宁北	318988.2	0	5727.5	−3.265	12
港三—肃宁北	0	142784.1	0	0.046	178.7
肃宁北—港一	126034.5	0	4966.3	−0.046	43.9
肃宁北—神池南	0	46442.3	0	3.265	270.1
神池南—肃宁北	34840.1	0	686	−3.265	11.7
港三—肃宁北	0	19093	0	0.046	166
肃宁北—港一	14712.7	0	615.5	−0.046	42.1
肃宁北—神池南	0	59544	0	3.265	271.8
神池南—肃宁北	58835.8	0	1090.5	−3.265	11.4
港三—肃宁北	0	25669.4	0	0.046	174.5
肃宁北—港一	23495.7	0	949.6	−0.046	42.1
肃宁北—神池南	0	50745.9	0	3.265	267.9
神池南—肃宁北	33974.7	0	725.9	−3.265	11.6
港三—肃宁北	0	21740.9	0	0.046	178.7
肃宁北—港一	13844.2	0	646.8	−0.046	42.3
肃宁北—神池南	0	34144.6	0	3.265	265.9
神池南—肃宁北	22784.7	0	472.1	−3.265	11.4
港三—肃宁北	0	15268	0	0.046	160.5
肃宁北—港一	8601.4	0	405.2	−0.046	41.4
肃宁北—神池南	0	186553.7	0	3.265	268.5
神池南—肃宁北	185688.2	0	3655.8	−3.265	11.2

续表

区段名称	重车	空车	区段密度	坡度	万吨单耗
港三—肃宁北	0	81319.1	0	0.046	180.4
肃宁北—港一	75383.4	0	3257.6	−0.046	41.7
肃宁北—神池南	0	11384.2	0	3.265	263.8
神池南—肃宁北	0	0	154.2	−3.265	11.1
港三—肃宁北	0	4580.8	0	0.046	163
肃宁北—港一	0	0	132.3	−0.046	43.8
肃宁北—神池南	0	335842.6	0	3.265	274.2
神池南—肃宁北	285854	0	5238.4	−3.265	11.6
港三—肃宁北	0	146291.3	0	0.046	174
肃宁北—港一	112712.3	0	4551.2	−0.046	43.3
肃宁北—神池南	0	40210.2	0	3.265	267
神池南—肃宁北	33408	0	678.8	−3.265	11.3
港三—肃宁北	0	17919.5	0	0.046	154.7
肃宁北—港一	13875.6	0	620.3	−0.046	43.2
肃宁北—神池南	0	77846.4	0	3.265	270.2
神池南—肃宁北	45537	0	1185.6	−3.265	11.2
港三—肃宁北	0	33938	0	0.046	171.4
肃宁北—港一	18984.9	0	1083.7	−0.046	40.7
肃宁北—神池南	0	37640.3	0	3.265	264.4
神池南—肃宁北	23637.3	0	540.7	−3.265	11.3
港三—肃宁北	0	16023.8	0	0.046	170.5
肃宁北—港一	9922.5	0	501.6	−0.046	41.5
肃宁北—神池南	0	37652.4	0	3.265	272.7
神池南—肃宁北	23653.6	0	532.1	−3.265	11.4
港三—肃宁北	0	15650.3	0	0.046	163.9
肃宁北—港一	9785	0	480.5	−0.046	41.2
肃宁北—神池南	0	157625.4	0	3.265	267.6
神池南—肃宁北	147958.6	0	2871.7	−3.265	10.7
港三—肃宁北	0	66812.2	0	0.046	172
肃宁北—港一	60553.7	0	2577.8	−0.046	41.4
肃宁北—神池南	0	7015.7	0	3.265	258.7
神池南—肃宁北	0	0	111.5	−3.265	11.1
港三—肃宁北	0	3823.2	0	0.046	161.3
肃宁北—港一	0	0	99.2	−0.046	39.5
肃宁北—神池南	0	305716.4	0	3.265	272.9

续表

区段名称	重车	空车	区段密度	坡度	万吨单耗
神池南—肃宁北	263659.2	0	4464.5	-3.265	11.4
港三—肃宁北	0	134300.5	0	0.046	166.2
肃宁北—港一	110056.7	0	4095	-0.046	43.2
肃宁北—神池南	0	42069.7	0	3.265	273.3
神池南—肃宁北	35045.9	0	711.9	-3.265	11.9
港三—肃宁北	0	18340.7	0	0.046	176.9
肃宁北—港一	14146.4	0	632.5	-0.046	44.4
肃宁北—神池南	0	88184.3	0	3.265	271.7
神池南—肃宁北	70083.7	0	1388.3	-3.265	11.5
港三—肃宁北	0	38184.2	0	0.046	176.2
肃宁北—港一	28746.2	0	1246.4	-0.046	43.4
肃宁北—神池南	0	42037.2	0	3.265	273.1
神池南—肃宁北	28915.3	0	703.5	-3.265	11.7
港三—肃宁北	0	17944.3	0	0.046	189.7
肃宁北—港一	11972.5	0	652.9	-0.046	42.3
肃宁北—神池南	0	37701.2	0	3.265	271.6
神池南—肃宁北	26602	0	636	-3.265	11.5
港三—肃宁北	0	17197.3	0	0.046	181.5
肃宁北—港一	10483.5	0	555.6	-0.046	42.9
肃宁北—神池南	0	173451.3	0	3.265	268.9
神池南—肃宁北	155883.7	0	3050.8	-3.265	10.9
港三—肃宁北	0	78669.4	0	0.046	181.2
肃宁北—港一	63736	0	2726.3	-0.046	43.1
肃宁北—神池南	0	16613.5	0	3.265	263.6
神池南—肃宁北	0	0	292.2	-3.265	12.6
港三—肃宁北	0	6860.5	0	0.046	164.7
肃宁北—港一	0	0	256.7	-0.046	41.1
肃宁北—神池南	0	310712.9	0	3.265	275.2
神池南—肃宁北	283810.2	0	4977.6	-3.265	11.6
港三—肃宁北	0	133293.4	0	0.046	179.9
肃宁北—港一	115742	0	4444.2	-0.046	44.2
肃宁北—神池南	0	35914.8	0	3.265	268.5
神池南—肃宁北	32406.9	0	730.1	-3.265	12.2
港三—肃宁北	0	15657.4	0	0.046	167.2
肃宁北—港一	12990.5	0	643.7	-0.046	44.9

续表

区段名称	重车	空车	区段密度	坡度	万吨单耗
肃宁北—神池南	0	66527.2	0	3.265	267.6
神池南—肃宁北	84070.4	0	1474.4	−3.265	12
港三—肃宁北	0	28624.4	0	0.046	177
肃宁北—港一	33870.3	0	1293.3	−0.046	44.7
肃宁北—神池南	0	40287.4	0	3.265	265.5
神池南—肃宁北	32406.9	0	775.4	−3.265	13
港三—肃宁北	0	18134	0	0.046	184.2
肃宁北—港一	13231.3	0	672.3	−0.046	40.8
肃宁北—神池南	0	42025.1	0	3.265	265.1
神池南—肃宁北	46422	0	917.5	−3.265	12.1
港三—肃宁北	0	18707.1	0	0.046	170.5
肃宁北—港一	18499.8	0	794.6	−0.046	44.2
肃宁北—神池南	0	153256.9	0	3.265	268.7
神池南—肃宁北	189995.8	0	3732.4	−3.265	11.4
港三—肃宁北	0	64909.4	0	0.046	178.4
肃宁北—港一	75033.1	0	3245.7	−0.046	43.5
肃宁北—神池南	0	16662.2	0	3.265	256.7
神池南—肃宁北	0	0	368.1	−3.265	12
港三—肃宁北	0	7642.9	0	0.046	177.6
肃宁北—港一	0	0	328	−0.046	43.2
肃宁北—神池南	0	248723.7	0	3.265	268
神池南—肃宁北	292918.4	0	5315.3	−3.265	12.2
港三—肃宁北	8.6	109388.1	0.2	0.046	177.5
肃宁北—港一	114741	0	4617.6	−0.046	44.8
肃宁北—神池南	0	37164.4	0	3.265	275.5
神池南—肃宁北	28038.4	0	695.6	−3.265	13
港三—肃宁北	0	15571.6	0	0.046	174.4
肃宁北—港一	11026.5	0	602.8	−0.046	48.3
肃宁北—神池南	0	92823.8	0	3.265	271.3
神池南—肃宁北	95438.4	0	1699.8	−3.265	13.1
港三—肃宁北	0	40856.9	0	0.046	180.4
肃宁北—港一	37722.4	0	1475.9	−0.046	48.1
肃宁北—神池南	0	37624	0	3.265	269
神池南—肃宁北	27137	0	652.1	−3.265	13.1
港三—肃宁北	0	16402.6	0	0.046	188.1

续表

区段名称	重车	空车	区段密度	坡度	万吨单耗
肃宁北—港一	10696.2	0	578.1	−0.046	45.8
肃宁北—神池南	0	40311.7	0	3.265	275.6
神池南—肃宁北	45488.2	0	855.7	−3.265	13.9
港三—肃宁北	0	17574.3	0	0.046	153.7
肃宁北—港一	18227.9	0	731.9	−0.046	49.7
肃宁北—神池南	0	166248.9	0	3.265	274.5
神池南—肃宁北	183897.7	0	3614.3	−3.265	12.3
港三—肃宁北	0	73253.2	0	0.046	185.2
肃宁北—港一	73468.3	0	3163.3	−0.046	47.7
肃宁北—神池南	0	23617	0	3.265	256.3
神池南—肃宁北	0	0	437.7	−3.265	12.7
港三—肃宁北	0	10678.4	0	0.046	179.6
肃宁北—港一	0	0	380.4	−0.046	44.2
肃宁北—神池南	0	305479.9	0	3.265	277.8
神池南—肃宁北	309601.3	0	5608	−3.265	13.2
港三—肃宁北	0	136604.2	0	0.046	186.3
肃宁北—港一	123970.4	0	4967.2	−0.046	47.6
肃宁北—神池南	0	43722.1	0	3.265	267.1
神池南—肃宁北	23621.1	0	607.7	−3.265	13.2
港三—肃宁北	0	20972.7	0	0.046	136.1
肃宁北—港一	9882.6	0	553.3	−0.046	50.1
肃宁北—神池南	0	93615.5	0	3.265	271.1
神池南—肃宁北	108244.5	0	1625.1	−3.265	12.4
港三—肃宁北	0	40433.9	0	0.046	158.6
肃宁北—港一	42829.1	0	1410.5	−0.046	46.2
肃宁北—神池南	0	32423.2	0	3.265	271.3
神池南—肃宁北	20978	0	566	−3.265	12.5
港三—肃宁北	0	13752.9	0	0.046	159.3
肃宁北—港一	8574	0	486.1	−0.046	46.6
肃宁北—神池南	0	49820.3	0	3.265	270.7
神池南—肃宁北	43783	0	814.3	−3.265	13.2
港三—肃宁北	0	22098.5	0	0.046	146.3
肃宁北—港一	17033.1	0	692.3	−0.046	46.9
肃宁北—神池南	0	183877.4	0	3.265	269.7
神池南—肃宁北	162960.6	0	3193.1	−3.265	12

续表

区段名称	重车	空车	区段密度	坡度	万吨单耗
港三—肃宁北	0	79381	0	0.046	149.2
肃宁北—港一	67256.9	0	2885.2	−0.046	45.8
肃宁北—神池南	0	42724.6	0	3.265	265
神池南—肃宁北	9638.4	0	599.6	−3.265	12.7
港三—肃宁北	0	17554.9	0	0.046	143
肃宁北—港一	4213.6	0	520.5	−0.046	46.1
肃宁北—神池南	0	347819.7	0	3.265	272.8
神池南—肃宁北	281759.6	0	5290.7	−3.265	12.5
港三—肃宁北	0	152222.7	0	0.046	154.1
肃宁北—港一	110483.6	0	4605.8	−0.046	48.1
肃宁北—神池南	0	39361.7	0	3.265	269.6
神池南—肃宁北	30804.3	0	670.1	−3.265	12.5
港三—肃宁北	0	17156.6	0	0.046	151.2
肃宁北—港一	11966.5	0	574.2	−0.046	50.6
肃宁北—神池南	0	86502.4	0	3.265	269.8
神池南—肃宁北	94932.6	0	1606.8	−3.265	12.2
港三—肃宁北	0	37900.9	0	0.046	157.8
肃宁北—港一	37492.6	0	1415	−0.046	47.4
肃宁北—神池南	0	43795.2	0	3.265	260.7
神池南—肃宁北	31691.1	0	687	−3.265	13
港三—肃宁北	0	19468.2	0	0.046	160.4
肃宁北—港一	12209.8	0	594.2	−0.046	47.6
肃宁北—神池南	0	54137.3	0	3.265	273.1
神池南—肃宁北	42275.5	0	862.7	−3.265	11.8
港三—肃宁北	0	23298.5	0	0.046	147.7
肃宁北—港一	16954.5	0	763.9	−0.046	47.8
肃宁北—神池南	0	195458.8	0	3.265	268.7
神池南—肃宁北	181478.4	0	3552.1	−3.265	11.5
港三—肃宁北	0	86591.9	0	0.046	144
肃宁北—港一	67955.2	0	2928.2	−0.046	46.1
肃宁北—神池南	0	34976.9	0	3.265	269.1
神池南—肃宁北	13097.6	0	538.9	−3.265	12.5
港三—肃宁北	0	15623.8	0	0.046	158.7
肃宁北—港一	5908.7	0	466.1	−0.046	45.5
肃宁北—神池南	0	355849	0	3.265	274

区段名称	重车	空车	区段密度	坡度	万吨单耗
神池南—肃宁北	307086.2	0	5807.6	-3.265	12.3
港三—肃宁北	0	154855.5	0	0.046	159
肃宁北—港一	120531.8	0	5013.6	-0.046	48.3
肃宁北—神池南	0	39976	0	3.265	268.5
神池南—肃宁北	26252	0	582.3	-3.265	12
港三—肃宁北	0	17540.7	0	0.046	167.2
肃宁北—港一	10388.1	0	495.6	-0.046	46.5
肃宁北—神池南	0	91073.9	0	3.265	270
神池南—肃宁北	100539.8	0	1614	-3.265	12.3
港三—肃宁北	0	40933	0	0.046	155.2
肃宁北—港一	39020.3	0	1392.1	-0.046	47.2
肃宁北—神池南	0	39386.1	0	3.265	270.3
神池南—肃宁北	24990.9	0	612.5	-3.265	11.7
港三—肃宁北	0	16884.9	0	0.046	150.7
肃宁北—港一	9791.9	0	530.7	-0.046	45.9
肃宁北—神池南	0	42016.9	0	3.265	269.2
神池南—肃宁北	34387	0	747.8	-3.265	12.2
港三—肃宁北	0	17556.6	0	0.046	155.5
肃宁北—港一	13436.8	0	661.6	-0.046	48
肃宁北—神池南	0	183173.4	0	3.265	267.3
神池南—肃宁北	166457	0	3267.3	-3.265	11.4
港三—肃宁北	0	79899.5	0	0.046	160.8
肃宁北—港一	64838.4	0	2791.5	-0.046	45.3
肃宁北—神池南	0	23617.4	0	3.265	268
神池南—肃宁北	14011.1	0	475.6	-3.265	12
港三—肃宁北	0	10312	0	0.046	169.5
肃宁北—港一	5164.4	0	391.9	-0.046	45.6
肃宁北—神池南	0	343317.4	0	3.265	272
神池南—肃宁北	288399.6	0	5552.6	-3.265	12.2
港三—肃宁北	0	149362.3	0	0.046	156.1
肃宁北—港一	112108.8	0	4726.5	-0.046	47.8
肃宁北—神池南	0	43722.1	0	3.265	265
神池南—肃宁北	38480.7	0	675.7	-3.265	12.3
港三—肃宁北	0	18785.9	0	0.046	134.7
肃宁北—港一	14586.8	0	574.4	-0.046	50

续表

区段名称	重车	空车	区段密度	坡度	万吨单耗
肃宁北—神池南	0	86971.8	0	3.265	265.9
神池南—肃宁北	86640.4	0	1553	−3.265	12.2
港三—肃宁北	0	37452.3	0	0.046	149.4
肃宁北—港一	33804.5	0	1320.3	−0.046	46.1
肃宁北—神池南	0	36721.1	0	3.265	274.1
神池南—肃宁北	24481.8	0	557.3	−3.265	11.9
港三—肃宁北	0	17147.8	0	0.046	152.3
肃宁北—港一	9198.8	0	478	−0.046	46.4
肃宁北—神池南	0	39070.6	0	3.265	263.9
神池南—肃宁北	31521.8	0	780.4	−3.265	12.4
港三—肃宁北	0	17921.3	0	0.046	163.1
肃宁北—港一	12186.2	0	660.6	−0.046	46.2
肃宁北—神池南	0	173505.1	0	3.265	262.1
神池南—肃宁北	158595.8	0	3103.7	−3.265	11.6
港三—肃宁北	0	78058.7	0	0.046	148.7
肃宁北—港一	62089.1	0	2675.5	−0.046	45.7
肃宁北—神池南	0	29417.2	0	3.265	267.2
神池南—肃宁北	9638.4	0	513.9	−3.265	12.2
港三—肃宁北	0	12600.6	0	0.046	159.2
肃宁北—港一	3538.9	0	443.8	−0.046	46.4
肃宁北—神池南	0	336940	0	3.265	266.8
神池南—肃宁北	281781.9	0	5153	−3.265	12.4
港三—肃宁北	0	145916.9	0	0.046	159.1
肃宁北—港一	111865.9	0	4480.9	−0.046	46.4